そんなマーケティングなら、やめてしまえ！

マーケターが忘れたいちばん大切なこと

元コカ・コーラ社マーケティング最高責任者
セルジオ・ジーマン 著
中野雅司 訳

ダイヤモンド社

THE END OF MARKETING AS WE KNOW IT

by

Sergio Zyman

はじめに

私が講演するときは、ほとんどいつもこう紹介される――一九六〇年代のフォードの失敗車エゼル・カー以来、マーケティング史上最大の失態を演じたニューコークの責任者であると。

それで、結構。素晴らしい紹介ではないか。なぜなら、そこからすぐにマーケティングの話に入っていけるし、さらにはニューコークが失敗でなかったことも説明できるからだ。そして講演が終わるまでには、聴衆はあらかた私の考え方に同調してくれる。読者のみなさんにも、この本を読み終えるまでに、私の考えに賛同してくれることを願いたい。

しかし、この本はよくある「私にとって都合のよい話」を聞かせるためのものではない。そして、コカ・コーラのプロパガンダ本でもないし、私が関わってきた多くの成功したキャンペーン――Coke Is It!（コークこそすべて!）、Always Coca-Cola（いつでもコカ・コーラ）、Just for the Taste of It（味がいいから選ぶんだ：ダイエットコーク）、Obey Your Thirst!（喉が渇いたら飲もう!：スプライト）――について自慢しようというものでもない。なぜなら、コカ・コーラのマーケティング史以上に興味深く、もっと重要な問題があるからだ。それは、我々が知っているマーケティングの時代は終わった、死んだ、ダメになったということだ。そしてほとんどのマーケター（企業のマーケティング担当者）がそのことを理解していないということだ。

マーケティングの世界には、いまだに自分が魔術師であるかのように振る舞う多くの輩が存在する。ご承知のように彼らは、オフィスの中をふんぞり返って歩き回り、気障にあたりを見まわしながら、「それはそうだが、でも君はマーケティングの世界にいないから理解できないんだ」とか、「確かに金はかかるが、でもこれは奇跡を起こすんだ」とか、「そうだ、確かに結果は測定できないが、でも私を信じてくれ、これはうまくいく」といったことを言って歩く輩だ。しかし、こうした「それはそうだが、でも……」が通じる時代はもう終わったのだ。

本当のところ、マーケティングは不可思議なものではない。まして、錬金術でもない。マーケティングは、厳格なビジネスの原理に則った厳格なビジネスの専門分野なのである。そして、もしマーケターたちがこのことを理解せず、その考え方を変えずに、それどころか彼らがやっていることも変えないとしたら、彼ら自身がその仕事を失うだけでなく、彼らが働く会社さえも倒産の憂き目を見ることになるだろう。

本書は、私がまだコカ・コーラで働いていたら書かれることはなかっただろう。私は、競合企業の多くが失敗を繰り返し、そのたびにマーケターたち全員が悪く言われることを好まなかったが、だからといって自分から「おい、みんな目を覚ませ！」と言うこともできなかった。しかしなんとか、ブードゥー教のマーケティングの神がマーケティングの世界を席巻する前に、警鐘を鳴らしたかったのだ。この本は、ちょうどモーニングコールのようなものだ。私は寓話に出てくるチキンリトル（究極の悲観論者）ではない。私は、すでに王様が服を着ていないことを知っている少年であり、そしてこれ以上黙っていられないのである。

私はマーケティングが好きだ。マーケティングはちゃんとやれば、うまく機能するものだ。端的に言えば、過去二〇年から三〇年の間、マーケターは罠にはまっていた。それが今日のマーケティングの問題なのだ。彼らは、授賞式を行ったり熱帯の島でロケをしたり、華やかな表舞台に立つことにやりがいを感じ、彼らの本来の仕事である「物を売る」ことを忘れてしまったのである。結果として、彼らは物を売ることに関して十分といえる仕事をしてこなかったし、またその失敗を隠すために「マーケティングはマジックだ」と書かれたブラックボックスの中に逃げ込もうとしたのである。さらに彼らは、結果を出すという責任を回避することに成功してきたために、厳格なビジネスマンとしてのポジションを失ってしまったのである。

今日、大方の企業では、マーケティングは非効率的であり、そのために必要不可欠な活動としては見られなくなっている。多くのマーケターやその上司たちはこうした批判を受け入れないかもしれないが、企業の動きを見れば一目瞭然である。予算の達成が厳しくなれば、真っ先に削られるのはマーケティング予算なのである。

私がこの本の中で訴えたいのは、「マーケティングとは科学である」ということだ。つまりマーケティングによる支出とは、回収できる投資であるということである。科学であるマーケティングは測定されなければならない。結果に対し責任を持たなければならない。そして何よりも重要なことは、理解されなければならないということである。マーケティングとは単に人々から注目を浴びるコマーシャルを作ったり、ときどきリベートを出したりプロモーションを行って売上げを上げることだと考えていたら、あなたはクビになって当然だし、決して成功することはないだろう。

幸いにも、いまこの状況に革命的変化が起こっている。ウォールストリート・ジャーナルやニューヨーク・タイムズ、ロサンゼルス・タイムズを読んでみるといい。以前に比べて、マーケティングへの投資は売上げ増加を生み出さなければならないことを、多くの企業が認識してきていることに気づくだろう。ところが問題は、ある企業が広告代理店を切ったとか、マーケティング部門の責任者が解雇されたといったことばかりが、新聞記事になっている点である。この傾向は今後も続くだろう。なぜなら株主はますます結果を求めるようになっており、彼らの投資に対する見返りにシビアになっているからだ。企業の役員たちは、結果を出すことに真剣に取り組むようになっている。マーケターもこうした変化に乗り遅れると、命取りである。

この本を書く私の目的は、彼らマーケティング担当者とその上司たちに、マーケティングが何をすべきか、そしてそれをどうやって実現するか、具体的に示すことにある。当然、過去の事例やどうしてマーケティングが今日の情けない状況に追い込まれたのかについても語っていくが、しかしこの本の中心はあくまでこれからのことにあり、何がなされるべきかという未来にある。

私は、これからのマーケティングのあり方——それは私に成功をもたらし、現在も成功をもたらしている——は、バック・トゥ・ベーシック（原点に戻れ）にあると考える。それは、古い商売の原則の中にある。つまり、儲けるためには金を使わなくてはならないということである。そして、人は必要なときにのみ雇い入れること。もし人を採用したら、彼らに売上げの増加と利益を生み出す責任を持たせることだ。

これからのマーケティングも、今日使っている財務指標（企業がその資産をいかに有効活用して利益を出したかを計るもの）と同じものを使うことになるだろう。それは、創造的であり、冒険的でもある。それはあなたに回り道をさせるかもしれない。ただし、リスクは大きくない。なぜなら注意深く科学的に実験を管理するからだ。なかには私のことを「優れたマーケター」、あるいはそこまでいかなくともそれに似た呼び方をする人もいるが、私は他の人より優れているわけではない。私はただ目的地《デスティネーション》を持っていただけであり、そこに至るためにロジックを用いただけである。

先にも述べたように、本書はコカ・コーラの本ではないが、コカ・コーラのような長い歴史を持つ会社の売上げを五年間で五〇%、ケース数では一〇〇億ケースから一五〇億ケースに増やすことを可能にした戦略や戦術を説明し、その内容を検討するために、数多くのコカ・コーラの事例を含んでいる。また、我々が何をしたかだけでなく、ポジショニング、マーケティング、そしてブランドの活性化のために適用した原理についても語っている。我々は、刺激的で派手な広告や、華やかなイベントや、人々の記憶に残るような離れ業までやってのけた。しかしコカ・コーラが成功したのは、より多くの人々により多くの商品を買わせることで企業がより多くの利益を生み出すという我々のゴールを忘れなかったことだ。同じ期間にコカ・コーラの株式評価額の合計は、四〇〇億ドルから一六〇〇億ドルへと跳ね上がった。

私はまた、この本の中でニューコークについて、なぜそれが途方もない成功なのかについて説明している。確かにニューコークは、消費者の怒りを買い、多額の損失を会社に負わせ、コカ・コーラ・クラシックを導入するまで七七日間しかもたなかった。それでも、ニューコークは成功したのである。なぜなら、それはコカ・コーラ・ブランド自体を活性化し、消費者の目を再びコカ・コーラへ向けさせることになったからだ。もちろん事前の計画通りには、事は運ばなかった。だが、消費者とブランドの間の基本的な対話を変化させるという我々のゴールは見事に達成されたのである。消費者とブランドの間の対話を変化させるというコンセプトについては、本書の中で繰り返し目にすることになるだろう。清涼飲料業界だけでなく、コンピュータ、航空会社、洗剤、スニーカー、そしてその他あらゆる業界の事例もご覧いただくことになる。

さらに、スプライトのリポジショニング（ポジショニングのやり直し）についても語っている。これは、私自身がやってきたことのなかで、最も誇りに思っていることだ。我々はスプライトが透明のレモンライム飲料であるという基本的な認識を無視し、もっと規模の大きな飲料カテゴリー一般として定義したのである。結果として、四年間でスプライトの売上げは三倍に拡大した。我々はそれを缶やボトルの中身という本質的なものをいじらずに、人々がスプライトをどう考えるかという付帯的なものを変化させるだけで達成したのである。

そして、タブクリアだ。ニューコークを市場に導入したのは、それが消滅することを願っていたからではない。ところがタブクリアについては、ほとんどその理由だけのために市場導入したのである――というのは、その前にペプシがクリスタルペプシを市場に送り出していたからである。それは新しいカテゴリーの新商品だったが、我々はカテゴリーも商品も拡大しないと判断していた。しかし、それが自然に消滅するまでにはもう少し時間がかかりそうだった。そこで我々はタブクリアを導入することで、もっと早くクリスタルペプシを消滅させてやろうとしたのである。我々はタブクリアを導入するとき、ダイエット飲料としてリポジショニングしたが、それがクリスタルペプシを苦しい立場に追い込んだ。というのは、クリスタルペプシには砂糖が含まれていたからである。ポジショニングというのはいずれの方向にも作用するものだ。自分の商品もポジショニングできるが、同時に競合企業の商品もポジショニングできるからである。

私はまた、歴史上最も成功した新商品の一つであるダイエットコークについてもお話しする。それからロベルト・ゴイズエタ〔一九八〇年代から九〇年代にかけてコカ・コーラを成功に導いた伝説的CEO〕が「炭酸飲料以外の市場もいただこう」と言ってできたフルートピアについてもお話しする。

これらに加えて、デスティネーション・プランニング（到達地点の決定）、ブランディング、そしてなぜメガ・ブランディングがくだらないアイディアなのかについても検討する。さらに、イメージングとポジショニング、新しい商品と新しい市場の評価についても検討する。そして消費者調査および消費者の心の中にどのように入り込んでいくかについても話をする。また世界でトップクラスのマーケティング・チームをいかにして作り、どう機能させれば先に挙げたものをすべて達成できるのかを明らかにしていく。

最後に、広告代理店との仕事の仕方について述べよう。私は優れたコマーシャルを作るためには広告代理店は絶対に必要であると考えている。だが同時に、彼らは自分たちを重要であると誤解し、間違ったことに固執し、そして過大評価を受けているとも思っている。なぜコカ・コーラは広告代理店との付き合い方を変えたのか。マジソン街〔広告業界のこと〕では、私は要求の多い顧客としてアヤ・コーラ〔イラン革命の指導者・独裁者アヤトラ・ホメイニと、コカ・コーラにひっかけたニックネーム〕とかフン族のアッチラ大王と呼ばれていた。しかしそれも結構。なぜならアッチラ大王は結果を求める人間だったからだ。

結局、私がこの本の中で訴えたかったのは、今日マーケターが忘れてしまっていて、しかもいますぐに気づくべきこと、すなわちマーケティングとは物を売ることだという点である。マーケティングとはイメージを創り出すことではない。イメージを持つということはただ単に、私はあなたが誰かを知っているということであり、私に何か行動を促すものでもない。マーケティングはまた、受賞目当てのコマーシャルを作ることでもない。マーケティングとは人々にあなたの会社の商品を買わなければならないことを効果的に納得させるプログラム、プロモーション、広告、そしてそれ以外の多くのものを持つことである。ファストフード・レストランなら、顧客が食べたり飲んだりすることだ。航空会社なら、乗客が座席に座っているということである。それは利益であり、結果である。

一九八七年に、コカ・コーラの米国マーケティング担当責任者の職を辞したとき、人々は私がニューコーク失敗のためにクビになったか、または巧みに追い出されたと思ったようだ。だから、九三年に同社のCMO（マーケティング最高責任者）として戻ってきたときには、ずいぶん驚いたようだ。しかし私は、もともとクビになったわけではない。私はマーケティングが好きだったからこそ、自ら進んで会社を辞めたのだ。そしてその当時、会社は、私がやりたいと思っていたことができる状態ではなかったからだ。

コカ・コーラを離れていた一九八〇年代後半から九〇年代の前半まで、私はコンサルタントとして素晴らしい時間を過ごしていた。それはちょうど自分の実験室を持ちながら学校にも通っているようなものだった。クライアントの中には、コンビニエンスストア、ファストフード・レストラン、眼鏡店、航空会社、そしてマイクロソフトやクラブメッド（地中海クラブ）さえも含まれていた。こうしたクライアント企業各社から、私はそれぞれの業界についての多くの貴重なレッスンを受けたのである。私はこのとき、コカ・コーラをはじめとする、私のキャリアの原点であるプロクター&ギャンブル（P&G）、私をコカ・コーラのプロジェクトの担当者として雇い入れたマッキャンエリクソン、そしてペプシなどの企業で私が学んだこと（ただし、その多くはコカ・コーラで学んだ）を統合化し、適用していったのである。

一九九二年末、ロベルト・ゴイズエタとダグ・アイベスター〔一九九七年にゴイズエタが死んだ後、コカ・コーラのCEOとなる〕が、私にコカ・コーラに戻ってくるように言ってきたとき、最初私は躊躇した。当時、私は自分のビジネスを持っていたからである。それに髪を長く伸ばしていたし、再びスーツを着て企業の一員に戻ることには抵抗を感じていた。しかし、そこで私はいくつかの間違いを犯したのである。その間違いとは、ダグ・アイベスターと週末の食事を共にするようになったことだ。彼が社長になったとき、彼にはマーケティングの経験がなかったので、私は彼にマーケティングとその方法論について語った。さらにはコンサルタントとして、コカ・コーラがどうマーケティングを構築し、運営していったらよいかというビジネス・プランまで書いてやったのである。いま振り返ってみると、それは史上最長の面接だったようだ。ダグ・アイベスターは頭の切れる人間だ。彼のエネルギーと知性そしてコカ・コーラを世界のトップクラスの企業にしようという彼の意気込みに接して、私はこの会社に戻ってよかったと思った。

私はコカ・コーラに呼び戻されたこと、そして私がやりたいと思ってきたことができるようになったことに興奮していたことを認めないわけにはいかない。執行猶予が解けて古巣に戻れたのだ。コカ・コーラでの最後の五年間は素晴らしいものだった。ダグは世界中から優秀な人材を集めることを許してくれた。実際、彼は私にそうすることを勧めたのである。私は世界中で、最も革新的でエキサイティングな方法を用いて市場にアプローチするいくつものプロジェクトに参加した。一年間に一〇〇か国以上も訪れた。そして私は東から西へ、北から南へと異なる政治経済体制や消費者の購買慣習について学んだのである。

一部では、私のことを不快に思う人もいたようだ。彼らは、私を攻撃的な人間と誤解したらしい。だが、それが何だというのだ。私のセオリーは、誰かがよいアイディアを持ってきたら、私は彼（または彼女）に挑戦するというものだ。なぜなら彼ら自身が自らに十分に挑戦しておらず、思考が最高点まで達していない場合があるからである。そこで彼らに質問をしたり、そのプランを突き返したりすれば、彼らはそのアイディアにより一層磨きをかけるだろう。私は、このことを私のコンサルティングの元クライアントであったビル・ゲイツから学んだ。マイクロソフトではビル・ゲイツのところに提出されたアイディアはすべてその発案者に押し戻されるのである。私はそのやり方を「プッシュバック」（押し戻し）と名づけた。しかしそれは、アイディアを持ってきた人々の気持ちを解放し、そのアイディアを最高のレベルまで持っていくためのものなのだ。

私は、よいアイディアはすべて自分で考え出し、そしてすべてを自分一人で達成したなどと言うつもりはない。コカ・コーラをマーケティング会社とするために、マーケティングを取り組むべき最重要事項と決定したのはロベルトとダグである。我々はこれを素晴らしいスタッフとともにやり遂げたのである。一九九八年五月一日に、私が再びコカ・コーラを辞めたときには、コカ・コーラは間違いなく世界最高のマーケティング組織になっていた。

振り返ってみると、私は押しが強く、そして好奇心の強い人間だった。また、私は人生のほとんどをマーケターとして過ごしてきた。この本は、その私が長年にわたって多くの人々、企業、本から学んだことや目にしてきたことをベースにしている。それは何十年にもわたり、現実のビジネスから私が学んできたことと、私が考えるいくつもの優れた戦略、戦術そしてプロセスを統合化したものである。この本の中で語られているものは、今日の私をここまで引き上げたエッセンスである。

そして、私は自分自身で達成したことに満足している。

目次

そんなマーケティングなら、やめてしまえ！

◉本文中〔　〕内は訳注

そんなマーケティングなら、やめてしまえ!

第1部

マーケティングは、ミステリーなんかじゃない

序章

ブラックボックスをぶち壊せ

スクリーンにイメージが浮かび上がってくる。それはミーン・ジョー・グリーン、NFL（全米フットボールリーグ）史上最もタフで、最も邪悪なプレイヤーである。彼は負傷していた、そして燃え盛る炎のように怒っていた。彼はこの怒りの中で、小さな少年がコークのボトルを握り締めているのを見つめていた。

恐る恐る、少年はミーン・ジョーにコークを差し出した。するとミーン・ジョーは、丁寧に「ありがとう」と言った。そして、ミーン・ジョーは自分の着ていたシャツを少年に与えた。

アメリカ人は、このコマーシャルが大好きだった。人々は何週間もこのコマーシャルについて語り合った。ボトラーたちも得意然としていた。この広告はあまりにも人気が高かったために世界中のコカ・コーラ販売会社がその国の言葉に訳したがっていた。タイでは、自国のスポーツ選手を使って同じ内容のコマーシャルをプロデュースしたほどだ。

あなたは、コカ・コーラはこの広告を永久に使い続けるべきだとお考えだろう。ところが、違うのだ。コカ・コーラはこの広告を流し続けることをしなかったのである。実際、コカ・コーラはこの広告を完全にストップし、新しいキャンペーン"Coke Is It!"をスタートさせたのである。ちょっと待ってくれ。なぜ、コカ・コーラはそんなことをするのか？　なぜ、何百万ドルもかけて制作し、人気があり、賞も受賞しているコマーシャルを中止してしまうのか？

答えは簡単だ。私はそれを実行した人間だからよく知っている。コカ・コーラのマーケターとしての仕事は、人々を家から出し、レストランや店に行かせ、より多くコカ・コーラ製品を買わせることなのだ——ところが、この広告はこうした役割を果たさなかったのである。

多くの人は、せっかくお金をかけたコマーシャルなのに、そんなに早く打ち切ってしまうなんてもったいないと考えた。しかし、私は戦略的ゴール達成のためにこの決断を下した。すなわち、お客に一本でも多くコークを買わせるという、このゴールを達成しないコマーシャルのために高価なCM時間枠を買い続けることのほうがはるかに大きな無駄なのである。

◎マーケティングとは、商品を売るためのものである

一九八〇年代の初めのことだった。イメージこそが、広告とマーケティングの成功を測る基準のすべてであった。私は、この時代のことをよく覚えている。ちょうどそのころに作られたスプライトの新しいキャンペーン"When You're Reaching for More, Reach for Sprite"（もっと欲しいときに

は、スプライトに手を伸ばせ）についても。それはサンフランシスコで開かれた“The Great Get-together”（偉大な集まり）と呼ばれたコンベンションでボトラーたちに紹介された。

彼らは、この新しいキャッチフレーズを気に入ってくれた。そして経営陣も。だから数週間後、私がニューヨークの広告代理店を訪ねてこう言ったときには、彼らがどんなに驚いたかわかるだろう——「なあみんな、広告はうまく機能していないぞ！」

何だって、と彼らは聞き返した。だが、事実はこうだった——この広告は我々の売上げを伸ばしていなかった。たぶん読者のみなさんにとっては当たり前に聞こえるだろう。だが、広告業界の人間にとって私はまさに憎むべき悪人だった。なぜなら私は、もっとたくさんのスプライトを売りたかったからだ。

もうおわかりだと思うが、私は広告とマーケティングはより多くの商品を売るべきものだという考え方を持っていた。だから、ミーン・ジョー・グリーンの広告がどんなにボトラーや小売業の人々を元気づけようと、そしてスプライトのキャンペーンがボトラーのコンベンションで大いに受けようと、私には関係のないことだった。マーケターが常に覚えていなければいけないことは、対象とするのは唯一「消費者」だということだ。

それ以上に、マーケティングは消費者に行動を起こさせなければならない。人気を獲得することが目的ではない。私は仮想の消費——すなわち顧客はあなたの商品が好きだと言いながら、それを買う必要はないと感じているような現象——なんか欲しくはない。

私は、賞を受賞するコマーシャルを作ることにも興味はない。私が興味を持っているのはただ一つ、現実の消費だけである。なぜなら消費者にあなたの商品を買うよう納得させることこそマーケターが仕事をする唯一の理由であり、また企業がマーケティングに投資する唯一の理由だからだ。キャンペーンやプロモーションが消費者により多くあなたの商品を買わせることができなければ、それは失敗なのだ。自社商品を買わせる、それがすべてなのだ。もしあなたが消費者にそうさせられなければ、何か別の仕事を探したほうがよい。

この本の表題に“The End of Marketing as We Know It”（私たちが知っているマーケティングの終焉）とつけた理由は、マーケティング・ビジネスに携わる多くの人は、いまでもあの心暖まるミーン・ジョー・グリーンの広告を中止しなかっただろうと思うからだ。一五年前、彼らはあのコマーシャルを中止しなかっただろうし、いまでもやめないだろう。結局、彼らはイメージこそ王様だというアイディアを植えつけられてきたのである。しかし、世界は変化しているのだ。もしいまマーケターが変わらなければ、彼らは自分たちの会社と一緒に時代に取り残されてしまうだろう。

◎マーケティング・ビジネスとは、利益を生み出すものである

ニューヨーク・タイムズやウォールストリート・ジャーナルを買って、そのビジネス欄を見ていただきたい。数年間契約の後、広告がうまく機能しなかったために、ある広告主が広告代理店を代えたとか、キャンペーンをキャンセルしたという記事があふれていることだろう。数年間！　なぜそんなに長く待つのか？　三か月ではどうだろう。もし、それで売れなければすぐにやめるべきだ。やめて

しまえ、いますぐに！

気をつけてほしいのは、私が「マーケティング」と言わず、「マーケティング・ビジネス」と言っていることだ。なぜならその通りだからである。マーケティングというのはビジネス提案である。そして将来生き残るためには、マーケターも、彼らを雇っている役員たちも、厳格にビジネスの世界に生きる人間としてマーケティング・ビジネスにアプローチしていかなければならない。勘は忘れろ、誇大広告も忘れてしまえ、これはビジネスなのだ。
二、三〇年前には、マーケターたちはよく自分たちは「マーケティング・ゲーム」をしてるんだと言っていた。長い時間の経過とともに彼らは、その定義をリポジショニングしてマーケティングをアートにまでに高めた。だがマーケティングはゲームでもないし、また装飾的で魔法のようなアートでもない。それはビジネス、純粋なビジネスである。マーケティングとは体系化されて十分に検討されたプランと、売りたい商品をより多く、より高頻度で人々に買わせることで企業がより大きな利益を出すための行動をとることである。
私はマーケティング・ビジネスで成功したが、それは私が遊びまわっていたからでも、私が偉大な芸術的直感を持っていたからでもない。私が成功したのは、マーケティングがビジネスであることを理解していたからだ。私は新しいキャンペーンも、プロモーションも、そして商品もすべて回収できる投資だというアプローチをとってきた。マーケティングは、利益を生み出すビジネスなのだ。

もちろん、私はリスクも背負ってきた。リスクを負わないなら、ビジネスの世界にとどまることも、生きることさえ難しい。期待通りにいかないこともあったが、私はいかなるマーケティング・プログラムについても費用対効果分析を実行してきた。プロジェクトの大小に関係なく、厳しくその結果を追求し、投資回収についても測定した。そして期待したような結果が出ていないとわかれば、私は自分の戦術を変更した。なぜならマーケティングの目的は、新しい顧客の獲得であり、同時により多くの自社商品を販売することで、より大きな利益を上げて株主に還元するということを、決して忘れたことがないからだ。長年やってきて、私がいちばん耐えがたかったのは、営業や財務部門の人々からマーケターとしてずっと信頼を置いてもらえなかったことだ。おわかりだと思うが、伝統的にマーケティング部門は、経費は使うが利益は生まない部門（コスト・センター）だと思われていた。マーケティング部門の財務的責任といえば、与えられた予算以上に使ってはならないという程度にしか見られていなかったのだ。それに対して私の考え方は、すべてのビジネス活動は価値を創造し、利益を生まなければならないというものだ。マーケティングもその例外ではない。

今日の世界では、コンピュータを使って好きな形にデータを加工し、経費をいくらかけてどれだけ生産したか、簡単にモニターすることができる。残念ながら、多くのマーケターはそれが何を意味するのか十分に理解していない。彼らの多くは、高性能のコンピュータを活用することでデータを収集したり、市場をセグメント化したり、コストをモニターしたり、プログラムの結果のいくつかを記録する方法を習得した。そして、その後はどこでも「パワーポイント」を駆使してのプレゼンテーションだ！

成功するためには、何をなすべきか。マーケティングに従事する我々は、それについて新たな考え方を開発していく必要がある。不可解で謎めいたナンセンスなマーケティングと戯れていないで、真剣にビジネスに専念しなければならない。マーケティングに投資した資金はすべて、ボトリング工場や新しいトラックと同様にその見返りを計測できるのだ。

◎マーケティングは、ミステリアスなものでもなければマジックでもない

三〇年前に私がマーケターとなったとき、マーケティングは、ほとんどの企業において経営者が直感的にやらなければならないものとして実施されていた。たぶん彼らは実際にはマーケティングの力を信じていなかっただろうし、なぜやらなければならないのかについても定かではなかっただろう。ただ彼らはやらないことを恐れていたにすぎない。要するに彼らはそれをしないことが恐かったのだ。マーケター自身は経営者に対してマーケティングは重要であることを説いていた。広告をしたときには確かに売上げが上がった。マジックだ！　そして、彼らの競合企業もほとんどが巨額のコストのかかるマーケティング部門を持っていた。だから、彼らもマーケティング部門を持たなければならないと考えたのだ。つまり、ジョーンズ家に追いつけ（隣の家が新車を買ったから自分の家もという考え方）ということだ。ところがマーケターたちがやったことと、それがどのように機能するかということは、たとえ多くのマーケティング・プログラムがうまくいったとしても、多くのビジネスマンにとってはやはりミステリーであった。

もちろんこうした状況は、マーケターたちには都合のよいものだった。彼らの顧客、つまり彼らの雇用者たちはマーケターがやっていることを理解していないにもかかわらず、（不思議なことに）彼

らはマーケターたちに高い給料を支払ってもマーケティングをしなければならないと感じていたからだ。したがって、マーケターたちはあえて内容を説明しようとは思わなかったし、また実際にやらなかったのである。さらに彼らは自分たちがマジシャンか、ある種のブードゥーの儀式を行っているかのごとき神話を作り出すことに全力を注いだのだ。

私が初めてメキシコのプロクター&ギャンブル（P&G）で仕事をしたときには、マーケティング部門のドアには鍵がかけられており、その部門の人間だけが合鍵を持っていた。我々は、オペレーション部門で働く哀れな労働者たちとは住む世界が違う、ある種の創造的なエリートとしての地位を確立していた。そして我々の情報を非常に注意深くガードしたために、他部門には誰も我々がやっていることやその価値についてさえ十分に知ることはできなかったのである。彼らは我々の言うことを信じるしかなかったのだ。我々が「信じなさい」と言ったら、彼らにはそうするより他に選択の余地はなかった。

私はなにも、マーケターたちが過去も現在もいんちき薬を売るペテン師だと言っているわけではない。いや、まったくその反対であると信じている。私はマーケティングがうまく機能することを知っているし、マーケティングを信じている。マーケティングは、それなしでは決してあなたの商品を買わなかったであろう人々を店に行かせ、買わせることができることを私は知っている。そしてマーケティングは絶対的に必要な活動であることも知っている。成長し株主に還元することを考え、ビジネスの継続を目指す企業なら、マーケティングは絶対に必要だ。もし自らイニシアティブをとって自社商品やブランドを販売しなければ、競合企業が彼らの商品のマーケティング活動をすることで、あなたのポジショニングをしてくれることだろう。そしてもちろん、そのポジショニングはあなたにとって不利なものとなるはずだ。私がはっきりさせたいのは、マーケター自身が自らをミステリーの中に長い間隠してしまっていたということだ。「マーケティングはマジックだ」という時代、そして「我我の知っているマーケティング」の時代は終わってしまったのだ。

したがって私がこの本の中で目指すことは、マーケティングのブラックボックスをぶち壊すことだ。私は箱の中から出ている煙を吹き飛ばし、読者のみなさんに箱の中に入っているものを近くでよく見てもらおうと思う。あなたがそこに見るものは手品師のトリックの寄せ集めでも、魔法の呪文がたくさん詰まった本でもない。ウサギも帽子も出てこない。あなたが見つけるのは、新旧さまざまなツールである。これらのツールをよく見てもらうだけでなく、何十億ケースものコーラや他の商品を売るために使われたこれらのツールの使い方についてもお話しする。またそうした使い方をした理由についても明らかにする。

三〇年以上もの間マーケティングに従事し、懸命に働いてきた私の経験が生きて、読者の方々にいくつかのヒントや戦略を見つけていただければ幸いである。

しかし、私のゴールは一〇〇の成功するマーケティング・プランについて書くことではない。本書は、私のマーケティングに対するアプローチについて説明することで、あなたが自分自身のアプローチの仕方について考えてみることを勧めるものである。私は、マーケターも経営者も誰もがマーケティングとは何か、マーケティングがどう機能するか、そして、もし、あなたの会社がさらに売上げを伸ばし、利益を出そうと考えるのなら、どのようなアクションをとらなければならないかについて認識できるように、マーケティングを取り巻くミステリーをぶち壊したいと考えている。

マーケティングの世界とビジネスの世界（この二つは同じものだと言いたい）が、マーケティングについての対話を始めることを望んでいる。私は多くの企業が大きな問題を抱えていると思う。それは誰もが、マーケティングに関する古い仮説に基づいて活動していることから生じる問題である。こうした仮説はもう一度見直されなければならない。読者のあなたにはそうした行動をとり始めていただきたい。私はこのテーマについてずっと考え、長年の経験から、この本の中で語られているいくつもの私の視点を作り上げてきた。私はこれらの視点が的を射たものだと信じている。よってご期待通り、私はあなた方にこれらの視点を売り込んでいくことにする。しかしその究極的な目的は、私の考え方をあなたが受け入れることではなく、あなたの考え方に疑問を投げかけること――おそらくいくつかの手榴弾を投げ込んで――つまり、あなたがいまどこにいるか、そして明日いなければならない場所に、どうやってたどり着けばよいのかについて再評価させることにあるのである。

第1章

なぜ、マーケティングが必要なのか？
もちろん、利益を出すためである

マーケティングを行う唯一の目的は、より多くの人々に、より高い頻度で、より多くのお金を使わせ、自社商品を買ってもらうことである。それが、たとえ五セント、一ペニッヒ、あるいは一ペソであれ、マーケティングに投資する唯一の理由である。もしマーケティングによって、消費者が財布を手にし、自社商品を買うためにレジに並んでくれないのなら、マーケティングなんかいっそのことやめてしまったほうがよい。

私がそう言うと、多くのマーケターは笑い出してこう言う。「ご冗談でしょう」「マーケティングの目的は売ることではないはず、売ることは販売部門の仕事じゃないですか」と……。

確かに以前は、マーケティングは単に顧客と自社商品とを結びつけるだけでよかったかもしれない。コマーシャルを撮影し、それにソフトな音楽をつけ、消費者の心の中にイメージを作り出すためだけに、高額な放送時間枠に対する予算を膨らましていく。しかし今日、それだけでは十分ではない。顧客が自社商品を好きになるように、店舗内であるいはレジで、商品を覚えてもらうために宣伝し、イメージを創造することは確かに必要ではある。しかし、マーケティングに投資する唯一の理由は、自社商品がより多く売れるように支援することなのである。

ところが、このことを理解していない人が多い。彼らは新しい物流システム、より効率的な生産あるいは販売組織の拡大などが、ビジネスの発展と利益の増大に寄与するというラプソディーを信じている。しかしこんなことは、ビジネスの発展と利益には何ら寄与しないのだ。商品を売らなければ利益は生まれないし、また人々にその商品を欲しいと思わせなければ商品を売ることはできない。それを実行するのがマーケティングなのだ。

◎活動よりも結果に焦点を当てろ

まず最初に、マーケティングとは何かをよく理解する必要がある。マーケティングとは広告のことではない。マーケティングとはバリ島でコマーシャルを撮影することでもなければ、あるいはまた、ヤシの鉢植えのある高級そうなオフィスで広告代理店にペコペコされながら、自分たちの気まぐれを押し通すことでもない。そんなことは、過去のマーケティングの遺物である。

ところが、多くの人々はまだこれがマーケティングだと思っている。創造性あふれる広告を制作するのに多くの費用をかけ、これをテレビの全チャンネルで流し、全世界の新聞や雑誌に自分が作った広告を掲載することがマーケティングだと、自分自身あるいはボスを騙し込んでいる。しかし、それはマーケティングではない。またマーケティングは、広告以外の多くの関連事項、たとえばパッケージング、プロモーション、市場調査あるいは新製品開発などの総称でもない。マーケターはこれらすべてを行うが、これらはすべてマーケティングを実施するためのツールにすぎない。ツールはマーケティングではない。マーケティングとはツールを使うことである――マーケティングとは何をするかを決め、それを達成するための最適なツールを正しい方法で使うことである。

それはちょうど、テーブルを作るのに金槌、のこぎり、一箱の釘と何枚かの材木があって、そしてテーブルを作る能力のある大工がいるようなものだ。さらに自分が作りたいのは、テーブルなのか椅子なのか決める必要がある。マーケティングとは戦略的な活動であり、より多くの消費者により高頻度でより多くの商品を買ってもらい、その結果、会社がより多くの利益を出すことに焦点を当てた活動である。マーケティングは、単にある目的を達成するために行なう戦術の集積ではない。

この点をきちんと認識することが重要だ。戦略とは、自分が何をすべきかを決定する主要な要素なのだということを理解すれば、仕事のやり方も変わってくるからである。自分の任務は単に仕事をこなすことと考えていると、それだけで終わってしまう。もし仕事のみを志向していると、「今年は、五回のプロモーションと、六回のフォーカス・グループ調査と、二回の広告キャンペーンを打たなければならない」と考える。そして、これらのうちのいくつかを完了したとき、「ああ、よい仕事をした」と思ってしまうのだ。

マーケティングの任務は、商品をより多く販売し、より多くの利益を上げることである。人々にあなたの商品をより多く、より高頻度で、より高い値段で買ってもらうことだ。この考え方が、この本の中で呪文のように何度も出てくるのは、別に編集者が居眠りをしていたためではない。これは簡単なことのように聞こえるが、頭の中に本当に浸透させるのは難しいことだからだ。マーケティングは、いままでも、現在も、そして将来もこれに尽きるのである。一部のマーケターは不可能だと言うかもしれないが、マーケターの本当の責任とは、生産された商品すべてを利益が出るように販売し、投資回収と資産運用の究極的管理人になることなのだ。

自分の仕事は単にプロモーションを打つことだけだと考えていても、確かにより多く商品を売ることはできるかもしれない。しかし最終ゴールは売上げであり、プロモーションを打つことではない。このように理解すると、もっと多くのことを行うようになり、そのやり方もずっと賢明になる。その結果、以前よりはるかに多くの商品を販売し、より多くの利益を生み出すことができるのだ。

◎マーケティングは、投資であることを理解せよ

一九九三年の初めにコカ・コーラに戻り、テレビコマーシャルの試作ができたとき、私は儀礼的にロベルト・ゴイズエタ会長のオフィスに持って行き、それを見せた。

「このコマーシャルは好みじゃない」

それが彼の言葉だった。

「考えてみてくれ、ロベルト」と私は答えた。「もし全世界のすべての放送時間枠を買うつもりなら、喜んであなたの好きなコマーシャルを作ろう。でもそれができないなら、消費者を対象にした仕事を

していかなくちゃ……」

もちろん、会長は私の言いたいことをすぐに理解した。そして付け加えた。「結果を見せてくれ、コマーシャルではなく」

結果がすべてである。ロベルトが私の見せたコマーシャルの対象者でなかっただけでなく、あなたが、あなたの作品の対象者であることはめったにない。マーケティングはアートであると主張するマーケターの連中は、「君にはわからない。私は天才で、私（と、もちろん、広告代理店）だけしか私の芸術は理解できない。また、私がやったことに対する結果も測定できない」とのたまう。ところが、マーケティングはテストされなければならないし、他の投資と同じようにその結果も測定されなければならないのだ。

自分の作った広告に自分が惚れ込んでしまうことと、自分が「感激」しなかったからうまくいかないと考えることは、どちらも簡単だが、同じように危険でもある。私がミラービールのコンサルティングをしたとき、信じ難いことだが、全社員が年老いた騎手がミラーライトを飲んでいる広告に惚れ込んでいた。その広告はほとんどミラーという会社の人格の一部になっていた。その広告とミラーの社員とは一体化していた。ブッバ・スミス、ジョー・フレージャーやジョン・マデンなどのスポーツ界のスターがそのコマーシャルに登場することで、ミラーの社員は自分たちの会社のステータスが上がっていると感じているようだった。

社員が好む広告を作ることは、別に悪いことではない。事実それができればそれに越したことはない。会社のモラル向上のためには確かによいことである。しかし、社員も広告代理店の人たちも彼らのターゲットたる消費者ではないということを、ミラーは忘れてしまっていた。ターゲットは、アメリカのビール党と潜在的なビール党なのだ。ミラーの連中は、その広告キャンペーンに夢中になっていたおかげで、広告がよい結果を出していないことにも気づかなかったのだ。

売上げが上がっていないことは知っていても、何とか理由をつけて、広告を変更することを避けていた。社員、経営陣、そして広告代理店がこぞってその広告を好きなのだから、これは正しいに違いないと考えていた。事実、多くのビール党はミラーの広告は好きだと言っていた。にもかかわらず、彼らは、クアーズライトやバドライトを飲んでいたのだ。「ただ、ライトビールと頼まないで……バドライトと頼んで」というキャンペーンを覚えておられるだろう。この広告はミラーの広告ほど創造的でも魅力的でもなかったかもしれない。ただいちばん重要なことは、それが効果的だったということだ。バドライトの広告は、直接的であり単刀直入だった。その広告はバドライトを買うように人々に訴えかけ、人々はそれに従ったのだ。

ミラーライトは、一時アメリカで最も人気が高く、成長著しいビールだった。それがいまではどうだ。いったい何が起こったのか？　ミラーは、人々にミラービールを買う理由を与えなかったのだ。その結果、人々はミラービールを買わなくなったのだ。おそらくミラーにとって最大の悲劇は、マーケティングを担当していない人々に、マーケティングは売上げを伸ばすものではないと確信させてしまったことである。マーケティングは、単に余裕があるときに「あればよいもの」であり、必ずしも必要なものではなく、ましてや利益が落ちているときには「絶対に不可欠なもの」ではないという観念を植えつけてしまったのである。

世界はあまりにも速く動いていて、リターンが期待できないことにも金を使うよう投資家は強く要求する。企業にそんなことができる余裕がかつてあったかどうか知らないが、少なくともいまではそんなことなんかできっこない。そう考えると、現在多くの企業がやっていることは、あまり意味がなさそうに見える。売上げが落ちてくると、マーケティング予算を削る。なぜ、そんなことをするのか？　売上げを伸ばしてくれるはずのマーケティングをなぜ減らしてしまうのか、むしろ増やさなければならないときに……。

コカ・コーラには、売るために金を使うというポリシーがある。唯一、予算を削るときは事がうまくいかず、マーケティング投資に対してある特定ブランドがリターンを生み出していないときだ。うまくいっているときには、もっと金を注ぎ込む。もうこれ以上リターンが期待できないというギリギリのところまで金を注ぎ込む。こうしてマーケティング予算を売上げ増加のために使うようになると、販売のスランプは浅くなり、売上げのピークはさらに高くなり、利益ははるかに大きくなる。これは何を意味するのか。たとえば、あなたの上司が、マーケティングは不要不急のひだ飾り《フリル》という見方をやめ、マーケティングは実際に売上げを伸長させると理解し始めると、マーケティングは実際に売上げを伸長させると理解し始めると、マーケティング予算を目標達成のための戦略的なツールとして使うことができるようになるということだ。上司は、ビジネスが低迷しているときにマーケティング予算を削ることをやめ、むしろ増やし始めるようになるのだ。

ここで、次の話題、「企業はどうやってマーケティング予算を設定するか？」という点に触れてみよう。従来、企業はマーケティング予算を経費と見なしていた。つまり初めにマーケティング予算が決められていた。Xドル、あるいは売上げに対してXパーセント。マーケティングに使える資金はこれだけである。そしてこの決められた予算の範囲でどれだけの広告やリサーチを行い、その他必要なものを買うかを決めていく。しかし、マーケティングは売上げを伸ばすために行うものであると考えるなら、それに使う資金は経費ではなく、投資となるべきなのだ。「何回プロモーションを打つことができるか」ではなく、「どれだけ売上げを伸ばすことができるか」となり、さらに「そのために何をすべきか」となっていく。こういう形で質問していくことで、より大きな投資をすれば、より大きな利益が得られることが証明される。すると、マーケティング予算は削減ではなく、逆に拡大の決定をみるようになる。

マーケティング予算を使う際にこの点をよく覚えておくべきだ。なぜか。いくつもの代替案を検討しなければならないからだ。その中で何がうまくいくかを評価するのだ。何が最大のリターンを生み出すのか見つけ出し、そこに投資していく。たとえ自分自身が気に入らないショーに金を使うことになってもである。個人的に気に入らないプロモーションやパッケージであっても、家族や友人が好きでなくてもだ。あなたの好みや友人の好みは関係ない。もし高いリターンを期待できるのであれば、投資すべきだし、期待できないのであれば、やめるべきだ。

多くの経営者は将来、以前よりもはるかに深く、マーケティングとは何か理解するようになるだろう（彼らもこの本を読んでいることを忘れてはいけない！）。そうなったとき、マーケターとしての生き残りを可能にするのは、マーケティングがより多くの商品を、より多くの人に、利益の出る価格で確実に販売すること、そしてそのことをみんなにはっきりと知らせることである。何をしようとしているのかみんなに言ってから実行せよ。なぜそれがうまくいったか、その理由を知るための報告を受けよ。そして誰からも見えるように、オープンなやり方で実行するのだ。

◎マーケティングを通して、需要を創り出せ

もちろん企業は、製造、物流そして販売組織を持たなければならない。しかし最終的には、商品をいかにうまく配送したか、いかに効率よく製造したか、あるいは誰も自社商品を買おうとしないときに販売部門がいかに多くの契約を取ってきたかなどは、あまり重要な問題ではない。たとえ自動車会社が効率よく自動車を作れても、利益は自動車が売れて初めて生まれる。デロリアンという自動車が現在どうなっているか考えてみたらよい〔DeLorean：一九八〇年代前半にジョン・Z・デロリアン氏により究極のスポーツカーというふれ込みで市場に導入された。映画『バック・トゥ・ザ・フューチャー』の中でタイムマシンとして使われていた自動車〕。

素晴らしいシートを取りつけた、最新の航空機を導入しても、そのシートに乗客が座らなければ利益は生まれないのだ。高度なPOSシステムと、高度なトレーニングを受けたマネジャーを使って世界中にレストラン・チェーンを作ることはできても、ハンバーガーであろうと、タコスあるいはピザであろうと、より多くの品目をより高い金額で売って、初めて利益を生み出すことが可能なのだ。

商品のポジショニングをするのがマーケティングである。マーケティングは顧客が期待することを定義し、その期待以上のものを提供することで、顧客を喜ばせ、顧客に繰り返し来店してもらえるよ

うにすることだ。二〇〇店舗閉店、あるいは手を広げすぎて数か国から撤退したといった新聞記事を、週に何度目にすることか。いったい彼らに何が起こったのか？　彼らは、『フィールド・オブ・ドリームス』〈自分の球場を作る夢を実現したアメリカ映画〉的アプローチをしたのだ。つまり「それを作れば、客は来る」と。しかし、客は来なかった。なぜならマーケティングをしなかったからだ。その店に来るべき理由を説明し、買ってくれるように頼まなかったからだ。自社の清涼飲料、オートバイ、あるいは提供するサービスや体験が、なぜ他と違うのか、何が優れているのか、あるいはどこが特別なのかについて伝えなかったからだ。だから、店は建てたが誰も来なかった……そして閉鎖に追い込まれたのだ。彼らがもしマーケティングをしていれば、彼らはいまでも営業を続けていたことだろう。

このような結果志向のマーケティングなしには、企業は新しい顧客を獲得することはできない。またかなり短期間のうちに既存の顧客も失い始める。古いスタイルのマーケターの格言に、「顧客を若いうちにつかむと、その顧客は生涯にわたってずっと顧客であり続ける」とある。確かにそれは気の休まる考えではあるが、間違っている。人の嗜好というのは極めて変わりやすい、特に現代においては。常に新しい方法を考え出し、繰り返し自社商品を買ってもらうために、顧客の好みを新たに創造し、再構築していかない限り、顧客は消滅し、そしてあなた自身も消え去ることになるのだ。

だからこそ、スポーツシューズ・メーカーは常に新しい商品を開発し続けるのだ。現代の若い消費者は、日々「ライバル会社の商品ではなく、我社の商品を買ってください」と叫ぶ新しい情報にいつもさらされているからだ。確かに、顧客は若いうちにつかまなければならない。しかし、さらに、自社商品を買う新しい理由を彼らに提供し続けなければならないのだ。何度も、何度も、繰り返し……。

コカ・コーラは一九七〇年代に消費者を失い始めたときに、このメッセージをはっきりと認識した。当時、コークは愛されているから、ほっておいても勝手に売れるだろうと考えていた。だが、その結果は? コークは確かに愛されていたが、消費されてはいなかった。同じことが、多くの企業でも起きたのだ。たとえばコンバースのシューズは一時たいへんな人気だったが、いま彼らはどこにいるのか? リーバイスはどうなってしまったのだろう。八〇年代には、どこに行ってもリーバイスのジーンズであふれていた。確かにいまでもリーバイスはある。しかし、最近の彼らのマーケットシェアを調べていただきたい。九〇年代初め、スナップルは、ギャングのように市場に突然姿を現し、奇跡の飲料となった。炭酸飲料はこの新しいドリンクに取って代わられるのではとさえ考えられた。ところがその後どうなっただろうか。人々は相変わらずコークやペプシ、あるいはフルートピアを買い続けている。スナップルはどこへ行ってしまったのか?

ナイキが、もう一つの例だ。一九九〇年代初めから半ばにかけて、ナイキはスポーツ用品の世界を席巻していた。ところが突然、ナイキはそのパワー(社会性)を失ってしまった。それとほとんど同時に、一度は死んだと思われていたブランド、アディダスが息を吹き返した。どうやって? アディダスは、消費者との接点をなくしたことで確かに一時低迷していたが、コンバースとは違って、自らの失敗から学んでいたのだ。つまり対象とするユーザーに恒常的に訴え続ける必要性を理解していたのだ。スニーカーの購入者に、アディダスの存在を思い出させるだけでなく、なぜアディダスでなければならないかを思い出させる必要性を知ったのだ。つまり彼らは消費者の選択を勝ち取るために、他社のスニーカーと比較して、何が特別で、どこが違っているのか（スタイル、価格、品質、はき心地など）という点について再認識させる必要があることを理解していたのだ。そして、それを実行した。アディダスはまさしく蘇った。ナイキの経営者フィル・ナイトは、いずれはナイキを再起させ、スポーツ用品業界を再び支配することだろう。しかし、そもそもナイキはなぜその社会性を失ったのかという疑問が残る。彼らは独りよがりになっていたのだ。成功とは脆いものだ。どんな企業であれ、どんなに成功していようと、それが当たり前と考えることはできないのだ。

消費者に自社商品を買ってもらうこととマーケティングは直接関連している――このことが理解されると、もはや、マーケティングはただあればよいというオプションではない。マーケティングは実際、企業の根幹にある活動なのである。企業が行うすべての活動はマーケティングを念頭に置いて、計画され、実施されなければならない。マーケティングをビジネスのすべての根幹に置かないと、その企業は滅びることになる。販売は伸びず、利益も伸びないからだ。マーケットシェアも失ってしまう。そしてマーケティングを理解する競合企業が、市場を席巻することになる。もしあなたが自分自身をポジショニングしなければ、競合企業がしてくれることだろう。

◎作れるものすべてを販売する

マーケターの究極的なゴールとは、自分の会社の総資産利益率を最大化することである。つまりそれは、会社が商品を生産し販売するための限界経費がそれ以上の投資リターンを生み出さなくなるところまで、会社が作るものすべてを販売するということだ。

これに関しては、後の章でもう少し論理を発展させて説明しよう。そして、企業はなぜマーケターをそのすべての決定プロセスに参加させる必要があるのかについて述べる。真に利益を最大化させようとすれば、どれだけ生産するかを決定する前に、どれだけ売れるかを知る必要があるのだ。しかし、いまここでは現在持っている生産能力に焦点を当て、すべてのマーケターは会社が作り出すものすべてを売り切ることを、まず最初に目指すべきである、とだけ述べておこう。

多くの会社は、年間を通してあるピーク時の需要に合わせた生産能力を設定し、その他の時期には余剰生産能力を遊ばせておく。清涼飲料メーカーは特にこれが顕著であり、業界の人々は大方、季節によるアップダウンはこのビジネスの不可避な特性として受け止めている。しかし、私はこの古びた神話を信じない。すでにある生産能力をフルに使うということは、商品を最も効率的に作る一つの方法である。だから遊ばせておくのは罪だ。優れたマーケターは、会社の最大の生産能力を使って、生産したものすべてを売る。それは生産能力の三分の二でもあるいは能力の八〇%でもない。航空会社はこれをイールド・マネジメント（搭乗率の管理）と呼んでいる。ディスカントしてでも、すべての席を売り切ることだ。

航空会社は、このことを正しく理解している。私の知っている限り、航空業界は早くチケットを購入すると安くなる唯一の業界である。航空会社はまず固定経費をカバーし、それからさらに一〇〇%のイールド（搭乗率）を目指しているのだ。

従来の常識では、冬から夏にかけて、あるいはハイシーズンからローシーズンにかけて、マーケットシェアは変わることはないとしている。そしてオフシーズンにシェアを保つことができれば喜び、ハイシーズンにシェアが上がったら大喜びをする。しかし、ローシーズンこそマーケットシェアを拡大する絶好の機会であり、競合企業から顧客を奪い取るのが最も簡単な時期なのである。すでに一〇〇%マーケットシェアを獲得していない限り、伝統的なローシーズンにマーケットシェアを拡大すべきである。なぜならこの時期、多くの会社は従来の考え方に基づいて、間違いを犯しているからである。つまりローシーズンには売上げが落ちるからと、企業はマーケティング予算を削減している。しかし私に言わせれば、「だから何なのだ！」

確かに商品カテゴリー全体の需要は、一シーズンか二シーズンは下がるかもしれない。しかし、季節変動は、市場を独占していない限り、考えているほど大きな問題ではない。消費者は、一〇月や二月あるいはある時期、飛行機の座席やゴルフクラブや清涼飲料を他の時期ほど買わないかもしれないが、それがあなたの商品をより少なく買うということにはならない。季節性は他社が悩むべき問題にしてしまえばよいのだ。競合他社がマーケティング予算を減らしている間に、自社のマーケティング予算を維持するのだ。そうすれば、顧客が買わないのは競合製品であり、あなたの製品ではなくなる。

季節性というアイディアは、マーケターが予算未達を誰にでも説明でき、納得してもらうために考え出した言い訳ではないかとさえ、ときどき思ってしまう。調査では、冬の期間でも一人の人が消費する液体〔水、清涼飲料、アルコール他すべての飲料を含む。飲料業界用語〕の量は下がらないことがわかった。外に出て太陽の下での消費ではないかもしれないが、暑さを凌ぐ以外に、人々が炭酸飲料を飲む理由は他にもいくらもあるはずだ。これらの理由を探し出し、商品を消費者に販売するのがマーケターの責任だと思う。ミラービールの年次販売会議には五回も参加したが、そのたびに今年の春は雨が多かったためにセールスが悪かったというようなことを聞いた（まるで春にバドワイザーには雨が降らなかったようだ。バドワイザーはこうして天候のことを嘆いている連中からシェアを奪い取ったのだ）。世界で大金持ちになった人々は、そのビジネスに関して古くから信じられてきた神話をまったく受け入れなかった人たちである。もしサム・ウォルトンが、地域密着型のハイタッチ／ハイマージンの小売業という神話を信じたならば、メインストリートだけに店を開けていただろう。

私は、予言とは自分自身で成就するものであると固く信じている。失敗すると思うと、必ず失敗する。人々はある概念を作り上げ、それを慣習化する。あなた方の会社にもそういう慣習が数多くあるはずだ。これらの神話をぶち壊し、抹殺してしまうことだ。ただし、それは事実に基づいて行わなければならない（ビジネスの季節性をなくす原理をテストしようと決めたとき、現行のビジネスに対して配分されているマーケティング予算は手つかずの状態であることを忘れてはならない。新しく追加的売上げが欲しいなら、追加投資を行わなければならない。一〇か月で使おうとしていた予算を、金額をそのままにして一二か月に引き伸ばして使うことはできないのだ）。

◎これ以上売れないと思ったら、売れない

いつも面白いと思って見ているのだが、ほとんどのマーケターは、素晴らしい売上げを達成した月や年だったという話をしたすぐ後で、翌月あるいは翌年は決してこの数字には及ばないだろうと話し

出す。彼らは「昨年は素晴らしい一年だった。一七・三％も売上げが伸びた」と言い、その後、今年これと同じ数字を達成するのは不可能だという理由を、数か月かけて説明するのだ。昨年よかったのは、競合がストをしたから、イースターが遅かったから、地元の野球チームがワールドシリーズに出場したからなど……。あるいはまた、素晴らしいマーケティング・プログラムのアイディアが、たまたまあったのかもしれない。しかし、そんなことにどんな意味があるのか？　もし人々が今年それだけの量を買い、使ってくれたのなら、人々に新しい理由を与えることで、なぜ翌年も同じ量、あるいはそれ以上多く購入させ、使ってもらうようにできないのだろうか？

低いゴールを設定すると、自分自身それを達成する預言者になってしまう。自分が描いたストーリーを信じるときは、敗北を宣言するときだ。つまりX個売ることができると決めると、メーカーにX個作るように指示し、それ以上は決して売ろうとしなくなるのだ。

いま、ピザハウスを開店するとしよう。一日一〇〇枚のピザを売りたいと決めたとすると、ピザの材料を販売する会社に電話をして、一〇〇枚分の材料を送ってくれるように頼む。彼らは、それに基づいて、どれだけのペパロニとピーマン、アンチョビが必要かを計算し、ドウ（生地）とトマトソースとチーズも一緒に持ってくる。また、オーブン屋にも電話してオーブンを借り、包材業者に電話をして箱を仕入れる。そしてビジネスが始まる。

しかし実際には、開店初日には、七〇枚のピザしか売れなかった。つまり三〇枚残ってしまったわけだ。問題は、これをどうするかだ。二つの選択肢がある。もし作れるだけ売りたいのなら、一〇〇枚のピザを売るためのマーケティング・プログラムを考えなければならない。そして翌日のために七〇枚分のピザ材料を注文する。もう一つは、売れるだけ売ると決めたらいま三〇枚残っているわけだから、四〇枚分の注文をする。この場合、もう翌日から自分の敗北を認めてしまっていて、七〇枚以上のピザは決して売れなくなるのだ。

この両方のシナリオを分析してみよう。シナリオ1では、いろいろなことを真剣に考えなければならない。たとえば、ピザを買ってもらうプロモーションを、一日のうちでいつ打つべきなのか、デリバリーなどの他のサービスもすべきなのか、ピザをカットして売るべきかなどについてである。あるいは、お客はなぜ自分のピザを買わないのかを分析し、自分のピザを買ってもらうためにはどんなことを伝えたらよいのか、そしてどんなことをしたらよいのかなどを考え出さなければならない。これがデスティネーション・プランニングである。目標を決め（この場合、初めは一日一〇〇枚のピザを売るという目標）、すべての決定はその目標を達成することをベースにして考えられるようになる。こうしたアプローチを絶えず行っていると、最終的には一日二〇〇枚、三〇〇枚あるいは四〇〇枚のピザを売るためのプランさえできるようになる。

次に、シナリオ2を見てみよう。これはシナリオ1に比べるとはるかに楽なプランである。最初の日に七〇枚のピザを売り、今後も七〇枚のピザを毎日売り続ければまずまずなのだ（七〇枚という数が、固定費をカバーしているという前提ではあるが）。しかし、常によちよち歩きの操業であり、おそらくこの店はすぐに潰れてしまうだろう。

プランを立てる際には、どれだけ売っていたのか、あるいは売れるのかではなく、どれだけ売りたいのか、あるいは売る必要があるのかに基づいて行うべきだ。そしてマーケティングの役割は、その後ゴールを達成するために、プログラムやアイディアを考えることにある。これは「パイプをくわえながら夢をみる（気楽な）」プランニングではない。成功するためにはどれだけ売らなければならないかを決め、次にそこへ到達するための方法を考えるプランニングである。「達成できる」数値ということで簡単に目標を下げてはならない。というのは、それを達成しても、自分が到達したいレベルには届いていないからだ。

◎大事なポイントは収益である

もし商品をただで与えてしまえば、ずっと多くの商品を簡単に動かすことができる。世界中で、いかに多くの企業が、実際に利益が出ないところまで価格を下げて販売していることだろう。そういう企業は確かに現金は入ってきている。トップライン（売上高）は天井知らずだが、ボトムライン（収益）は地下室にあるようなものだ。利益が出る、あるいは成長を維持できる範囲においてのみ、売上高に意義がある。後の章で、消費者の心に価値を創造すれば、消費者は自社商品に対してはるかに高い金額を支払ってくれることを述べる。しかし、ここでは、利益が出るようにマーケティング予算をどう投資するか考えてみよう。

マーケティングでは、常に限界経費（経済原則の一つで、企業は一ドルの経費を使って一ドル以上の追加的利益を得ることができる限り経費を増やしていかなければならないというもの。限界経費はその最大の値）に注意しなければならない。つまり、ピザであろうが、牛乳、清涼飲料、飛行機の座席、車あるいは人形であろうが、追加販売量を得るためにはどれだけ投資しなければならないかを決めることだ。前年の売上げを維持するためだけに、より大きな投資をすることは絶対にできない。現在の売上げを維持するためのコストは、時間の経過とともに下がっていくはずのものである。なぜなら一度自社商品を買ってもらうよう顧客を納得させられれば、最初に彼らの注目を引くために使った資金を、再び使う必要がないからである。成長を続けるためには、追加的売上げを獲得するためのマーケティング費用が捻出できるように、一度つかんだ消費者に対する投資を減らす必要がある。

テレビで、週末に漁師が魚の釣り方を教える番組を見たことがおありだろう。番組では、魚を釣るとまたそれを放している。マーケティングでは、魚を釣ったらそれを生かしておくのが目的である。釣った魚は決して放してはいけない。成長するためには、捕まえて放すマーケティングから、捕まえて維持するマーケティングに切り替えなければならない。かといって、昔からの顧客に対して、あたかも新しい消費者であるかのように思わせるいろいろな努力をしなくてもよいと言っているのではない。それはやらなければならない。ただし、最初に消費者を獲得するためにかけた金すべてをもう一度彼らに使う必要はないと言っているのだ。既存の消費者にも、買い続ける理由を提供しなければならない。しかし、それはより効率的にできるはずだ。

既存の消費者によって繰り返し得られる売上げと、追加的売上げとの差異を理解し、次はそれぞれに対するコストをはじき出すことだ。つまりベースとなる売上げに対しての出費と、追加売上げに対する出費とを分けて計算していくことである。このようにして初めて、実施したプログラムが利益を生んでいるかどうかが判断できる。すでにブランドのユーザーになっている人に、もっと多く買ってもらうようにコストをかけるのか、あるいは、いまユーザーでない人に、他のブランドに代わって自社のブランドを買ってもらうためにコストをかけるのか。

ベースの売上げをきちんと確保していないと、そして、自社商品を買う理由を人々に植えつけておかないと、あなたのやっていることは「売上げを借りる」ことになってしまう。ベースとなる売上げはきちんと保っておかなければならない。おわかりだと思うが、新しいユーザーは、納得させるのが大変で、また金もかかる。既存のユーザーであれば、彼ら自身の行動に対する確認と、自社のブランドを毎日買う新しい理由が必要なだけで、効率的である。どれだけがベースの売上げで、どれだけが新しい活動で得られる追加的売上げか明確に区別し、次にそれに基づいて、ビジネス・プランやマーケティング・プランを立てるべきだ。

航空宇宙産業や防衛産業ほど、うまく活動に対するコスト（原価）の割り振りをしている産業はない。彼らは、コストプラスのベースで仕事をしている。つまり、ある物を作るのにかかった実際のコストにあるパーセントの利益を乗せて価格を出している。別の言い方をすれば、コストプラス二〇%の利益を出すためには、すべてのコストは割り振られなければならない。そうしないと、すべてのコストに利益を乗せることができず、結果として、コストを回収できなくなるからである。宇宙あるいは防衛プロジェクトはすべてこのようにコスト計算されることが必要となっている。マーケティングにおいても、同様である。これを活動基準原価計算〔アクティビティ・ベースト・コスティングまたはABC：管理会計手法で、従来より正確な利益性の測定や価格設定が可能になる。一九九〇年代に入りECR以降食品業界でも導入する企業が増えてきている〕と呼んでいる。

すべてのマーケティング費用は売上げに結びつけなければならない。そして追加費用は、追加売上げを獲得し、追加利益の出る活動に向けられなければならない。

◎どこに行けるかではなく、どこに行きたいかを目指せ

マーケターは、自分たちの目標を達成するための規律に欠けていることが多いが、そのいちばん大きな理由の一つは、あるべき結果を明確にすることがうまくできないことである。これは私が前に指摘した通り、マーケターがあまりにも活動そのものに焦点を当てすぎ、結果に対して十分焦点を当てていないというところに戻る。将来、マーケターは、デスティネーション・プランニングをよりうまく行わなければならなくなる。そして上司は、マーケターたちに割り当てられた仕事と予算に対して、明確で客観的な目標の提出を彼らに要求することが必要となる。言い方を換えれば、もし成功したければ、成功とは何か、詳細に明確に定義しなければならないということだ。そしてそれに到達するにはどうしたらよいかを見つけ出さなければならないのだ。

空港に行ってチケットを買うとき、カウンターの向こう側にいるスタッフに行き先を聞かれる。その場合、行き先だけでなく、なぜそこに行きたいのか、その理由もあるはずだ。警官か追手に追いかけられていて、一刻も早く街から出て行きたいのでもない限りは、この二つのことを知らずに空港に行くことはまずない。ではマーケターはなぜ、毎日オフィスに出かけ、どのような結果を達成したいかはっきりさせないで、一億ドルもかかるキャンペーンを打つのだろうか。なるほど、彼らは、「カ

テゴリーでのリーダーシップを確保する」あるいは「カテゴリー・リーダーをその位置から引きずり下ろす」といった、高尚な目標を語る。しかし、収益をX%上げる、あるいは今週さらにXドルの追加売上げを達成するという話はめったにしない。

企業はときどき、空港にいる逃亡者のような状態にある。ただ単に、いまある状態から抜け出したいと思っている。自社の問題を解決したいと願っている。売上げを上げたいと思っている。損失を食い止めたいと思っている。また多くは、目標があり、ゴールや夢もある。しかしこれらは十分に考え尽くされたものでなく、あるいはあまり意味のない理由でもって決められている。いまでもよく覚えているが、あるマネジャーと彼のプランを見ていたときのことだ。彼は自分のプランを広げ「これは私のプランです」と言い、もう一つ、「どうしても達成したいゴールがあるんで」と言った。彼のプランはよく考えられたものだったが、重要なのは、熱望しているゴールのほうなのだった。しかし、彼はゴールに到達するためのプランを持っていなかった。プランのないゴールは単なる願望にすぎない。

私が空港のたとえ話を続けているのは、多くの人が空港に行って、いくらかかるか知ってからチケットを頼むということを、私が知らないからだと思われるかもしれない。しかし私は、多くの企業が、マーケットにおいてどこに行きたいか、または行く必要があるかを気にしないで、対前年比何パーセントで売上げのゴールを決めたり、あるいはマーケティング予算を決めたりしていることを知っている。これはまるで、航空会社のスタッフに前回の旅行より二〇〇マイル遠くに行きたい、あるいは何でもよいから一二二ドルするチケットをくださいというのと同じだ。まったく馬鹿げている!

販売ゴールや目標の決定は、マーケットでの自社のポジションや資産投資回収率や他の全体的なゴールなどに基づいて戦略的に決められるべきである。前年との比較や、あらかじめ決められた予算に基づいて決められるべきではない。一五％の成長率で、新製品を出したり、新しい工場を建てたり、新しいマーケットに参入することができるという企業の戦略があるにもかかわらず、一〇％の売上げ増加目標などと、適当に数字を引っ張ってきてよいものだろうか。ゴールは一五％に設定し、そしてそれを達成するのに何をする必要があるかを検討すべきなのだ。一二〇〇万ドル使って、一六〇〇万ドル儲けられるのに、なぜ一〇〇〇万ドル使って一三〇〇万ドル儲けることを決定するのか。どこに行きたいかを最初に決め、そして次に、そこへ到達するための目標、戦略、プランを立てるべきなのだ。

マーケティングについて覚えてもらいたい重要なポイントは次の通りだ。マーケティングとは、商品、ブランド、サービスの価値を高め、そしてより多く、より高頻度で買ってもらう理由を消費者に与えるための活動に金を使うことだ。それは投資だ。削減するという選択肢のない費用項目なのだ。成長したかったら、マーケティングをやらなければならない。そして、どこに行きたいかについて戦略的に考えれば、そこに到達することができる。

第2章 戦略なしには、どこにも行けやしない

一九八二年、コカ・コーラはニューヨークのラジオシティ・ミュージックホールを借り切り、ロケッツ〔有名なラインダンスチーム〕を使って、新製品の大々的な発表会を開いた。そのとき初めて世界に紹介されたのがダイエットコークである。

この新製品自体がコカ・コーラにとって勇気のいる冒険だった。それは、コカ・コーラの歴史の中で初めて、彼らが誇りにしているコークという名前を冠した新製品だったからだ。そのマーケティング・アプローチも面白かったが、ダイエットコークの導入は他の意味でも世界をあっと言わせたのである。それはそれまでの新製品の市場導入の原則とはまるでかけ離れていたからだ。

何がコカ・コーラをそうさせたのか？

それまでのマーケティングの伝統では、新製品を市場導入する場合、たとえ失敗しても誰にも悟られないように、小さな市場から始めるのが常識だった。ところがコカ・コーラは、世界一の大都市か

ら全世界へ向けてこの新製品の発表を大々的に行ったのだ。なぜだろう？

我々コカ・コーラの戦略は、ダイエットコークを〝ホット〟な商品（超話題商品）としてポジショニングすることだった。マスコミにも消費者にも、この商品がホットであると思わせるためには、実際この商品の話題で持ち切りにする必要があったのだ。そこでこの新製品に関係するすべてのものが、ホットな感覚を発信しなければならなかった。ラジオシティ・ミュージックホールを選んだのも、世界中の人々にこの発表の瞬間を見てもらおうとしたのも、こうしたメッセージを伝えるための戦略だったのだ。

もう一つ、スポーツを例にとってみよう。ニューヨーク・ヤンキース、シカゴ・ブルズ、デンバー・ブロンコスなどは、ただ単に幸運だったから世界チャンピオンになれたわけではない。また、才能ある選手を金にものを言わせて集めたからでもない。もちろんこうした要素も重要ではある。しかし彼らがチャンピオンになれたのは、真剣にプロとして仕事に取り組んだからである。コーチも選手も一丸となって試合について考え、どうしたら勝てるかセオリーと戦略を構築し、それらをフィールドやコートでテストし、修正を加えていったからだ。

あなたもこういう姿勢を持つべきだ。

優れたチームは、相手チームと自分たちについて学習し、前の試合の中で何が正しかったか、または間違っていたかを分析することに時間を費やす。そしてそこから次のゲーム・プランを作り上げていく。ゲーム・プランとは、もちろんゲームを戦うための詳細なプランである——それは戦術であり、フットボールのパスを通すルート、野球のピッチャーのローテーションなどである。プロのチームは、思いつきでは戦わない――科学的に計画し、それを実行するのだ。プロは何がうまくいき、何がうまくいかなかったか反省するのだ。

たとえ勝ったとしても、同じことをすべきだ。自制心、決断力、そしてよく練り上げられた戦術本《プレイブック》を持つべきだ。

まず、戦略を作り上げなければならないのだ。

◎戦略がすべてであることを知れ

戦略がすべてである。

考えてみてほしい。もし、マーケティングが最も多くの商品やサービスを最高の価格で販売することに焦点を置いたビジネス活動であるなら、それはいろいろな活動を無作為に集めたものではないはずだ。それはむしろ売りたい商品を人々に買いたいと納得させるためのシステマティックなプロセスを、計画し開発することである。ただし間違ってもらいたくないのは、マーケターは常に正しくなければならないということではない。私自身数多くの失敗を経験している（失敗したときの戦略変更については次の章で見ていく）。大切なことは、顧客がより高い価格でより多く商品を買うことによって、利益を増加させることだけに焦点を置いて戦略を立てることである。

注意深く戦略を立て、それを積極的に実行すれば、マーケティングは自社の商品を手に持った顧客を一人でも多くレジに並ばせることができるだろう。また消費者の心の中に明確なイメージを確立したいと考えたら、まず自分自身の心の中にクリアなイメージを持たなければならない。

アーチストを例にとってみよう。今日最高のマーケターは、アーチストと彼らを管理するマネジャーである。ロック・コンサートへ行くと、彼らはTシャツ、帽子、プログラム、CDなど、観客がもともと欲しいとは思っていないさまざまなグッズを販売している。コンサートの主催者は、集まった観客が三時間のあいだ囚われの身になっていることを理解し、また彼らはそもそもそのアーチストのファンだからこそコンサートに来たのであって、販売している商品についても買う意思のあることを知っているのだ（もうすでにチケットに五〇ドルも払っているというのに）。彼らはこの機会を逃さず、さらに多くの金を落とさせようとしているのだ。彼らはマーケティングを知っている。最近のデンバー・ポスト紙に、ボブ・ディランについての面白い記事が載っていた。それはディランの歌や彼の歌手としての活動に関するものではなかった。それはなんと彼のマーケティング・スキルを賞賛するものだった。ディランは彼の昔のアルバムをすべての年齢層を対象に売り込む方法を考えついたのだ。それは、ディランのアルバムを「ゴールデン・オールディーズ」（ナツメロヒット集）としてではなく、「いい音楽」として売り込んだのだ。しかも、それは成功した。

スーパーマーケットの場合、話は別だ。企業は通常、店員が商品を棚に陳列するということを前提に、商品を開発している。一歩進んだ会社でも、せいぜいレジまわりのPOPを作るくらいで、あとは売れることを祈るだけだ。そう、祈るだけだ。なぜなら彼らは商品を低価格で生産し、社長の好きなピカピカ光るパッケージで包装し、棚に置くところまで行ったからだ。ところでマーケティングはどうしたのだろうか？　顧客の分析や、顧客との関係を築くためのコミュニケーションはどうしたのだ。彼らは何もしていないではないか。

◎海図の上にコースを引け

戦略は、目標を設定し、ガイドラインを定め、考えるための枠組みを提供する。戦略は、目標達成のためのコースから外れない限り、あなたが創造性を発揮することを許す。最終的には、前もってよく計画された戦略は、焦点を明確にさせるのである。

今日の混沌とする市場を突き抜け、対象とする消費者に到達するためには、無限に近い数の可能性があり、これがまた問題を引き起こしている。つまり、その中のどの可能性についても見落としてはいけないが、またそのすべてを試すわけにもいかないし、またそうしたくもない。もしすべての可能性を試していたら莫大なコストがかかるし、さらに可能性の半分は他の半分と中和して、結局どこにもたどり着けないということになるだろう。したがって、いかなる機会も逃さず、できるだけ多くの人からアイディアを受け入れる必要がある。ただし、共通の目標に向かって同じ道を歩くよう、彼らをうまく束ねなければならない。これが戦略を構築することで実現できるのだ。

戦略はあなたが選択できる何百万という方向性の中で、誤った方向に踏み込まないための重力の役割を果たす。競争優位を維持するためには、リスクを恐れてはならないし、新しいコンセプトを考え出し、新しい技術にトライしなければならない。しかし、戦略が明確でなければ、リスクははるかに大きなものとなる。これはすなわち、マーケティング部門のスタッフ全員が、戦略が何であるかを明確に知っている必要があるということだ。もちろん、社内の他部門の人間も、同じように戦略について知っておく必要があることは言うまでもない。

「戦略が重要なことくらい、誰でも知っている」と、あなたは言うかもしれない。だから多くの企業は、戦略プランニング部門を持ち、役員たちは戦略会議を開き、そして我々はみな、戦略的にものを考える人間として認知されたいと願っているのだ。もしそうだとしたら、なぜゼネラル・エレクトリック（GE）のような進歩的な企業が、戦略プランニング部門を廃止してしまったのだろうか。それはGEが、戦略が効果的オペレーションにとって不可欠なものであると理解していたからこそ、一握りの本部スタッフだけにその機能を任せられないと判断したからだ。いまだに多くの企業が、戦略プランナーと呼ばれる人間を抱えている。これは、企業が戦略の開発をマーケティングと同様、単なる口先だけの関心にとどめ、企業の中核的な活動であることを理解していないことを示している。マーケティングもマーケティング戦略の開発も「もし時間的余裕があればやる」オプションではない。それらは企業にとって不可欠なものなのだ。

◎電車に乗るために、空港へは行かない

戦略はすべての活動の中心でなければならない。すでに、デスティネーション・プランニングと目標の設定の仕方、またはどこへ行きたいのかを見つける方法については説明した。しかし、それがわかれば次は、そこへ至るルートと交通手段を決めなければならない。

戦略はあなたにとっての道路地図だ。戦略はあなたが決めたやりたいことを実行するために、どのように進んだらよいかを示す計画だ。交通手段は、戦略を決めたら次に開発すべき戦術である。たとえばネットスケープがナビゲーターというサーチエンジン〔インターネットの検索ソフト〕を発表したとき、マイクロソフトはナビゲーターを打ち負かすという目標を設定した（私はマイクロソフトのコンサルティングをしていたが、このナビゲーター・プロジェクトには関わってはいなかった。したがって、ここで話すことは、私が部外者として観察したことである）。マイクロソフトが選んだ戦略は、ナビゲーターソフトを陳腐化させることで市場から追い落とすというものであった。そして彼らが使った戦術が、マイクロソフトのソフトであるインターネット・エクスプローラーを無料でユーザーに提供するというものだった。

まず、最初に戦略がこなければならない。なぜなら、戦略があなたの使うべき戦術を決定するからだ。ニューヨークからワシントンDCに列車で行くと決めたら、タクシーを呼んで空港へは行かないだろう。また、あなたの会社がスピードが売り物の最新のスポーツカーを売り出すとしたら、燃費のことや家族六人で快適にドライブすることなど言いたくもないだろう。

戦略を持ったら、戦術が自動的に決まるわけではない。戦略が決まったら、さらに限りなく長い時間を費やして戦術を何回もテストし、それに修正を加えていく。戦略はその際のガイドの役割を果たすのである。

プロモーション、広告、顧客に影響を与えるすべての活動など、企業の行うことすべて（通常これらが企業の行うすべてだ）は、戦略から派生するものであり、戦略を前進させるものである。また顧客に影響力を持つことを行う人は誰も（会社の中にいる人間はほとんど全員）が、ゴール・目的地に近づくためにどういうアクションをとるべきか決定できるように、戦略が何であるかを明確に知っておく必要がある。

物流機能を強化する、新しいパッケージを導入する、またはライン・エクステンション（基本的には同じ商品でサイズ、フレーバーやパッケージを変えるという方法で行う新商品導入）を行うことで、企業が成長できたという話もたくさんある。しかし市場に残る力のなかったものは悲劇である。市場に残る力がなかったのは、（頭ではなく）筋肉だけに頼ろうとしたからである。彼らは、戦略を持っていなかったのだ。彼らは、ブランドの持つ基本的なメッセージを伝えなかった。だから、短期的には売上げが上がっても、企業の真の成長にはつながらなかったのだ。

売上げだけがすべてだと信じていると、他のことが見えなくなってしまい、そのブランド、商品、サービスを破壊することになりかねない。たとえば、航空会社は座席を埋めるために、できるだけ多くの乗客を機内に詰め込もうとし、それがコア・ユーザー（その航空会社をよく使う乗客）の怒りを買い、同時にときどきしか使わない乗客からも長期的なロイヤルティを獲得できないでいる。こうしたことが起こる理由の一つは、企業が戦略なしに市場での活動を計画してしまうからである。

◎競争相手を打ち負かせ

これまで戦略の開発がいかにマーケティングと企業の成功にとって大切かを明らかにしてきたが、

ここで、とっておきの戦略兵器を特別に公開しよう。

この世界に二つとして同じ企業は存在しないことは明らかだが、企業がとる戦略については似たところがある。私が気に入っている戦略の一つは、クリスタルペプシを市場から葬り去ったときのもので、これは非常に役に立った。

ペプシがクリスタルペプシを市場に導入したとき、コカ・コーラでは、マイクロソフトがネットスケープに対して設定した目標と同じものを設定した――つまり、新規参入した競合商品を市場から排除するというものだ。我々は、タブクリアをダイエットコークと同じカテゴリーに導入した。ただし、タブクリアの戦略はダイエットコークとは正反対のものだった。タブクリアのときは、小都市でサンプリングやテストを行うという伝統的なルートを選択した。そして徐々に市場を拡大していき、最終的に全国展開を果たしたのだ。

もしこの戦略が十分に検討されたものであるとすれば、コカ・コーラはいったい何を考えていたのだろうか？　我々の仕事は、タブクリアがごく普通の商品だということを伝えることにあった。タブクリアを特別な商品と感じさせないことが大切だった。我々のゴールは、クリアコーラのカテゴリーをカテゴリーごと、泥でいっぱいにして葬り去ることだった。この方法を使えば、消費者はクリスタルペプシにも、そしてもちろんタブクリアにも愛着をもたずに、過去の商品として忘れることになるのだ。

ところで、なぜコカ・コーラはそんなにクリスタルペプシにこだわったのか、疑問に思われるかもしれない。それは、我々は、このカテゴリーは決して利益を生むような規模には到達しないと判断していたが、消費者の関心を多方面へ分散してしまうという苛立ちがあったのだ。ペプシにはクリスタルペプシを導入して、レモンライム・カテゴリーでセブンアップやスプライトと競合させようという思惑があった。ところがコカ・コーラがこのブランドを分析したところ、それは驚くほどダイエット志向の商品だったのだ。たとえばその透明感は、軽さと結びつく。パッケージのデザインもそれに呼応する軽快なものであり、広告もまたダイエット・カテゴリー風な仕上がりになっていた。

私の見るところ、クリスタルペプシは誰かが新たにポジショニングをしてくれるのを待っていたようだ。このカテゴリーは短命に終わると判断すると、我々はクリスタルペプシをダイエット・カテゴリーにリポジショニングしようと決定した。そこではクリスタルペプシが失敗することは確実だった。なぜならクリスタルペプシには砂糖が入っていたからである。砂糖の含まれた飲料に砂糖を含まない飲料をぶつけることで、我々は消費者のカテゴリーに対する認識を混乱させ、同時にクリスタルペプシが当初持っていなかった特性までも付加してしまったのだ。この戦略は成功した。消費者はその味によってクリアコーラを買うべきかどうか判断できなくなってしまった。実際タブクリアはクリスタルペプシとは似ても似つかない味だった。またパッケージやカロリーによっても判断できなくなっていた。その結果、ごく短期間のうちにクリスタルペプシもタブクリアも市場からその姿を消したのである。

一九九八年にコカ・コーラを辞めると発表した後で、私のキャリアを振り返ってみると、ある評論家は、タブクリアは失敗だ、あるいはその結果は失望に値するものだったと批評している。商品が短命だったために、彼らにそう思わせたのかもしれない。しかし我々の本来の目的から言うと、タブクリアは大成功だったのだ。実際私は目新しくそしてエレガントな方法を用いて、苛立つ問題を解決できたことを、非常に誇りに思っている。この戦略はまた使ってみようと考えているくらいだ。

ここで比較のために、もしコカ・コーラが他の戦略を選んでいたらどうなっていたか、考えてみることにしよう。たとえば、競合する相手を打ち負かすという同じ目的を持って、彼らと真正面から激突する戦略を選択したとしよう。この場合、とるべき戦術はコークの名前を冠した新商品クリアコークを導入し、消費者の心の中にこのカテゴリーを鮮烈に印象づけ、クリアコークがクリスタルペプシよりも魅力ある商品であることを納得させる広告を打つことだろう。

もしこの戦略を実際にとっていたとしたら、おそらく我々はクリスタルペプシから市場でリードを奪うことができたと思っている。コークの商標は、それくらい大きな優位性を我々に与えてくれるパワーを持っている。ダイエットコークを見てみるとよい。当時すでにダイエットペプシが導入されてから一五年以上経過していたにもかかわらず、ダイエットコークは導入当初からダイエットペプシの売上げを上回っていたのだ。ただしこの場合の問題は、市場（クリアコーラ・カテゴリー）の潜在的な規模がこうした大々的な導入を可能にするほど大きくなかったということだ。

◎カテゴリーを抹殺せよ

もう一つの可能性として考えられるのは、新商品を無視するという手法である。これはコカ・コーラがスナップルに対して長い間とってきた戦略である。スナップルが市場に登場したとき、砂糖や人工甘味料入りの炭酸飲料に対して、健康飲料というポジショニングをした。この場合、我々の目的は、この競合商品を打ち負かすことはもちろんだが、さらにはこの新商品に対応しないことでこのカテゴリーに権威を与えないことだった。我々は何もしないことで、フルーツをベースにしたこの非炭酸飲料は、どのコカ・コーラ商品とも最も関係の薄いものだという印象を与えようとしたのだ。我々の戦術は、フルーツ飲料を連想させる一切の広告を打たないというものだった。後になってスナップルが売れ始め、他のすべての飲料から売上げを奪い始めたとき、初めて我々は戦略を変更し、フルートピアを導入した。その目的はやはりコカ・コーラに影響を与える競合企業の影響を中和するというものだが、この新しい戦略は、コカ・コーラの非炭酸フルーツ飲料を市場導入することで、スナップルの利益を奪おうとしたものだ。

自分の目的地を見失わない限り、戦略の変更は、戦術の変更と同じく問題はない。もし自分の戦略がうまく機能していなかったら、変更すべきだ。つまりスナップルの場合には、無視するという最初の戦略に変更が必要だったのだ。ただし覚えておいてほしいのは、戦略を変更する場合にはきっぱりと決断することが必要だということだ。何が言いたいかというと、実際問題として、戦略を失敗に終わらせてはならないということだ。だらだらと戦略の変更を進めたり、戦略に結びつかない戦術を採用したりしていると、最後は戦略がない状態に陥ったり、結局は失敗してしまうことになるからだ。もし戦略がうまくいっていないなら、腰を据えて新しい戦略を作り出すことだ。

◎焦点を維持せよ

たとえ自分の戦略がうまく機能していても、コースから外れさせるようなさまざまな障害が存在する。手をつけずにはいられないような、好機が訪れることもある。またはちょっとした工夫で、いま販売しているものが数ケース余計に売れたり、トラック一台分も多く売って、簡単に利益を増やせると思ってしまうかもしれない。もしマクドナルドがもっと多くの人にハッピーミールを買ってもらいたいと考えたら、ハッピーミールを買った人にビーニー・ベイビー〔ビーズが中に入っている動物のぬいぐるみ〕を割引価格で販売することは、その戦略に沿った行為であり納得できることだ。しかしその少し後で、マクドナルドの誰かが、ミールの販売よりもビーニー・ベイビーの販売から余計に利益が出ていることを認識したとしよう。すると何が起こるか？　彼らはビーニー・ベイビーだけを切り離して販売し始めるのだ。

そうした行動は、金庫の中の札束を増やすかもしれない。ただしそれは決してより多くの顧客を獲得するものではなく、またより多くのミールを売るものでもない。それはマクドナルドが行きたいと考えた目的地へ彼らを連れて行くはずの戦略から、完全に外れる行動なのだ。こうしたことが二度三度と続くともうダメだ。戦略は死んでしまい、目的地には決してたどり着くことはできない。そして、守るべき計画さえも持てなくなってしまうのだ。こうなるともう、水間に浮かび、溺れないことだけを祈るようになる。

◎あらゆることから学べ

戦略を開発しそれに従えば、全員を同じコースにのせ、そのままマーケティングの効果を最大化するることができる。ただしもっと重要なことは、戦略的な思考法を自分の生活習慣の一部に組み込んでしまうことだ。

戦略的思考とは人々がよく使う言葉であり、彼らはそうすることによって自分たちが重要なことのみに関わっていて、小さなことにはとらわれないことを示そうとしているのである。しかし私が戦略的思考を生活の一部にしろと言うのは、そうしたことを指しているわけではない。私が言いたいのは、あなたがあらゆることについて考えなければならないということだ。周囲を見渡して、何が本当に起こっているのか認識することだ。多様な関係の中でどんなつながりがあるかを理解し、自分がどう行動し、何をすべきかを決めるベースとなる自分の意見を形成しなければならない。

心理学者や人間行動学を学ぶ学生なら、人間は常に考えてから行動する、と言うだろう。我々は世界について、そして物事がどう動いているのか考えずには一日たりとも生きていけない。交通規則を理解しなければ自動車の運転はできないし、道を渡ることさえできない（アメリカ人が、なぜイギリスでドライブしたり、道を渡ったりできないかという理由はこれだ。我々の心の中にしっかりと刻まれた交通規則はイギリスでは通用しないからだ）。

ただ、これを無意識に行うだけでは十分ではない。あなたはこれを意識的に、そしていつかなる時も実行しなければならない。マーケティングにおいてもだ。繰り返すが、すべてについて戦略を持つ必要がある。そしてそれらの戦略について知らなければならないし、それに従わなければならない。自分の戦略に関連したこと、そして究極的には自分の目的地に関連するあらゆる事柄について、常に自分の視点を持たなければならない。

政治家を例にとって考えてみよう。もし候補者が選挙に勝とうとしたら、異なる有権者のグループ――少数民族、女性、若年層、高齢者、他の政党の支持者など――から、どうやって票を獲得するか、それぞれに対応する戦略を持たなければならない。また経済や外交、教育、税金、人種問題、人工中絶など、人々が関心を持っている政策にはそれぞれ別個に戦略が必要だ。マーケティングも同じである。自分の商品についての課題は何かを決定したら、それら一つひとつについて対応する戦略を持たなければならない。

解決すべき課題があるときはいつも、戦略を持つべきだ。そして信じてほしいのだが、あらゆることが課題なのだ。一つの課題に対しては一つ以上の戦略を持つべきではない。ただし複数の課題に対しては、複数の戦略が必要だ。戦略の数が多いほど、うまく運ぶだろう。

◎すべては、コミュニケーション

戦略には、ポジショニングと同じことが起こる。それはもし戦略を持たなければ、競合企業があなたのために戦略を作ってくれるだろうということだ。そうなれば、あなたは防戦一方に追い込まれ、自分たちの目的とは関連性のない無作為の一連の戦略をとらされることになる。そうならないためには、競合企業があなたに都合のよい戦略を開発してくれることを期待して待つのでなく、自ら進んで自分たちの戦略を開発することをお勧めする。

私は在職中いつも、オフィスに入ってきた人には必ず二つの質問をした。最初の質問は、「それはどんな戦略か?」というものだ。第二の質問は、「それで、利益を出せるのか?」である。戦略なしにはビジネスは乗り切れないし、トップに位置することももちろん不可能だ。人々が戦略を理解し受け入れることは、あなた自身がそうするよりも重要なことである。戦略こそがあなたを正しく立ち向かわせるものである。疑問があるときは、何をやるにも常に戦略に照らし合わせてみることだ。

戦略は、あなたのやることすべてを知らしめるものでなければならない。企業が行うことすべて——トラックのペイントの仕方から電話に答えるのにどのくらいの時間がかかるか、そして工場で働く人々がその友人に何を言うかに至るまで——を社会に伝えなければならない。したがって企業内の誰もが会社の戦略を知り、理解していなければならないのだ。

戦略はブランドを生み出し、ブランドは今日の市場においては商品を生み出す。ブランドは、あなたが食べたり、飲んだり、歯を磨いたりする以上のものだ。ブランド戦略にはあなたのコミュニケーションのすべてが集約されている。前もって計画されたものにせよ、偶然にせよ、いずれにしても、戦略はあなた自身が決定しなければならない。

第3章 マーケティングは、科学だ

さあこれで、なぜマーケティングが必要か、おわかりいただけただろう（それは利益を出すため）。そして利益を確実に出す方法についても理解されたことだろう（それは戦略を開発すること）。ところでマーケティングの「アート」の部分はどうなのだろう。そうとも。顧客の直感に訴えかける何かをマーケティングが必要としていることは誰もが知っていることだ。そして優れたマーケターは独自のスタイルとドラマを持っている。さて、私がこうしたコメントを何回聞いたか、おわかりだろうか？　一〇〇万回だ。だがこのような主張はまったくの見当違いだ。

そう、確かにマーケターがすることのいくつかには、芸術的な要素が含まれている。人々の興味を引き、彼らの目を釘付けにして、自社のメッセージを伝えるコマーシャルをプロデュースしなければならないからだ。ただし、マーケティングそれ自体はアートではないし、またミステリーでもない。それはほとんど財務に匹敵するほど、ミステリーとかけ離れている。だから、戦略から始める必要がと考えるなら、いかなるマーケターも、システマティックで論理的なアプローチが必要になるだろう。将来成功したいあるのだ。現実には、マーケティングはアートというよりも科学に近いと言いたい。

科学者と同様に私もデータを収集する。私はデータを見て、そしてそこから得られた結果を受けて、とるべき行動を変更する。ここが重要なポイントだ。情報は継続的に収集しなければならない、そして自分の考え方を変える意思がなければならない。つまり、もし自分のゴールがわかっていて、データが示していることを受け入れる用意があるなら、ときには、あるいは頻繁に自分の考えを翻さなければならないということだ。

たとえば飛行機のパイロットがオマハ上空を飛ぶという飛行計画を立てたとする。しかし当日その飛行経路に雷を伴った嵐が発生していたとしたら、その飛行計画通りに飛んでもらおうとは思わないだろう。もし、選挙に立候補した政治家が有権者たちの利益を代表していなかったとしたら、この政治家は愚かと言わざるを得ない。ところが何らかの理由から、人々はマーケターがあるコースを選択したら、どんなことがあろうともそれに固執しなければならないと考えているのだ。これは本当に馬鹿げたことだと私は考えている。なぜ、ノーベル賞受賞者がしたようにしないのだろう。つまり、もし自分がしていることがうまくいっていないとわかったら、何か新しい方法を試してみるべきなのだ。

もし、あなたがマーケティングの究極的なゴールが利益の最大化にあり、つまり自社商品を最も高い価格で最も多くの人々に、最も高い頻度で売ることであるという理論に同意するなら、あなたもこの方法を実行してみるべきだ。あなたも科学的でなければならない。それ以外の方法はあり得ないのだ。あることが二〇%のリターンを約束しているときに、一〇%の利回りで投資する理由はないはずだ。もし、あることがうまく機能していないとわかったら、その方法を一分でも長く続ける理由はないのだ。もちろんあなたは、勝利したときにはハイファイブで祝うが、状況が悪くなると天候や経済状態や競合企業のせいにするような人でなく、なぜ売上げが改善したのか、あるいは落ちたのか、その原因を探ろうと努力する人であると、私は信じている。

成功しても失敗しても、結果報告を徹底させることが大切だ。そうすれば、あなたはきっと勝者になれる。

◎データに近づけ

あなたは、それほどデータに頼らなくても、いまでもかなり成功していると感じているかもしれない。もしそうだとしても私は一向に驚かない。優れたマーケティングは、常にうまく機能するからだ。もし顧客が魅力を感じるように自社製品をポジショニングし、顧客とのコミュニケーションを改善し、そして顧客にその製品を買う理由を与えれば、彼らは間違いなく買うだろう。ただし、これからのマーケティングが従来と異なる点は、それがはるかに体系的なアプローチをとらなければならないこと、すなわちコストと結果が測定できなければならないということである。

では、毎年カンヌで行われる優れた広告に与えられている賞はどうなるのだろうか。たぶんそれは広告ではなく、売上げや利益のコンテストにするべきだろう。そうすればマーケターたちは今後も毎年カンヌへ行くことができ、みんな満足するはずだ。

データのより大きな価値を認め、より体系化されたアプローチをとり、どれだけコストをかけたらどれだけの利益を生むことができるかについてきちんと見ることを始めれば、あなたはいまよりもっと優れたマーケターになるだろう。

◎結果を測定せよ

データといっても、私の考えるものとあなたが考えているものとは違う。あなたが知っているマーケターは全員、もうすでにいつでもデータを測定していると言うだろう。「我々が昨年行ったプロモーションでは、水着を買った人にサングラスをプレゼントし、合計四万着の水着を販売した」。あるいは、「我々は何々したら、××が起こった」。ただし、ほとんどのマーケターはそこまでしかやらないだろう。あなたがデータをより深く掘り起こし、彼らにこの行動がどのように自社製品やサービスの意味を拡大し、また消費者にあなたの会社の製品が競合企業のものよりも優れたものだということを、どのように納得させられるのかと聞いてみると、たいていは答えられないのだ。別の言い方をすれば、ある活動の中であなたが行った投資が、消費者との関係を改善することで、どのように継続的な利益をもたらすのかということだ。

それがデータだ。収益に注目し、売上げと全体的な利益をいかに最大化できるかを見つけ出そうとすれば、自ずと答えは得られるだろう。そして、その答えを使って自社プログラムを洗練し、どういう活動をミックスするのがベストなのかを見つける実験をすることになるだろう。

ビジネスの他の分野においては、実験や変更は日常茶飯事だ。財務に関する原則では、誰かがある資産を購入しようというプロジェクトを企画するとき、銀行（金融機関）の人間も企業側の人間もいくつもの仮説を作り、長い時間をかけて議論する。彼らは数値を動かしてある種の財務モデルを作り、そのプロジェクトを実行するかしないか決定する。たとえば我々が工場を建設しようとするとき、あるいは機械を購入しようとするとき、我々はいくつもの仮説を作って、一年か二年、または三年でも時間をかけて計画を進めていく。最後に、工場が完成または機械がオンラインでつながったとき、それが生産すべきものを生産しているかどうか、我々はそこからさらに二か月ほどかけて、稼働状況を注意深く見守り、結果を測定する。

もしもこの測定結果が、我々の仮説が誤っていることを示していたら、我々は差異分析を行う必要がある。すなわち、プロジェクトを進めるために作られた仮説を分析し、新しい情報または結果に基づいて仮説を修正するのである。それから新しい財務数値を予測し、そして新しい事実に基づいて新たなプランを立てるのである。財務の世界においては、差異分析は完璧に受け入れられるものである。実際、彼らはその先見性と、自分の考え方を変え新しいプランを作った勇気を賛えられるのだ。目的は自分たちの投資をうまく機能させることにあるから、それが唯一の問題となる。

これが、なぜマーケティングの世界では通用しないのだろうか？

将来、またはうまくすれば今日でも、マーケターは自分たちの仕事を遂行するためにこれらと同じようなアプローチをとることになるだろう。マーケターは数多くの仮説を作らなければならないだろう。そしてその仮説に対する同意を得るまで、また少なくとも理解を得るまで議論し、そしてその仮説に基づいてプランを作らなければならない。それからプロジェクト、ブランドまたは何が導入されてもそのすぐ後で、誰かが結果を分析しなければならないのだ。そして躊躇することなしに、仮説が正しいか間違っているかを明確に理解し、必要であればプランを変更しなければならないのだ。

◎考え方を変えろ

「いつも自分の考えを翻し、何か違ったことをする」ことで知られるセルジオ・ジーマンが、マーケティングとは論理的でシステマティックな科学だと言うのを聞いたら、驚いて頭を左右に振る人もいるだろう。マーケターとして私はずっと、自分の考えを頻繁に変えすぎる、そして一貫性に欠けるという批判を浴びてきた。実際私は、一九八五年のニューコークの導入や、その七七日後のクラシックコークの導入に際して大きな役割を果たしていた。九〇年代の初めには、私はOKソーダという名の偉大な飲料（になると期待されていた）の導入の責任者でもあった。この製品はソフトドリンクの売場の様相を一変させるものと考えられていた。少なくとも調査結果は、そのように出ており、広告代理店も経営陣もそう信じていたのだ。我々はそれに大量の資金を投入した。我々は大きなファンファーレとともにOKソーダを導入したが、わずか七か月後には市場から消滅したのである。なぜだ？

それは目的を達成していなかったからだ。我々はそれが目的を達成するものと期待していた。またそうなることを望んでいたし、それを達成するための優れたプランも持っていた。ところが目的は達成されなかった。そして我々は、テストマーケットから入ってくる新しい情報に基づいてそのことを素早く認識できた。

我々は自分たちのプランを変更した。

仮に株主よりも我々のエゴを優先させ、現実の状況を認識した後も元々のプランに固執したとしたら、もうそのプランは実行可能なものではないのだ。

端から見ている者には、私には一貫性がないと見えたかもしれない。しかし現実には、私は常に戦略を持っていた。そして私は常に目的地がどこかを認識していた——それは、より多くの顧客により多くの自社製品をより高い価格で売るということである。自分のプランの一貫性にとらわれるよりも、私にとってはうまく機能しそうなことを実行することのほうがはるかに重要だった。そしてそれを実験し、測定し、修正していくのである。その通り、私は自分の考え方を変える。新しい情報に基づく、新しい戦術。同じ戦略。固定化された目的地。

我々は、かつてカナダでコークの広告を一年間キャンセルし、代わりに新しいパッケージングに資金を注ぎ込んだことがあった。その理由は、コークが用いていた変哲もないパッケージングがブランドに対して害を及ぼしているとデータが示していたからだ。広告も効果を発揮していなかった。私は、個性的なコンツアー（胴部のくびれた）型のボトルによるコミュニケーションのほうが、大量のコマーシャルを流すよりも、コークを競合製品とうまく差別化することを知っていた。だから我々はコンツアー・ボトルを導入し、結果を測定し、新しいパッケージングのコストと広告のそれとを計算し、パッケージングのほうがより投資効率がよいと判断したのだ。しかし我々は、広告を中止し、コンツアー・ボトルを導入して、そこでとどまっていたわけではない。その後も継続して売上げを注意深く見守るとともに、もしこの仮説が間違っていたら、別の何かに挑戦しなければならないと考えていた。

本章の後半部分で、ニューコークについてお話ししようと思う。多くの人が、あれはとんでもない大失敗だったと言う。ところが、それが違うのだ。最初からそうなると計画していたわけではまったくないが、最終的には我々が当初設定していたゴールは達成したのである。我々の総体的な目標は、米国におけるコカ・コーラというブランドと消費者の関係を再活性化することにあったのだ。市場調査の結果、大衆はニューコークの味が好きだと出ていたので、我々はニューコークの導入に踏み切ったのだ。ところが、大衆は、「うん、確かにニューコークの味は好きだ。でも、コークを買うのは味がいいからだけじゃない。コークを買うのは、コークが昔からあって、それに親しんでいるから、そしてコークを飲むと気持ちがすっきりするからなんだ」と言ったのだ。そこで我々はそれに応えたのだ。いいだろう、クラシックコークのほうが好きなら、そちらのほうを提供しましょう、と。ただし、クラシックコークを買うことを忘れてはダメですよ、と。

そして、彼らはその通りクラシックコーク買ったのだ。ニューコークは、驚くほどうまく消費者をとり込み、再びコークを買わせることに成功した。どうやって成功したかはほとんど関係ない。我々のゴールはずっと同じだった。ところが、新しい情報に基づいて我々は最初のプラン（ニューコーク）が我々を目的地に連れて行ってくれないと素早く判断したのだ。そしてそのまま最初のプランに固執していたら、より多くの消費者を獲得する代わりに、何千万人もの顧客を失うことになっただろう。

自分の考えを変更するということは、あなたがマーケティングに科学的にアプローチしているということを証明している。それは敗北なんかではない。実験し、測定し、変更することは科学者が最善の解決策を見つけるためによくやることだ。その過程で、科学者は継続的にいろいろなことを試し、学んでいくのである。「私は魔術師」というイメージを創り出すことで、マーケターたちは何年もの間、彼らのやることはいかなる状況においても魔法のように正しいという期待を作り上げてきたのだ。彼らは自分の手を頭に乗せ、神の声を聞き、そして躊躇せずに考え得る最も賢明なアクションをとることができると人々に思わせたのだ。何と非現実的なことか。もし一度コースを設定してしまったら、決してそれを変えることはできないのだろうか？

そんな馬鹿なことはない。我々は間違って自分の足を銃弾で撃ってしまうことがある。しかし、まともな神経の持主なら、誰が弾を充塡してからもう一度自分の足を撃つだろうか。自分の考えを変えることを拒否したら、あなたはせっかく学べたはずのチャンスを逃し、達成しようとしていたことをもっとうまくやることもできなくなってしまう。あなたは競合相手のみんながそのように考え続けてくれることを期待するしかない。

実際にはマーケティングとは、科学と同じように、始めた時点ですべての答えがわかっているというものではない。それは実験することであり、結果を測定することであり、そして新たに見つけ出したことに基づいて修正を加えることである。私は自分の経験から、科学的に行われたマーケティングがよりよい結果を生み出すことを知っている。それは直感的なアプローチで行われたマーケティングよりも、より多くの人に、より高い頻度でより多くの製品を買わせることができるのだ。一九九三年から九八年にかけて、コークの売上げが一〇〇億ケースから一五〇億ケースへと伸びたのは、この科学的な原理を適用したためだ——仮説を作り、実験し、検証し、修正する。もし古いタイプのマーケターたちが、どのように彼らの錬金術が機能し金を作り出せるかについて話したいなら、いくらでも話すがいい。私のやり方は、金鉱をシステマティックに掘り進み、注意深く純度を検査し、最も埋蔵量の多い新しい金鉱を掘り当てていくことだ。

しかし、誤解してはいけない——マーケティングにおいて科学的に徹するということは、極めて難しいことであり、同時にあなたは他の人を敵に回すことになる。あなたが古いやり方を捨てたとき、人々は脅威を感じる。その方法が機能するしないにかかわらず、人々は慣れ親しんだことをするほうが楽なのだ。ある人はこの変化を個人的なものとさえとらえて、新しいやり方も古いやり方も拒否する。だが、覚えておいてほしい。マーケティングに科学的なアプローチを適用するのは、人を落ち込ませるためではない。それはボールを前に進ませるためのものなのだ。あなたがプランを持ち、それを強く推し進め、そして進歩し続けるためのものなのだ。成功するためには、あなたは自分の考えを変更する意思をもたなければならない。そうすれば必ず売上げと利益の改善につながる。あなたもそして株主も、このやり方をすぐに始めてほしい。

◎成功を分析せよ

間違ったことを分析し修正するのと同じように重要なのは、そしておそらくもっと価値のあることは、うまくいったことを分析し、かつその上にいろいろなことを築いていくことである。金融業界に生きる人々はデータを収集し、問題を分析することに長けているが、ビジネスの世界では成功について分析できる人は本当に少ない。我々は成功することを当たり前のこととして扱っている傾向がある。結果を測定し、もしそれが計画よりも上回っていた場合、我々は自分たちの仮説は正しかった、だから我々のやったことについて何も修正を加える必要はないと判断してしまう。

私はコカ・コーラで働いていたとき、そしてコンサルタントをしていたときも、現場に行って次のように質問するのが楽しみだった。「なぜ、プラン通りにいかなかったのかい？」すると、世界中のどんな地域であろうと、マネジャーたちは、「プランは達成しています。実際、計画より一五％も上回っています」と説明しようとするのだ。私が言いたいことはいつでも同じ――それでも、やはりプラン通りにはいっていないということだ。つまり仮説では、X％成長するとしていたのに実際には、Xプラス一五％成長したわけだ。何が起こったというのだ？　あなたが当初立てたプランを一〇％下回って成長した場合、あなたは広告を徹底的に打ったかどうか分析したことだろう。ところが、あなたが当初のプランを上回っていた場合には、広告について分析する必要などないと判断してしまうのだ。私が言いたいのは、たとえ成功してもその理由を分析すべきだということだ。

成功についても分析しなければならないのは、何が機能し、なぜ機能したかを理解することで、他の状況にもその成功体験を適用することができるからだ。ただし、もう一つ成功を分析する理由がある。それは、仮説に目を眩まされてはならないということだ。プロモーションを打って、そしてそれがうまくいったからといって、はたしてそれが自分の考えたような理由からうまくいったのではないかもしれないのだ。

たとえば、いまスーパーサイズの洗剤のプロモーションを打つとしよう。このとき、あなたは毎週大量の洗剤を使う大家族のいる女性に、このプロモーションはアピールするはずだと考える。そして、プロモーションは成功だった。売上げは一〇%アップし、よってあなたは大家族のマーケットを自分のものにしたと考えた。ところがもしあなたがもう少し賢く、誰が本当に洗剤を買ったのかとこの成功体験を分析したとしたらどうだろう。もしかしたら、この洗剤を買ったのは大家族ではなかったかもしれないのだ。独身の男性はスーパーマーケットへ買い物に行くことを面倒くさがっている。そこでスーパーサイズの洗剤を買っておけば、何度も買い物に行かずにすむと考えたのかもしれない。大きなパッケージは男らしさのイメージとも結びつく。彼らは大きなパッケージを運ぶことには抵抗を感じない。その大きなパッケージが台所の真ん中や玄関ホールに置いてあっても一向にかまわないのだ。一方このプロモーションは当初ターゲットとして考えていた大家族にはあまりアピールしなかった。ところが現実に大家族が消費する洗剤の市場規模は、独身男性のそれよりはるかに大きいのだ。

つまり、いまあなたは二種類の情報を使うことができるわけだ。一つは、あなたが考えていなかった市場にどのように到達すればよいかがわかる情報である――つまり独身男性。もう一つは、いかにして大家族にアピールするかを見つけることである。仮に売上げが一〇%も伸びたら、そんなことは見つけ出さなくともよいと言うかもしれない。しかしデータを収集し分析し、市場で何が起こり、そしてそれがなぜ起こったのかを理解することは極めて重要である。人口の特定セグメントにアピールすると思っていたコマーシャルやプロモーションが、実際には別のセグメントの人々にアピールしたのはなぜなのか。もし成功しても失敗しても、そこで何が起こったのかを分析しなければ、成功体験からも失敗体験からも何も学ぶことはできない。

また、分析するのを永久に待っていることもできない。情報が役に立つためには、その情報はとるべき行動に間に合うように揃えなければならない。今年やったことが間違っていたという情報は、来年を予測するためにはあまり役には立たない。我々はすぐに知らなければならないし、また悪い情報を捨てて、よい情報をもとに活動しなければならない。月単位に、時には週単位でマーケティングを運営するのも一つのやり方である。コカ・コーラでは、月単位にビジネスを運営していた。それは決して簡単なことではない。ただしそういうやり方をしたとき、何がうまく機能し、何が機能しなかったかを発見し、その結果に基づいて我々はうまくいったものにより大きな投資をし、うまくいかなかったものはやめることで違いを生み出すことができるのだ。

昔は、マーケティングは時間単位または一日単位で行われていた。ある企業家がメインストリートに店を出したとしたら、彼は自分の主要なゴールはよく理解していたはずだ——それは、商品を売ることだ。彼は正確にいくつのアイテムを売ったらよいか、それらの商品を仕入れるのにいくらの資金を使ったか、どれほど利益を出す必要があるか、翌日のためにどれだけのアイテムを仕入れたらよいかなどについて知っていたはずである。私が勧めようとしているこの新しいアプローチは、多くの点でこうした古い時代のマーケティング（「イメージがすべて」という時代と混同しないように）の感性に通じるものがある。

もし、あなたが一日だけのプロモーションをしているのでなければ、マーケティングを毎日ベースで行うのは難しい。しかし、次の二つのことを考えてみてほしい——一つは、ビジネスはできる限り短いサイクルで運営すべきだということだ。もし週単位でビジネスを運営していたら、完璧な情報は持てないかもしれない。だが十分に価値ある情報は得られるはずだ。そして二つ目は、先ほどの企業家を考えてみてもらいたい。彼は正確に、自分の店にいくつのアイテムの在庫を持ち、利益を出すためにはいくつ売らなければならないか知っていた。彼にとって、イメージなどは最後に来るものだった。実際、商品の品質や顧客との関係などは高い優先順位であったかもしれない。しかし、彼を夜も寝かせずにおいたものは何か。それはどうしたらたくさん売れるか、どうしたら大きな利益を出せるかということだ。

◎後ろも前も両方見なければダメだ

マーケターが賢くなるためにもう一つやらなければならないことは、私がプリサーチと呼んでいるものを実行することである。プリサーチとは私の造語で、仮説に基づくリサーチ（調査）である。それが暗示することは、未来（過去に対して）を追求することで未来に何が起こるか見つけようというものである。従来のリサーチのやり方は、過去を探ることで未来に何が起こるかを見つけ出そうというものだ。歴史は繰り返すと仮定して、昨日、異なる人口動態や市場のトレンドについて何が起こったかを見て、明日何が起こるかを推定するものだ。

ただし、私はその理由がさっぱりわからない。

私は、ある程度はこの種の思考方法やリサーチが有用であると思っている。「過去を忘れるものは同じ失敗を繰り返すとして叱責される」という考え方がある。しかしリサーチは、消費者は未来に何をするかという、我々が本当に必要とする情報を提供することはできない。確かに誰も毎回正確に未来を予測することはできないが、プリサーチないし注意深い仮説に基づくテストは、役に立つものである。

私はよく、フォーカス・グループはまったくの時間の無駄だったと思ったものだ。コカ・コーラでも、何百万ドルも使って人々に我々に都合のいい答えを言わせていたのだ。その理由の一つには、フォーカス・グループのような定性分析には、バイアス（偏見）がかかりやすいということである。私は、ミラービールのコンサルティングのためにサクラメントに赴き、ミラードライについてのフォーカス・グループを行ったときのことを覚えている。我々は二、三の仮説は得られたが、事実を学ぶことはできなかったのではないかと気になっていた。そこで我々は別の調査会社へ行き、彼らにも同じ質問表を渡した。しかしこんどは我々はバドワイザーのための仕事をしていると告げたのである。すると、フォーカス・グループの司会者はバドワイザーにとって都合のいい方向にミーティングをもっていったのである。単に違う会社で働いていると言っただけで、我々はフォーカス・グループを変貌させ、まったく異なるデータを入手することになったのだ。私はバイアスをかけることが意図的に行われたと言っているのではない。意図的かそうでないかはともかく、いずれにせよ結果はバイアスがかけられたものになるというのが事実なのだ。

私は、フォーカス・グループは今日過剰に使われていると思う。もしマーケティング・プログラムに一億ドル使おうと考えているなら、二〇〇万ドルはもっと正確な情報をもたらしてくれる定量リサーチに使うべきだ。しかし、フォーカス・グループにも一つだけ価値ある使い方がある――それはまた定量リサーチにも使えるものである。

私は政治家の選挙キャンペーンを見てこの方法を発見した。私は政治に魅了されている。なぜなら選挙キャンペーンは大きな賞金と確定的な結果を持つ、ごく短期間のマーケティング・キャンペーンに他ならないからだ。キャンペーンは六か月から九か月にわたり集中的に展開され、一一月の初めにはすべてが終わるのである。票数が数えられ、立候補者は勝つか負けるかのどちらかだ。このかなり限られた短いサイクルの中では、素早いデータ収集とその効果的な活用が不可欠となる。毎日立候補者は遊説に出かけ、次の日の朝キャンペーン・マネジャーが昨日の遊説はどうだったのかについて説明する。キャンペーン・マネジャーは統計データを集めて支持率は上がったか、下がったかを探る。さらに有権者に対する調査によって、その理由を探し出す。有能なキャンペーン・マネジャーは、プリサーチをすることでさらに一歩突き進む。別の言い方をすれば、有権者に尋ねるのだ。もし我々が明日こんなことを発言したらどうだろうか？　あなたはこの政治家に投票するだろうか？　そして有権者の気持ちを動かすようなポジショニングを見つけ出すまで質問を繰り返していくのだ。そして次の日また同じことを繰り返すのだ。マーケターも同じことをする必要がある。

◎対話を持て

ニューコークの事例は、リサーチやプリサーチができることとできないことをよく示すものである。

私はこの本の読者の多くは、コカ・コーラが従来の製法を変えてニューコークを導入したときに何を考えていたのか、ただそれだけに興味があって買っていると思うので、ここでその話をすることにしよう。

すでにこの章の初めのほうでも述べたように、ニューコークを導入した総体的結果として、我々はアメリカ人大衆のコカ・コーラへの愛着を強めることに成功し、その結果数多くのコークを販売することができたので、ニューコークを導入したことに対して、私は何ら後悔はしていない。我々はアメリカの消費者とコカ・コーラの絆を強めようと試み、そしてそれを達成したのだ。

しかし、私はまたニューコークの経験から、ある重要な教訓を学んだことも認めないわけにはいかない。その一つは、消費者は通常あなたが聞いた質問に対してはかなり正直に答えるということだ。しかし、こちらのほうが大事なことなのだが、彼らはあなたの聞かなかったことには答えないということだ。したがって科学者が実験をデザインするように、マーケターも正しく的を射た質問をしなければならない。

ニューコークの話は、一九五〇年代にまでさかのぼる。当時、ペプシがコーラ市場で消費者との対話をコントロールしていた。すなわち、彼らのマーケティング努力とそれに対してコカ・コーラがアクションをとらなかったために、ペプシはコークのイメージまでも定義することができたのだ。ペプシが大きなボトル入りの商品を販売し始めたとき、それが暗示していたのは、「コークは高すぎるため……ペプシのほうがお得だよ」ということであった。これが消費者に、価格もコーラを選択するための（重要な）プロセスの一部であると警告することになったと思われる。次にペプシは他の方法、つまり広告キャンペーンを通じてコークとの差別化を始めた。「あなたは生きる理由を数多く持っている――ペプシは提供できるものを数多く持っている」はコーラを買う消費者に、ペプシこそ人生をエンジョイするためのものだと語っている。「ペプシ・ジェネレーション」は若さ、エキサイトメント、元気さを投影している。昔からペプシは若い世代に、心の底から若い人にアピールするようなイメージを作り上げてきたのだ。

ところでコカ・コーラは「コークと一緒なら何でもうまくいく」というあまり元気のよくないキャンペーンを打った以外には、自らを定義することについては何もしていなかった。こうしたコカ・コーラの助けを借りて、ペプシはコークのことを、年寄り向けの元気のない退屈なドリンクとしてポジショニングしたのだ。

次に起こった大きな出来事は、一九七五年の砂糖危機だった。コカ・コーラもペプシも価格を引き上げたが、危機が去るとペプシは、定期的に繰り返す低価格プロモーションという形をとることで、価格を以前のレベルに戻したのに対し、コカ・コーラは何もしなかった。その次が、ペプシ・チャレンジだ。ペプシ・チャレンジでは消費者は目隠しテストをされるが、彼らはコークよりもペプシのほうが好きだと答える。このキャンペーンと、縮小を続けるマーケットシェアがついにコカ・コーラを目覚めさせることになった。

一九七九年から八〇年にかけてコカ・コーラは激しい反撃に移った。我々はペプシが言ったことすべてに対し挑戦を始めた。我々は人気コメディアンのビル・コスビーを使って、コークこそ「リアルシング（本物）」として販売する広告を打ち始めた。それが暗示しているものは、ペプシはコークより劣っている、なぜならペプシは自らをコークと比較しているからだ、というものだ。つまりコークこそがスタンダードということだ。また我々はスーパーマーケットでのプロモーション回数を増やした。さらに自動販売機のデザインも変更した。そして次に我々はスローガンをよりパンチの効いた“Coke Is It”に変更した。我々はプロモーションを、販売競争を、そしてその他たくさんのことをやった。我々はおよそ考えられるあらゆることを行った。ところがペプシも頑張っていい仕事をしていたために、消費者との対話はまだ彼らの手中にあった。

リサーチで繰り返し語られていた大きな障害は味だった。コカ・コーラでも消費者に味のテストを行い、その結果ペプシは嘘をついていないことがわかった。コカ・コーラの行った目隠しテストでも、消費者はコークよりペプシのほうが好きだと答えたのだ。その大きな理由とは、ペプシのほうが甘いということだった。最初のテストでは、一口ずつ飲むと、よりスムーズな味のほうを選ぶのだ。

コークは創業以来九〇年以上の歴史があるが、その間、甘味料を切り替えたり、特定の原材料が入手できない場合にマイナーな調整をした以外に、決してその製法を変えたことはなかった。そのゴールは常に品質の一貫性にあった——つまり、味を変えることなく、変更するということだ。

◎的を射た質問をせよ

味こそが考慮すべき唯一のポイントであるというペプシの罠に陥ってしまった我々は、もっとたくさんのコークを売るためには製法の変更を検討すべきであると考えるに至ったのである。我々は他のすべてのことはすでに試しており、消費者が買わないのは味のせいだと考えたのだ。いま振り返ってみると、後になって我々がやったように、もし広告代理店を変えていたら、そして消費者にコークを買う理由をもっとたくさん与えていれば、成功していたかもしれなかった。しかし、そのときは、そうはしなかったのだ。

その代わり我々は、消費者に市場調査の専門家がよくやるような自由に答えられる質問を試みた。その質問とは、「あなたは、どうして以前ほどにコカ・コーラを飲まなくなったのですか?」という類のものである。すると消費者は驚いて、「でも必要なときには以前と同じくらい飲んでいますよ。喉が渇いたときや、暑いときに。それとハンバーガーを食べるときにも」と答えた。そこで我々はもう一度、「それなら、あなたにもっとたくさん飲んでもらうためには何が必要ですか?」と尋ねた。すると彼らは「別に何もありません」と答えたのだ。

我々が消費者に対し、コークについての考えを聞くと、彼らはよいことばかり言うのだ。「コークは私の生活の一部です。私のフィーリングを理解するものです。コークは長い間市場にあったものだから」

ところが、それでも我々はペプシにマーケットシェアを奪われ続けていたのである。リサーチの際行った質問が十分に満足する答えをもたらさなかったため、我々はプリサーチへと移行した。消費者に対して意味のない答えを期待するよりも、我々は彼らに選択肢を与えることにしたのだ。我々はいろいろな製法を変えたコークを与え、それと昔のコークとまたペプシと比較をさせたのだ。そして、さらに彼らに次のような質問もした――「ペプシよりも味のよい製品を提供し、さらにその製品がコカ・コーラだったらあなたはどうしますか？」

彼らは「私はその製品を買います」と答えた。

「あなたはその製品が好きですか？」

「もちろん好きです」と彼らは言った。

問題は、我々は正しいプリサーチの質問をしたにもかかわらず、最も大切な質問をしなかったことだ。実際、我々が尋ねるべき唯一の質問は、「もし、これまでのコカ・コーラをやめて、ニューコークを導入したら、あなたはそれを受け入れますか？」というものだったのである。

◎決定し、そして変更せよ

幸いにも、ニューコークは完全な失敗にはならなかった。実際、ニューコークはコカ・コーラに圧倒的な成功をもたらしたのだ。なぜならそれは、アメリカの大衆とクラシックコークとの関係を再び強固なものとしたからだ。これがコカ・コーラにとって失敗とならなかった唯一の理由は、我々がその経験から学ぼうとしたからであり、我々の考えを変えることができたからである。

読者のみなさんは、たぶんこう考えておられるだろう。ニューコークへの圧倒的な拒絶反応から、もし消費者の気持ちがわからなかったとすれば、それはよほどの馬鹿者だと。我々のプランに固執し、状況を改善し自分たちが正しいことを証明するために、より多くの資源を投入することはたやすいことであった。しかし我々は科学者であるべきだと考え、データが語っていることに素直になることで、我々は自分たちの戦略の変更を選択したのだ。もし我々が古いマーケティングのルールに従って行動していたら、我々の考えを変える勇気を持てなかったかもしれない。

そして、明らかにそんなに素早くプランを変えることはできなかったはずである。古いルールのもとでは、我々は自分たちの正しさを証明することに一生懸命で、自分たちが大きな問題（または機会）を手中にしていることさえも認めようとしなかっただろう。

我々の開発した科学的なアプローチと考え方によって、データを感情抜きで見ることができ、次の実験に移ることができたのである。これがニューコークの導入後わずか七七日で、クラシックコークの再導入を可能にした理由である。立ち上がって「これは間違っていた、そして私はこれを訂正したい」と言えることは、「私は、最初は正しかったのだが、これからそれを証明しようと思う」と言うよりも、はるかに有効である。

考えてもみてほしい。我々が得た無料の広告の大きさを。ABCのニュースキャスターのピーター・ジェニングスが、当時昼の人気番組だった「ゼネラル・ホスピタル」を中断して、コカ・コーラがクラシックコークを再導入するという噂が出ているとアナウンスしたのだ。これが三大ネットワークのトップニュースを飾り、ジェニングスをして「清涼飲料がニュースのトップを飾るのはアメリカだけだろう」とコメントさせたのである。

そしてそう、一九八七年この件があってからすぐ後、私はコカ・コーラを辞めた。社の内外の多くの人々は、私が解雇されたと考えた。つまり私は「ニューコークの失敗」の責任をとらされたのだと。私は確かにニューコークのプロジェクトに大きく関わってはいたが、それがこのとき、私がコカ・コーラを去った理由ではない。

私がコカ・コーラを去ったのは、その年までには社内の多くの人々はニューコークのことを忘れたがっていたし、彼らが以前やっていたやり方に戻したいと考えていたからだ。彼らはこの大騒ぎに疲れていたし、彼らが慣れ親しんだところに落ち着きたがっていた。しかし、私は彼らとは違う。我々はニューコークから多くを学んだし、コカ・コーラはこれによって大きな勢いを得ていた。我々はニューコーク以前にやっていたやり方でペプシにマーケットシェアを奪われた。だから私は元のやり方に戻るつもりはなかった。その当時の社内の環境は、私に多くの新しいことにトライさせ、前進させるようなものではなかったのだ。だから、私は会社を辞める決断をした。私が一九九三年に再びコークに戻ったのはロベルト・ゴイズエタとダグ・アイベスターが会社を経営しており、彼らが再び会社を前進させる用意を整えたと考えたからだ。

◎聞くことの価値を学べ

ニューコークを導入する前のプリサーチでは我々は間違いを犯したが、クラシックコークの再導入のときには同じ間違いは犯さなかった。大衆が彼らの慣れ親しんだ昔のコークに戻してほしいと思っていることは明らかだったが、わからなかったのは、どうやって彼らの我々に対する怒りを抑えて、よりたくさん我々の製品を買ってもらうか、ということだった。どのように注意深くポジショニングし、効果的にコミュニケートするか、その方法を見つける必要があった。再び我々はリサーチを始め、消費者に次のような質問をした――「あなた方を満足させるためには、何を語ったらいいのでしょうか？」

不思議なことではないが、彼らはその答えを知らなかった。我々に戻ってきた答えは、ニューコークに対する彼らの苦痛の泣き声だった。そこで我々は仮説を立て、何をすべきかを学んだ。我々は聞いた――「もしこう言ったらどうでしょう、あなたは自分の気持ちを変えますか？」「もし我々がこうしたらどうでしょうか？」

ニューコークを救うものは何もなかった。なぜならマスコミや一般大衆はすでに彼らの気持ちを決めていたからだ。しかしクラシックコークについては大きなチャンスが残されていた。

最後に我々は数多くのコマーシャルを用意し、一部の消費者に対してテストが行われた。そして我々が選んだコマーシャルは消費者が我々に選ぶように言ってきたものだった。それは、「私たちは賢くもないしまた馬鹿でもありません。いま私たちは元のコークに戻そうとしています。それはあなた方がそう望んでいるからです」というものだ。それは素晴らしいものだった。なぜなら、それは消費者に所有権を与えるものだったからだ。クラシックコークを再登場させ、この直接的な広告でポジショニングし直すことで、我々は市場の中の消費者パワーを認識し、彼らの要求に手放しで応えることを明確に表示したのである。

◎「なぜ」と、尋ねることを忘れてはならない

私は何度も科学について語り、またデータを収集し、分析することについて語ってきた。なぜなら、マーケターたちが、結果に対して十分な敬意を払っていないと思うからだ。彼らはいま確固とした、測定可能な事実に対してフォーカスしなければならず、おのれの仕事に対して見返りを生み出さなければならない。もしそれができなければ、彼らは破滅に向かうだろう。ただし、優れたマーケターになるために必要なこととは、データを追跡する能力とプリサーチの中で一連の論理的な「もし、……なら」「これか……または」のような質問をすることではない。データを追跡し、「何」(What)と質問することとは、最も重要な質問を形成するためにのみ有効である——その質問とは、「なぜ」(Why)である。

「なぜ」という質問は重要である。それはあなたを認知からコネクション(親交)へと動かし、ただ単に何が起こっているかを見ることから、ある出来事またはトレンドとの関係を理解させるからだ。他の言い方をするなら、それは何かに気づいていることと、その中に固有の情報を取り出しそれを他の状況に適用していく能力の違いである。たとえば、選挙の後、ある政党が政権に就いたとして、あなたは人々がこの新しい政権に満足し大きな信頼を寄せていることを発見するかもしれない。このことは人々がより自由に自分たちの金を使うことを意味するかもしれず、これはマーケターにとってはもちろん喜ばしいことだ。しかしあなたはもっと深く掘り下げて、その理由を探し出さなければなら

ない。あなたが学んだ教訓を活かそうとするとき、それは今日だけでなく明日においても、あなたが選択する戦略の中に大きな違いを生み出すからである。もし消費者がより満足している、より自信を持っている、より多くのお金を自由に使っている理由が、前の政権がよくなかったからだとしたら、あなたがとろうとする戦略、そしてあなたが学ぶべき教訓は、その政権以外のことと関連づけることになるだろう。反対に、人々が満足しているのは彼らが積極的に新しい政権とその政策を支持しているのだとしたら、とるべき戦略と教訓は、単に変化を強調するのでなく、その政権の政策に関連づけるべきであろう。

マーケティングでは、科学と同様に、なぜかを理解することが非常に重要なステップになる。なぜなら、もしなぜかがわかれば、あなたが望むものをどのように生み出すか、容易にわかるようになるからである。

◎勝つために、全ラウンドのポイントを奪う必要はない

やることすべてに対して一〇〇％正しく行うことは難しく、的の真ん中に命中させることも難しい。しかし十分な時間を投入し、すべての行動に十分に検討を重ねることで完璧を期そうとしても、私はあなたが本当にそうしたいのかどうかわからない。もしあなたが一〇〇％のスコアを獲得できるショットだけを評価するとしたら、八〇％のスコアしかもたらさなかったミスしたすべてのポイントについて考えてみるべきだ。

将来に向けて進んで行くとき、やらなければならないことは、環境は変化するということを受け入れることだ（だから完璧なプランニングなど存在しないのだ）。そして進みながら学び、改善していくのだ。我々は立候補した政治家や財務担当重役や飛行機のパイロットと同じ考え方を持つ必要がある。そのためには我々の持つ情報に基づいて最善の仮説を作り、そしてこれらの仮説の変更を受け入れ、究極的ゴールを達成するためにとるべき行動を変更することだ（アポロ一三号を覚えておられるだろうか？）。

もう一つのたとえ話を使うなら、マーケティングとはヘビー級ボクシングの試合のようなものだ。それは長丁場なのだ。一ラウンドは勝てるかもしれないが、それでは試合に勝ったことにはならない。三分間相手と戦い、一分間の休憩がある。その一分の間に自分の戦略を見直し、頭を振って、水をかけられて、再び戦いに戻って行くのだ。試合の前半調子がよくても、または一四ラウンドまでポイントでリードしていても、最終回にノックアウトされるかもしれない。ボクシングの各ラウンドは、またはマーケティングにおいても、全体の目標に関連づけられた別個のものとして認識されなければならない。おそらくいくつかのラウンドは失うだろう。あるラウンドは引き分けるだろう。そしていくつかのラウンドは勝つことだろう。ゴングとゴングの間の一分間に考え直し、休み、やろうとしていることのポジショニングを変更するのだ。より多くのラウンドを奪い取り、自分の身体へのダメージを少なくすることに努め、最終ラウンドのゴングに向かって自分の能力を加速しなければならない。

テストし、修正せよ。さらにテストし、修正せよ。何ラウンドかは負けるだろう。しかし、最後には勝者となるのだ。

第2部

いかにしてより多く販売し、儲けるか

第4章

ポジショニングは、双方向のものだ

より多くの人々に、より高い頻度で、そしてより高価格で商品を買わせるのが、マーケティングの唯一の目的であるということを、あなたはもうすでに理解したはずだ。そしてマーケティングは科学的に行わなければならないことも……。しかしそれを達成するためには、規範を持たなければならないし、またよく考え抜かれた戦略も立てなければならない。これはどんな仕事にも共通して言えることだ。

さてこれから、ほとんどのマーケターがよく理解していないマーケティングの真髄、核心の詳細について触れていこう。すなわちブランドを構築し、商品のポジショニングを行い、ブランドや商品のイメージを創造していくことについてお話ししよう。しかも今日の（そして明日の）極めて競争の激しい市場で成功するために、他社と異なる方法でそれらを行う必要があることについても、検討していこう。

◎ブランディングによって、どうアイデンティティを確立するか

ブランディングが何であるかについてはすでにご存じかもしれないが、その言葉の起源を考えてみると面白い。そう、インディアンではなくカウボーイ、そして牛の話だ。

かつてカウボーイたちは平原で焼ごて《ブランド・アイロン》を熱して、自分の牛に×印、○印などの自分の焼印を押していた。もちろん、どの牛が、誰の所有物かを明らかにするためだ。それが時がたつにつれ、ブランドは所有者を識別するためだけでなく、買い手のためにも役立つようになってきたのだ。つまり、買い手にも○印や×印のついた牛はよく肥えていて栄養がいい、しかし一方、二本線の印の入った牛は筋っぽくて固いということがわかる（あるいは覚えている）ようになってきたのだ。

コカ・コーラはオリジナルで本物だ——ペプシは異端分子で、変化を求めるときに選ぶもの、マクドナルドは、ドナルド〔マクドナルドのマスコットの名前〕、バーガーキングは鉄板焼《フライ》ではなくて炭火焼《ブロイル》きというように。

ブランディングを理解するために、自分の名前と自分のことを考えてみよう。私のブランドはセルジオ・ジーマン、その名によって私は特定され、私に関する特質すべてが即時にあなたの心に喚起される。ジョニー・カーソンのブランドは、ショーの始まりでのおしゃべり、マンネリズム、ゴルフ・スイングの真似、そしてエド・マクマホンや、カーナック・ザ・マグニフィシェントの物真似などだ。彼の顔を見たり名前を聞いたとたんに、あなたが作り上げてきたイメージや思い込みなどが一気に浮

かび上がってくる。そして、少しふざけてはいるが、洒落たやり方で楽しませてくれることをあなたは期待する。

ブランドを創造する唯一の理由は、消費者に特定の自社商品の特質と特性を識別してもらうことだ。コークは爽やかで、おいしい。でもそれだけではない。長い間にコークのブランドと人々との関わりから作られた特性をたくさん持っている。コークは最もアメリカ的であるとともに伝統があり、同時に神秘的でさえある。子供のころコークを飲んだことも覚えているし、また両親がコークについて語ってくれたことも覚えている。コークをよく飲んでいた人たちについての思い出も持っている。ダイエットコークは、コークのダイエット版ではあるが、同様にそれだけにとどまらない。それは自分がどう感じるか、あるいはどう感じたいか、自分はどう見え、どう見えたいか、を反映するものである。

あなたが、果物や野菜を道端で売る行商人だったとしよう。あなたはカートを押して毎朝違う街角に出かけ、声をからしながら毎日新しい客に行商する。そうすれば、いつもメインストリートやグランド・アベニューの街角に立って商売しているよりは、ずっと多くの人々に会えるだろう。しかしすぐにわかるように、これはかなり非効率的である。というのはいままであなたを見たことがない人の注意を引き、あなたの商品を試してもらうように毎日説得しなければならないからだ。客との間に親密な関係を築けていないからだ。つまり既存の顧客に、より多く売ろうとするマーケティング（インクリメンタル・マーケティング）をするのではなく、水平マーケティング、つまり新しい市場に参入することになり、販売コストもはるかに大きくなる。

インクリメンタル・マーケティングは、水平マーケティングに比べればコストはずっと小さくてすむ。少ない投資でより多く売ることができる。もちろん投資は、自社ブランドを活性化し、人々になぜその商品が好きなのか思い起こさせ、自社商品を買う理由をたくさん提供することに対してなされなければならない。毎日自社商品を買ってほしかったら、毎日市場に出て販売しなければならない。少しでも多く買ってほしかったら、少しでも多く買う理由を提供しなければならない。しかし、新しい消費者を毎日探すよりは、既存の消費者とよい関係を作り、あなたを知っている人たちにもっとたくさん買ってもらうほうが、はるかに効率的である。

◎なぜメガ・ブランドはダメなアイディアなのか?

マーケティングには、意味を明確にしなければならない言葉が山ほどある。なぜならマーケティングに携わる人々が、そうした意味が明確でない言葉——たとえばブランドだとか商標などの言葉——を毎日使っているからだ。しかし、もしいまあなたが同僚に、そういう言葉を漠然と使うのをやめて、はっきりとわかるように定義してくれと頼んでも、ひどく曖昧で、矛盾した答えが返ってくるだろう。

なかでも、商標あるいはブランドという言葉が最も混乱しているようだ。というのもブランドと商標に同じ名前が使われている場合が多いからである。たとえば、コカ・コーラは世界最大の清涼飲料会社の名前であり、また商標でもある。と同時に、コカ・コーラは、ダイエットコーク、チェリーコーク、スプライトあるいはフルートピアなどのブランドとは異なる、旗艦ブランド名でもある。このように、ブランドと商標とを混同しているために、多くの会社がメガ・ブランドという、実際には実に馬鹿げたコンセプトを持ち込んでしまっているのだ。

ブランディングの唯一の目的は、市場で自社商品を差別化することであり、消費者に、自社商品は他とは違う、他より優れた特別なものとして識別させることにある。そのために、マーケターは多額の投資をして、いかに洗剤のタイドがチアーと異なるのか、リプトンがネスレと異なるのか、あるいはグッドイヤーがミシュランと異なるのかを説明しようとしているのだ。目的は独自の販売提案を開発することなのである。

そしてそれこそが、メガ・ブランドがダメなアイディアであるという理由である。

メガ・ブランドの間違いは、一連の異なる商品を同じ商品としてマーケティングできるという前提を立てていることにある。あるとき、大手のデザイン会社が、コーク、ダイエットコーク、チェリーコーク、カフェインフリー・ダイエットコークと他すべての清涼飲料を一つの「傘」のもとでマーケティングすべきだと提案してきた。つまりメガ・ブランドだ！　とんでもないアイディアだ！　いままで一生懸命になって作り上げようとしてきた、それぞれのブランドのユニークさとか差別化のための要素をすべて捨て去って、十把ひとからげにしてしまい、「ところで、これらの多くのブランドは基本的にはみんな同じです。だからコークを飲みたいと思うときに、これらの商品の中から選んで飲んでください」と言っているようなものだ。

消費者にとって、これはどんな意味があるのだろうか？

人々に自社商品を選ばせる方法は、自社商品が、他社商品と比べて、どう異なり、どう優れ、そしていかに特別であるかを説明することである。確かに、コカ・コーラの商標は高品質のイメージを持っている。だから人々は、無名の商品より味と品質についてよく知っていて、コカ・コーラの商品には多少余計に支払ってもよいと考えているのだ。しかし、ダイエットコークは、通常のコークではなく、チェリーコークでもない。異なる人々が、異なる理由で、異なる機会に飲むのである。ダイエットコークの愛飲者にアピールすることが、コークやチェリーコークの愛飲者にはアピールしないのだ。だから、これらの商品を同じようにマーケティングできるなどと考えるのは、明らかに馬鹿げている。

メガ・ブランドは各々のブランドのアイデンティティ（独自性）を失わせ、「ご覧ください、わが社の商品は基本的にはみな同じものです、どれでもお好きなものをお選びください」と言うことになってしまうのだ。

商標とは、基本的にはメガ・ブランドが伝えようとしていることを伝えるものだ。そして消費者の心を解きほぐし、あなたが伝えたいことを消費者が喜んで聞いてくれるようしてくれる。消費者は「コカ・コーラ、ケロッグ、トヨタ、コンパックは信用できる、品質については心配する必要がない。私が買うのは別に理由があるからだ」ということになる。しかし、マーケターとしては、ここでいう購買決定に影響する他の理由を定義しなければならない。自社の商品を消費者の心の中ではっきりと特徴づけ、消費者にその商品が好きであると認識させ、何度も繰り返し買うようにしなければならない。

そのためには、競合する商品との相対的な比較において差別化をすべきだ。そしてそのためには、消費者は他にどんな選択肢を持っているか検討しなければならない。人々がケロッグのレーズンブランを買う理由は、ケロッグのフロストフレークを買うのと同じではない。それぞれのブランドは異なる人々に異なる理由を訴え、一方消費者は異なる機会に異なる目的で買うのである。だから、「一つのサイズですべての人にフィットする」というアプローチで、自社商品すべてを買うように、すべての消費者を動機づけることはできない。たとえ、あるブランドがいかに大きく包括的であっても、一つのサイズで、すべての人、すべての商品に合うわけではない。

差別化が決定的に重要なのである。同質化には価値がない。

ブランディングとは強いアイデンティティを創造することであるため、あるところまでいくと、特定の顧客にはアピールしなくなるか、あるいはアピールしたとしても、彼らには手が届かないということになる。フェラーリはあっと言わせる素晴らしい車ではあるが、それを買えるお金を持っている人は多くない。コカ・コーラでは、我々の商品は、他と差別化された、より優れた、特別なものでなければならないといつも言っている。だから、仮に消費者が他のブランドを選んだとしても、コカ・コーラは明確に差別化されていて、より優れた、特別なものであると、消費者には確実に理解していてほしいと思っている。したがって消費者がある選択をしたとき、それは意識的な選択であり、コークを選ばなかったことも意識していてほしいのである。

レストランでコークを注文するときのことを思い出してほしい。あなたは「コーラをください」とは言わずに、「コークをください」と言うだろう。あなたはそこで差別化をしているのだ。しかし、もっと重要なことは、ウェイターが、「申し訳ありませんが、コークはございません。ペプシでもよいでしょうか?」と答えることである。ウェイターの心の中でも差別化が確立されていて、あなたに「本物でないものでもよろしいですか?」と確認しているのだ。

名前、期待、差別化、これがブランディングの基本である。

◎なぜブランドは静止していないのか

ブランディングはややこしいものだ。というのは、自社の商品をできるだけ多くの人に、できる限り多く売りたいのだが、同時に各ブランドはユニークな販売提案の上に構築されなければならないからである。またより多くの人に自社ブランドとその販売提案が魅力的で他社と異なることを納得させたいがために、常に自社ブランドのアピールを拡大したいと考えるが、同時に、ブランドの独自性も失いたくないと考えるからである。

いちばん悪いのは、あるブランドを導入した後、そのまま何もしないことだ。これでは多くの商品を売ることはできない。人々にそのブランドに対する新しい見方を継続して提供していかないと、多くの販売機会を失うことになるからだ。アーム＆ハマーのベーキングソーダ（重曹）の例を見てみよう。商品はその名の通りベーキングソーダである。しかし、彼らはブランドの持つ意味を変えたのだ。競争の土俵を変えたのだ。ベーキングソーダは、ビスケットを焼くときだけに使うものではないと訴えたのだ。ベーキングソーダは冷蔵庫の中を消臭したり、歯を磨くときにも、バスタブを洗うときにも、そして胸焼けしたときにもよく効くというのだ。さらに驚いたことに、流し台をきれいにするためにも使えることを消費者に納得させてしまったのである。ベーキングソーダを買って、流しに注ぐ！　なんて素晴らしいコンセプトだ！　繰り返し繰り返し、彼らは消費者に対する新しい提案を生み出し、そして大成功したのだ。

あなたがブランドを定義し、再定義し続けなければならないもう一つの理由は、新しい商品が出たとたんに、そして特にそれがうまくいった場合、誰もがすぐに真似することだ。もしあなたが自社商品に、ある特別な成分が入っていて、髪の毛をもっとつやつやさせますと言うと、他の企業もその同じ成分を入れて、「私の商品も同じです……私の商品も同じ効果があります」と言い始めるのだ。私はいつも、ステータス・クウォ（現状）とは丘の上にいるようなものだ、と言っている。商品を丘の上に置いてそのままにしておけば、転がり落ちていく。常に、坂を転げ落ちるのを押し戻し、そして独自な新しい価値を創り続けなければならないのだ。

私がコンサルタントをしていたときのクライアントに地中海クラブがあった。地中海クラブのコンセプトは素晴らしいものだった。それは文明に対する解毒剤だった。旅に出て、スキューバ・ダイビングやスノーケリング、小型ヨット、あるいはサンバを踊るなど、いままで夢見てきたことを、規格化されていないように見えて、実は高度に規格化された環境の中で楽しめることを提案したのだ。決して贅沢ではないが、十分楽しむことができる提案だった。現金を持ち歩く必要がなく、またなんの規則や制約に縛られることなく、多くの見知らぬグループの人々と知り合えることができた。

そのコンセプトは長い間、大成功を収めた。そのため、数多くの競合企業が参入してきて、「さあ、我々も地中海クラブと同じものを、もっと安く提供しますよ」と言い出したのだ。その間、地中海クラブの面々は、自分たちのコンセプトの上にあぐらをかいていて、そのコンセプトを変化させず、自らを進化させることをしなかった。そして、ただ新しいビレッジを開設し続けたのだ。確かに、ビレッジの管理システムは素晴らしかった。人々にエンターテインメントと素晴らしい食事を提供し、GOと呼ばれるお客の面倒を見る係を雇い、よく訓練した。問題は、ビレッジの管理と同様なやり方で企業を経営してきた点にある。クラブを成功させたのは、形式ばらない楽しいことを愛する精神であるが、その同じ考え方で企業を経営していたから、利益を生み出せなかったのだ。

地中海クラブはかつてその業界では他に類を見ないものだったため、差別化し続けることを忘れてしまったのである。競合企業に同じようなものを作ることを許し、同じ土俵の上で敗けていったのである。

ここから何を学ぶことができるだろうか？　自分が創り出したことに誇りを持ち、オリジナリティがあり、表面的には市場を占有しているように見えても、常に自分自身のコンセプトに挑戦していかなければいけないということである。確実に市場を独占し、今後もその状態を続けるためには、自分自身と競合相手を明確に定義し、そして再定義することで、日々競合企業に対抗する必要があるのだ。

◎自分自身と競合せよ

私が腹立たしいのは、自社製品を売るためにはメガ・ブランドを構築すべきだと主張している人が、自社のブランドは互いに重複したり競合したりしないようにすべきだと言っていることだ。

メガ・ブランドと同様に、私が信用していないのが、ポートフォリオ・マネジメントである。それはそれぞれのブランドに境界線を引き、一つのポートフォリオの中で、あるブランドが他のブランドの領域を侵さないようにすることだ。この考え方は私にはまったく受け入れられないものだ。いかなるブランドも他のブランドに対して、たとえそれが自社ブランドであろうとも、戦っていくべきだと私は確信している。消費者が見ているのはそういう世界であり、またそうした現実世界が重要なのだ。

ところが、ポートフォリオ・マネジメントでは自社の商品それぞれに人工的に境界線を引き、他の自社商品にその領域を侵させないようにする。なぜなのか？　消費者の奪い合いを避けるためである。それは立派な考えだ。砂の上に細い線を引くことは理論的にはよさそうに聞こえる。ところが現実の世界では、事はそんなにうまく運ばない。そんなことをしても、他の競合企業がその商品と競合し、あなたの顧客を奪っていくだろう。他社にそのシェアを奪われるくらいなら、社内の他のブランドが奪ったほうがまだましだ。

スプライトについて、一九九三年に私がやったことを振り返ってみよう。スプライトは、常にレモンライム飲料としてポジショニングされ、レモンライム・カテゴリーの中で戦ってきた。そして、レモンライムはとても参入しやすい領域だった。商品もあまり差別化されていなかった。スプライトとセブンアップがこのカテゴリーを支配していて、カテゴリー自体も、新しい甘味料を使った新しい商品が導入されたとき以外は、あまり伸びたことがなかった。

そこで我々は、スプライトのコンセプトを拡大し、新たにポジショニングし直すことにした。「スプライトをレモンライムのカテゴリーから外して、飲料カテゴリーという大きなカテゴリーの中で競争させよう」と決めた。それまでのスプライトが持つ透明性と純粋性をアピールすることをやめ、レモンライム飲料が飲みたいときにイメージするのではなく、自分自身や自分の生活を反映した飲み物のブランドとしてスプライトを考えようと消費者に訴えた。この包括的なアプローチによって、市場においてスプライトを従来と異なるポジショニングをすることができ、そしてこのブランドの成長が始まったのだ。

このことは、当然、スプライトをコークやダイエットコークを含む他の多くの自社ブランドと競争させることになったが、それでもこれは優れた戦略であった。スプライトは世界中で最も高成長を遂げる飲み物となり、販売量は四年間で三倍の一〇億ケースを超えた。一方、同時に他の自社ブランドのポジショニングとマーケティングを積極的に行った結果、これらのブランドも成長を遂げた。この期間、全社的な販売量は五〇％伸び、年間一〇〇億ケースから一五〇億ケースにも達したのである。

すべてのブランドが他のすべてのブランドと競争することになるのだから、逐次マーケティング(Sequential Marketing)ではなく、同時マーケティング(Simultaneous Marketing)を実行しなければならない、と私は信じている。どういうことかというと、商品のテストを一つずつ順番に行うような計画を立てるべきではないということだ。市場は、決して静的で、安定しているわけではなく、まして変化しなかったことなどないのだ。あなたは、経済環境も、また競合他社の動きもコントロールすることはできない。そうだとしたら、なぜコントロールされた環境のもとでテストしなければならないのか？　新しく試してみたいことがあれば、すぐに実行してみることだ。たとえそのために多くのことを多くの場所で同時に実行する羽目になってもだ。

たくさんの風船を同時に空に放てば、どれがよく飛んでいくかわかる。同様に、数多くのブランドに対し、多くのプログラムを同時に実施すべきだ。信じられないかもしれないが、こんなことが何回もあった。会議で誰かが「二月はコークの月です。三月はファンタ、そしてダイエットコークは九月です」と言うと、それに対して私は「どうして、三つとも一月にやらないのかね」と問い返す。すると、彼らは気でも狂ったのかと、私の顔を見てこう言う。「自社システム内で共食いをすることになるからです」。そこで私はこう言うのだ、「もし同時にやらなければ、競合他社が我々のシェアを食うことになるよ」

同時に実行すべきなのだ。決して順番にではない。その結果、自社のブランドが共食いになってもかまわない。自分の子供を自分で食うほうが、競合他社に食われてしまうよりはましだ。もし核となるブランドに弱点があって、他のブランドがその売上げを奪う可能性があるのなら、核となるブランドを立て直すべきだ。ポートフォリオ・マネジメントによって、人工的に核となるブランドを守ることで問題を解決しようとしてはいけない。競争力をつけて、内部とも外部とも競争すべきなのだ。自社の他のブランドに対して売上げを失うほうが、競合他社に売上げを奪われるよりはるかにましだ。

◎なぜ、イメージが大切なのか

従来のマーケターたちはイメージを創り出すことばかりに注意を払いすぎていて、物を売ることに十分留意してこなかった。私がこう言うと、イメージ創りを時間の無駄と考えているように誤解されるかもしれないが、もちろんそんなことはない。

マーケターたちは、イメージを創るというコンセプトの裏に隠れて、結果を出すという責任から逃れるという大きな間違いを犯している。さらに悪いことは、マーケティングは商品を販売し金を儲けることが目的ではないとまで提唱したりすることだ。消費者の心の中に自社商品についてよいイメージを創り出すことがマーケティングのすべてではないが、かといって、イメージ創りが重要ではないということではない。それは極めて重要であり、むしろ積極的にそれに取り組むべきだ。

イメージを創り上げるのと商品を販売することを結びつけてこなかったマーケターたちは、通常、そのどちらの仕事もきちんとしていない人たちだ。もちろんイメージを創り上げ、そしてその結果、売上げを伸ばしている企業もたくさんある。ヴァージン航空やウォールストリート・ジャーナルは、自社商品に明確なイメージを創り上げ、消費者が選択する際に、自社を魅力的にポジショニングすることに成功している。しかし、あまりにも多くのマーケターたちが、広告制作の重要性や人を驚かすコンセプト作り、あるいは賞を取ることばかりに重きを置く広告代理店の言葉に耳を傾けすぎている。こうしたマーケターたちは、自分本来の目的を忘れ、彼らの創るイメージが売上げ目標の増加に貢献しているのか、あるいは逆に足を引っ張っているのか十分に考えていない。そういう輩は、ブランディングやポジショニングとは何か、そしてそのために何をなすべきなのかがわかっていない。だから、彼らの創るイメージは、曖昧で、ポイントの外れた、退屈なものとなるのだ。

もう一度言おう、すべては戦略から始まるのだ。どのように市場を支配するかについてまず戦略を持ち、次にその達成をサポートするために、商品やサービスのイメージを確実に創り上げていくのだ。もし戦略が売上げの拡大と低価格であれば、創り上げるイメージは贅沢さとか選択の幅の広さではない。サウスウェスト航空は豪華な食事や快適さを提供するとは決して言っていない。一方、英国航空のように、すべての路線で最も快適な空の旅を提供するという戦略なら、その贅沢さをほしいままにできることを語り、価格についてはあまり語るべきではない。どうにも理解できないのは、数年前の日産自動車の広告だ。それは犬をつれたアジア人が出てくる。画面は確かに面白いのだが、何を伝えようとしたのかさっぱりわからない。デルタ航空の「私たちは飛ぶことが好きです、そしてお客様にもそれをお見せします」という広告キャンペーンもわからない。そのキャンペーンを実施していた当時、デルタは経費を削減し、従業員も不満だらけだった。従業員は仕事に熱意を持っておらず、仕事に嫌気がさしており、それが彼らの態度にも現れていた。サービスは最悪であり、この広告は彼らの現実の姿をかえって浮き彫りにしてしまった。

コカ・コーラも例外ではない。ペプシが「ペプシ・チャレンジに参加しよう、どちらがおいしいか、決めるのはあなたです」と言っているときに、コークは「コークを飲めば、思わず笑顔に」のキャンペーンをしていたのだ。ペプシが商品の販売に力を入れているときに、コークはイメージ創りにやっきになっていたのだ！

先の日産の広告がうまくいかなかった（新聞が伝えるところだが）のは、この広告が日産のイメージをそれほど高めてもいなかったし、かといって商品販売の訴求力もなかったからだ。一方、デルタの広告はイメージ創りには貢献したが、そのイメージはそのときデルタが実際に提供しているものとは矛盾するものだった。他にも、商品に対する明確なイメージを持たせることはできたが、市場においてのポジショニングを明確にしなかったために、基本的にそのイメージを無価値にしてしまった例がある。ミルク協議会がその一つだ。ミルク協議会は、口ひげをたくわえた有名人が出てくる広告キャンペーンに数百万ドルも投資した。広告自体は素晴らしいものだった。私はミルクというものに好印象を持った。それは前向きのイメージで、ミルクは確かに赤ん坊のためだけのものではないということも理解した。しかしそのイメージは、私にミルクを飲みたいという気持ちを起こさせなかった。なぜなら、ミルクが何か望ましい特性を持った商品であるというポジショニングをしなかったからだ。その広告は六、七年続いたが、その期間、私はコップ一杯のミルクも飲まなかった。もしそれが優れたキャンペーンだったのなら、私にもっとミルクを飲むべき理由を与えていただろう。

同様に、アル・ゴア〔現副大統領で次期民主党大統領候補〕に対して、私は明確なイメージを持っている。それはかなりプラスのイメージだ。おそらく彼は素晴らしい人間なのだろう。しかし、そのイメージだけでは、彼に投票したいとは思わない。というのは、彼には戦略がなく、人々にアピールする明確なポジショニングを確立していないからだ。

◎競合他社が満足させられない消費者の期待を、いかに定義するか

以上は、商品のイメージ創りに主として広告を使っている例だが、イメージというのは、あなたの会社や商品について消費者が知っていたり、考えていることがすべて統合化されたものである。たとえば、ボルボは極めて安全だがつまらない車だというイメージを、私は持っている。ハミガキのクレストは信頼性があり、効果もあり、私が必要としている商品というイメージだ。いつも行く近くのスーパーマーケットはティーバッグを買うにはとてもよいところだが、私はコーヒーを買うときにはス

ターバックスまでわざわざ足を運ぶ。

なぜ、私の心の中にこうしたイメージができ上がってしまったのだろうか？　ボルボ、クレストあるいはスーパーマーケットから発信された広告によって一部影響を受けていることは確かだ。しかし、それ以外に、実際に自分でこれらの商品を使ってみた経験や、使っている他の人たちから聞いた話、あるいはこれらの会社について読んだり聞いたりしたこと、あるいはまた競合他社が発信したことからも大きな影響を受けているのである。

私がスーパーマーケットで売っているコーヒーはおいしくないと考える理由の一つは、スターバックスが私にそう教えてくれたからだ。スターバックスは、スーパーマーケットで買うコーヒーより、よいもの、違ったものが期待できると私に教育したのだ。コーヒー市場における消費者との対話をコントロールし、スターバックスにとって望むべき価格（高い）、形態（豆）、サービス（情報の提供）、多様性（豊富な商品）などについて定義したのだ。広告、店舗、陽気なプロ意識を持つ若い店員、カプチーノ、ダークブラウンの木のカウンター、焙煎したての豆の配送システムなどのすべてを通して、おいしいコーヒーは真空充填された缶入りコーヒーからは期待できないと教えてくれたのだ。スターバックスは、自社商品のイメージを創り上げただけでなく、コーヒー販売ビジネスに携わるすべての人々のイメージも創り上げてしまったのだ。

スターバックスはコーヒーに新しいスタンダードを確立し、コーヒーを飲むということは、一杯一杯、丁寧においしく淹れられたものを飲む経験であると再定義したのだ。

イメージという言葉は、フィーリング、感情、あるいはサブリミナルな（無意識下での）印象に関連するもので、漠然と定義されている。イメージとは従来のマーケターたちが、明確に表現できないもの、あるいは神秘的なものであると人々に思わせるようにしてきたものの一つである。しかし、マーケティングにおける他のすべてと同じように、イメージもまた論理的に、戦略的にそしてシステマティックに構築されなければならないし、またそうすることが可能である。

そのためには、何度も言うようだが、科学的に考えなければならない。イメージを構築するすべての要素を検討し、顧客にとって魅力的で、彼らを感動させる全体的イメージを創造しなければならない。

◎イメージにはさまざまな種類があることを知れ

私の経験から言えば、最も重要なイメージは、商標イメージ、商品イメージ、関連性イメージ、ユーザー・イメージ、使用イメージの五つである。あなたはこれらのイメージを組み合わせて一貫性を持ったイメージを創っていかなければならない。

〈商標イメージ〉

スターバックスの商標は、緑と黒のメダリオン、そして、コーヒー袋の色とダークブラウンの木のカウンターである。これらに付随するイメージは、挽きたての高品質のコーヒーである。コダックの場合は、黄色の箱がトレードマークである。人々は長年の経験と広告から、コダックの黄色いパッケージが、高い品質を表すものと見るようになっている。高品質のフィルム、高品質の印画紙、そして撮影の腕前はさておき、優れた写真のイメージをもたらすのだ。ディズニーの場合には、その商標が、ウォルト・ディズニー、テーマパーク、ミッキーマウス、ミニーマウス、そして家族を対象にした健全な娯楽というイメージを伝えているのである。

これらのことが、ブランドの本質や核を形成するものである。商標イメージは長い時間かけて構築され、また今後もずっと構築され続けていかなければならない。そしてイメージを構築するということは、商品ラインを拡げたり、新商品を導入するときに、ちょうど預金の引き出しができる銀行のような役目を果たすのだ。商標イメージは顧客に信頼性と継続性のイメージを与え、消費者はこれから述べる他のイメージ構成要素についても、耳を傾けてくれるようになる。商標イメージは、現在の顧客、あるいは将来の顧客に対して商標が意味するところを確定するイメージ、活動、イベントなどを使って、長い期間にわたって構築していかなければならない。

〈商品イメージ〉

これは、商品そのものの特性である。コカ・コーラとスターバックスの場合、それは味である。ダイエットコークは、わずか一カロリーでしかもその味だ。コダックは、フィルムの感度と写真の品質である。ディズニーは、清潔で、健全で無菌状態の娯楽である。英国航空は快適で安全な空の旅である。要するにこうしたイメージは各商品やサービスが提供すべきと考えている特性なのである。

〈関連性イメージ〉

なぜ企業は、NFL、アトランタ・ブレーブス、あるいはスペシャルオリンピックなどの「公式スポンサー」になるためにスポーツチームと契約するのかというと、このイメージを創造するためだ。レブロンがシンディ・クロフォードと、ペプシがマイケル・ジャクソンと契約するのもこのためだ。関連性イメージとは消費者と共通のステージを見つけ、「あなたが好きなものは、私も好きです。あなたが興味あるものは、我々も興味があります。ところで、私はあなたが興味を持つに違いないものをここに持っていますよ」と消費者に伝えることである。消費者に商品を買わせる理由の中で、関連性イメージは重要だが、それだけでは存立できないものである。テレビ局のFOXは、野球やNFLと契約することで関連性イメージを利用して、視聴者の「これは本物のネットワークか？」という疑問に答えている――もちろんそうに違いない、なにしろNFLや大リーグの試合を放送しているのだから。関連性イメージを、私は借り物の興味と呼んでいる。なぜなら、消費者にあなたの商品に興味を抱かせるために、彼らが興味を持っている他の何かを借りてきているからだ。

いつでもすぐに、イメージと商品との関連が明確になるとは限らないが、関連性イメージは他のマーケティングの要素と同様に、戦略から派生し、それに基づいたものでなければならない。ブランドの全体の戦略に合わないもののスポンサーになるのは馬鹿げている。なぜ、コカ・コーラはサッカーのスポンサーをしているのか？　コークを愛飲する消費者の多くが、サッカーと一体化しており、サッカーのスポンサーとなることでブランドとそのメッセージを有効に伝えることができるからだ。消費者はサッカーと一体化しているから、コークが言いたいことをよりオープンに聞いてくれるからである。レブロンとモデル、あるいはバドワイザーとカー・レースとの関係も同様だ。ただし、戦略があり、その戦略に沿った理由があるときにのみ何かと連携をとるべきで、競合企業がやっているからという理由でやるべきではない。ペプシがマイケル・ジャクソンと、そしてライオネル・リッチーとの契約を結んでも、コカ・コーラは同じことはしなかった。それには、きちんとした理由があった。

〈ユーザー・イメージ〉

ユーザー・イメージとは、どんな人たちがその商品を好み、使っているかについてのイメージである。ここでの目標は、消費者が広告を見て「おや、このコマーシャルや広告に出ている人たちは、自分に似てるぞ。彼らが使っているのなら、自分も使ってみようかな」と、消費者に安心や確認を与えることである。だから、総合ビタミン剤や栄養補給剤の広告には、泳いだり、カヤックを漕いだり、踊ったり、キスしたりしている高齢者が出てくるのだ。そして、モデルはいつも若く、スレンダーで、きれいなのだ。

〈使用イメージ〉

どのようにして、その商品は消費されているのか？　それは、バーで消費されるのか？　それともレストランでなのか？　ビジネスマンが使っているのか？　何がどのようにして使われているのか？　新しい使い方を提案しようか？

ことほどさように、受け取り手によって提供する使用イメージには限りないバリエーションがある。

メキシコでは、コークは昼食の一部になっており、コークは通常食べ物と一緒に飲まれている。コークなしでは食事は終わらないのだ。しかし、日本、アイルランド、あるいは他の国々では必ずしもそうではない。異なる場所には異なるメッセージが機能する。だから、どこにでも通用する唯一の使用イメージは存在しない。

これらのイメージ要素を適切にミックスして、ブランド・イメージを構築していくのだ。ブランドに、より多くのイメージ要素を継続的に付加していくためには、各々のイメージ要素の強み、弱みを最大限に活用して、広告のプロセスを作り上げていくことだ。

会社や商品のイメージを意識して創るかどうかに関係なく、顧客は勝手にイメージを創り上げていくものだということを覚えておくことが大事だ。パッケージ、販売取扱店、電話の応対のし方などなど、消費者が会社について見たり聞いたりしたことすべてがその企業のイメージを創り上げる。そしてそのイメージが、消費者が買うか、買わないかの決定に影響を与えるのである。

◎自分の庭を確保しろ

それでは、イメージとポジショニングはどう違うのか？　ブランドのイメージはそのブランドに対して人々が持っている全体的なイメージである。それに対しポジショニングは、マーケターが消費者に自社ブランドについてどう考え、どう感じてほしいか、ということである。すでに述べたように、私は、ボルボは安全だがつまらない車であり、アル・ゴアはいい人だが退屈だというイメージを持っている。これらのイメージはボルボやアル・ゴアをマーケティングしている人々に責任がある。ボルボの場合には、マーケターがそのブランドを丈夫な、信頼性のある、そして他の多くの車より安全なファミリーカーとしてポジショニングしたのである。アル・ゴアの場合には、彼のマーケター（側近）は強いポジショニングを確立することに失敗したために、彼には面白味がないというイメージができてしまったのだ。

どういうポジショニングを確立していくべきか、そして何を顧客に約束していくべきか、それらを正確に決めることは極めて重要である。私はだいぶ前に、親友であり、仲間であるスコット・ミラーと一緒にある公式を開発した。以前はそれを、DADと呼んでいたが、後でDOCSと変えた。最初のDADは、Define（約束するものを決める）And（そして）Deliver（約束を果たす）の略である。それが進化して、Define（約束するものを決める）Overdeliver（約束した以上のことを果たす）Claim（約束以上のことを提供していることを確実に知らせる）、そしてそれがSuccess（成功）につながるという公式に変わったのだ。

サウスウエスト航空が人気がある理由は、あまり多くの約束はしないが、それでも約束した以上のことはきちんと果たすからだ。サウスウエスト航空は、航空会社が約束を果たすために抱える多くの問題を避けて通り、消費者に提供するものを限定したのだ。美人のフライト・アテンダントが素晴らしい器に盛られた夕食をサービスし、素晴らしい空の旅（安全性と定時到着）と同時に豪華な食事も楽しめますと訴えているコマーシャルを何度見たことだろう。ところが、現実にはチキン料理はなくなってしまっているし、ワインの選択も実際にはなく、コマーシャルに出てくるような美人のフライト・アテンダントも乗っていないのだ。

一方、サウスウェスト航空は顧客にあまり多くを約束しないことで、この問題を解決した。より重要なことは、必ず果たせる約束だけをしたことである。サウスウェストは、空港に早く到着した乗客から、順に搭乗できると約束した。座席が両側に三席ずつあるとしよう。空港に着いた、先着の三分の一の人は、したがって望むなら通路側に座ることができる。次に到着した三分の一の人は、次いで搭乗する機会が与えられ、もし通路側がもう満席であれば、窓側に座れる。最後に空港に着いたのであれば、空いている席に座るしかない。この搭乗に関するルールを知っていて、どこに座れるかがわかっていれば、がっかりさせられることはまずない。空港に最後に駆け込んだ人々は、したがって窓側の席を期待するわけもなく、もし窓側の席に座れたら、かえって幸運と思うことだろう。

サウスウェスト航空が約束をしない第二の点は食べ物だ。一袋のピーナッツとコークは出すが、この程度のサービスなら間違いがない。最後の約束は、妥当な料金の提供であり、事実それを実行している。このように多くの乗客を満足させるかなり大枠の約束をし、そしてさらに確実にその約束を果たしているのである。大手航空会社は、通常約束を守らない。贅沢を約束しておきながら、実際には乗客は家畜なみの扱いしか受けないのだ。

意識的に顧客に期待させることは、確実に果たせることだけに限定すべきだ。約束した以上のものを提供しようと決めたのならばさらによい。そして、一度約束した以上のものを提供したら、世界中にそのことを宣伝することだ。

◎ブランドの免疫システムには逆らうな

自分の能力の範囲内で、消費者に対してポジショニングの幅を広げ、改善されたものを提供することは、よいことだ。いまあなたが何かをしようと検討するとき、そしてそれと同じことを競合他社ができないと思われるときには、消費者に選択の余地のない魅力的な約束を提供すべきである。しかし、その約束には、それ以上踏み越えさせない境界線が消費者の中に存在することを知るべきだ。この限界を設定する力を、私は「ブランドの免疫システム」と呼んでいる。

この免疫システムの中には、あなたがいかにうまく、懸命に働いても引き出すことができない要素がある。

これは、ニューコークの導入を通して学んだ価値ある経験の一つである。ニューコークに対する思いもよらない厳しい反応から立ち直り、クラシックコークのマーケティングの勢い《モメンタム》を取り戻したとき、振り返って自問自答してみた。まず正確に何が起こったのか、そしてなぜ起こったのかを。それに対する答えは、我々はコカ・コーラ・ブランドの免疫システムにぶつかったということだった。別の言い方をすれば、人々にとってコカ・コーラに対する基本的な認識は連続性と安定性である、ということを知ったのだ。一方、ニューコークが、人々に約束したのは、選択と変化であった。つまり、人々はブランドの核となる基本的要素については強い理解と特別な感情を持っていて、その商品のあるべき姿と相容れないものに対しては拒絶反応を示すのである。ニューコークは消費者にとっては異物として受け止められ、免疫システムが働いてこの異物を取り除くべく抗体を作り出したのだ。

コークが連続性と安定性を象徴するのに対し、ペプシは選択と変化を象徴している。ペプシのポジショニングは、いつでも若さと関連づけ、何か違ったこと、思いもかけないことをやることにある。ペプシは異端であり、主流ではない。しかし、ペプシのこうしたやり方にも限界がある。コークにとっては、家族が集まった場所で、サンタクロースが出てきてコークを飲むというような、暖かい漠然とした感情的イメージ広告が最も適しているが、ペプシ愛飲者にとっては、ペプシがこのような広告をしたら大ショックだろう。このようなブランド力の限界をうまく管理することはとても重要だ。

ブランド免疫システムはあなたが実施できることに制限を与える一方、免疫システムを理解することによって、ある程度それから解放される。というのは、免疫システムが、何がうまくいき、何がうまくいかないか明確な警鐘を鳴らしてくれるからである。あなたのやっていることが失敗しそうな場合には免疫システムがそれを教えてくれるので、自由にいろいろなことを試してみることができる。いつも目を見開いて、うまくいっていないというメッセージを受けたときには、それをすぐに受け入れることが大切である。免疫システムに反することをやった場合には、ブランドは必ずその兆候を表し始める。

ニューコークのように極端な例では、売上げが大きく落ち込み、消費者も怒るので、すぐに問題が表面化して解決することができる。一方、変化がもっと静かに進行する場合もある。しかし、調査をきちんとやり、消費要因の変化を見ていれば注意信号がつかめる。消費要因の変化が、あなたの商品を買う理由が増えたというのであれば、それはよいサインだろう。しかし、もし以前からあった消費要因を失いつつあるのなら、それは大きな問題となり得る。すぐに対策をとらなければ、そのブランドを殺してしまうことになるかもしれない。

ベーキングソーダ入りのクローズアップハミガキを想像できるだろうか？　私にはできない。クローズアップの前提条件は、透明な口内洗浄剤の入ったジェルである。それに研磨剤を入れたら、商品の基本的特性を失ってしまう。安物のシーバスリーガルはどうだ？　ゼネラル・モーターズ（GM）の自転車は？　ナイキのドレスシューズは？　これらは極端な例かもしれない。しかし、ポイントは衝いていると思う。高価格がシーバスリーガルの基本的特性である。GMはモーターに関連する企業だ。ナイキが約束しているのは、高い運動性であり、礼装用の靴ではない。

◎対話をコントロールせよ

ブランド免疫システムの限界をコントロールすることは重要だが、もっと重要なことは、市場でのすべての人々との対話をコントロールすることである。アル・ゴアの場合、いまのところライバル陣営が、ゴアに投票したくなくなるようなポジショニングをしていないから、運がいい。しかし、もしゴアがレースを続けていけば、好むと好まざるとにかかわらず、何らかのポジショニングがなされるはずである。

競争的な市場においては、自分で占有したい領域を選ばなくても、競合他社にその領域を決められてしまうことがある。

何年も前に、ペプシがコークのポジショニングをしたことがあった。ペプシは「同じ五セントで二倍増量」のキャンペーンを始め、「見てごらん、コークは高すぎる、同じ金額なのにペプシに比べて量が少ないよ」と伝えることを基本的ポジショニングとした。このキャンペーンによって、ペプシは自分のポジショニングを決めたのと同時に、競合商品のポジショニングも行ったことになる。

過去五〇年間、市場で競合企業を意識的にポジショニングすることは、最も効果的なマーケティングの手法の一つだった。ペプシはこのやり方がうまく、一九九〇年代の初頭まで、ずっとこの手法を続けてきた。「同じ五セントで二倍増量」のキャンペーンに続いて、「あなたは生きる理由を数多く持っている――ペプシは提供できるものを数多く持っている」というキャンペーンを始め、これがペプシ・ジェネレーションのキャンペーンにつながっていった。これらのキャンペーンを通して、コークは年取ったたいくつな人の飲み物、ペプシは若く活気のある人の飲み物、とポジショニングしたのだ。七〇年代後半になって、ペプシは少しつまずいた。そのときすかさず、ダラスにある小さな広告代理店が素晴らしいキャンペーンを考え出した――「ペプシ・チャレンジに参加しよう、どちらがおいしいか、決めるのはあなたです」というキャンペンーンがそれだ。コークの愛飲者であると宣言した消費者が、ペプシの味のほうがよいとわかって驚くシーンをテレビ画面に映し出したのだ。

競合他社のポジショニングをするということは、市場においてゲームのルールを決めることを意味する。航空会社は何がよいフライトで、何が価値あることなのかの定義を変えるときに、よくこの方法を使う。サウスウェスト航空の例だけでなく、ヴァージン航空がやった例を見てみよう。ヴァージン航空は、消費者がいままで考えたこともない切り口で、そのポジショニングを一新し、同時に競合他社までも再定義してしまったのだ。ヴァージン航空が始めるまで、空の上でのマッサージやマニキュア、ペディキュアなんて、考えたことがあるだろうか？　私は考えてみたこともなかったが、いまではそれが欲しいと思うようになっている。

ロナルド・レーガンは、明確なメッセージで競合相手のポジショニングを行うことで、ジミー・カーターを破った。「アメリカ国民よ、君たちの生活は、四年前に比べてよくなっているか？」と彼は問いかけたのだ。彼は、アメリカ人が不安の真っ只中にいて、四年前よりよくなったとはまったく思っていないことを知って、このメッセージを挑戦的に使ってみた。そしてさらに続けた。「ほら、ジミーじゃ、また同じことになる」と。カーターには新しいアイディアがなく、解決策を提供できない男であるというレッテルを貼ったのだ。

一九九二年、ビル・クリントンは経済に関する戦法に終始した。一方、ジョージ・ブッシュは、ロナルド・レーガンと彼の大統領在任中に経済問題は解決済みだとし、他の問題で、彼のアピールする幅を広げようと試みた。しかし、ビル・クリントンは、ジェームズ・カービルの助けを借りて、まだ経済的に苦しんでいる多くのミドルクラスの人々がいることを知った。そこで「問題は経済だ、愚か者め」というスローガンを作り出したのだ。つまり、あなたやあなたの家族の経済状態がよくないのであれば、変わらなければならない、と言ったのだ。九二年の大統領選は、これによってクリントンが勝利したと、専門家がこぞって指摘するところだ。

◎問題は制限せよ、ただし対話は拡大せよ

頭から突っ込む正面攻撃に加えて、ペプシもクリントンもそれよりもっと重要なこと、すなわち、競争相手のポジショニングを狭めるという試みを行ったのだ。つまりコーラ戦争においては、ペプシは味だけに論点を絞った。ペプシ・チャレンジでペプシがやったことは、消費者がコークについて連想する要素——つまり、歴史、感動、連続性、安定性には意味がなく、味だけを問題にした。クリントンは、国民に対し、自分たちの経済状態に不満なら、ジョージ・ブッシュが他に何を言おうと関係がないと言ったのだ。

ここでの重要なポイントは、できる限り競合相手の特性や特質を狭め、同時にあなたの特性や質を拡大することである。

◎戦略的な優位性を比較せよ

ペプシ・チャレンジは極めて効果的な広告の例であり、マーケターはもっとこの手法を頻繁に使うべきだと思う。ペプシ・チャレンジは前向きな比較広告だ。比較広告というと、たいていの場合否定的なものを想像するため、これを避けようとする人が多い。否定的な比較広告は、短期的には効果があある。負けそうで捨て身になった政治家が、選挙の日が近づくと、相手を誹謗する泥仕合を始めるの

もこのためだ。しかし長い目でみると、否定的な広告は、人々のロイヤルティを生み出さない。なぜなら、自社商品は競合他社の商品ほどひどくないと言っているにすぎないからだ。競争相手がこの選挙で嘘をついたり、不正をしていると指摘したり、主張したりすれば、変わり者はあなたに投票してくれるかもしれない。ただし、もしあなたが誰にもあなたを好きになるような理由を与えなかったとしたら、彼らも投票しなかったかもしれない。そして、もし対立候補が尊敬できる、立派な人であった場合、来年になってあなたの立場はどうなる？　否定的な比較広告は、中傷が嫌いな消費者を苛立たせ、あなたを苦境に追い込むことになるだろう。

反対に、前向きな比較広告は優れたアイディアであるばかりでなく、極めて重要な三つのことを同時に達成する。マーケターはこれをもっと活用すべきだ。その三つとは、あなたの商品は価値ある特性を持っていることを消費者に伝えること、次に商品の価値を判断する基準を提供することで市場の対話をコントロールしやすくすること、そして競合他社のポジショニングを彼らの弱い領域に追い込むことだ。ペプシ・チャレンジでは、コークを直接競合商品と呼んだ。しかし、コークの悪い点については何も触れず、またそれをほのめかすことさえしなかった。コークは渇きを癒さない劣悪な商品だとか、化学薬品が入っているとか、泥のような味だ、などとは一言も言わなかった。ただはっきりと、「コークが好きだと言っている人が、ペプシのほうがおいしいことを発見した、ぜひみなさんも自分で試してください」と言ったのだ。つまり、味をテストしたら、ペプシのほうがおいしい、ということだ。

ペプシはコークを競合商品と呼んだが、比較マーケティングにおいては、競合商品を名指しすることは重要ではない。重要なことは、判断の基準を明確にし、自社商品がその基準を満たしている、あるいは基準より優れていることを明確に示すことである。消費者がその基準を認めると、自ら比較するようになる。仮に、私の航空会社は多くのフルタイムの整備士を抱え、全機を対象に数え切れない数多くの点検を毎日行っているのでとても安全だと訴えたする。すると、あなたは、では他の会社はどうなっているのだろうかと思うだろう。他社の名前など言う必要はない。競合企業の名前を言わずに、自分のやっていることを述べることで差別化をすれば、あとは顧客がやってくれるのだ。

◎競争相手から盗め

スプライトの例をもう一度見てみよう、ポジショニングがいかに重要かよくわかるだろう。

スプライトは、何年も前、コカ・コーラで余剰生産能力があったときに、やや無計画に生まれた商品だ。当時コカ・コーラはレモンライム・カテゴリーに商品を持っていなかった。そこである賢い男が「おい、レモンライムの商品を作って、その市場に参入しよう」と言ったのだ。その当時、コークの宣伝用に、スプライトと名づけられたテレビのアニメ・キャラクターの小さなマスコットがあった。頭に王冠を載せた、元気のいい小さな男の子のキャラクターである。そして、清涼飲料であるスプライトの生産を始めることになった。残念なことに、戦略もなかったし、ブランドのポジショニングもなかった。ただ「ここにスプライトがあるよ、透明なレモンライムだよ」と言っただけだった。

その結果、何年も何年も、スプライトは他社のレモンライム商品と同じプールの中でただ泳ぎ続けていた。レモンライム飲料は安物のレモネードと定義づけられていたし、レモネードは世界中どこでも、消費者にとってたまにしか飲まないものであった。このカテゴリーの大手二社が、ときどきカテゴリーに変化を与えようと努力はした。セブンアップのアン・コーラ（非コーラ）キャンペーンを覚えているだろう。セブンアップはペースを変えたいときに飲む商品として、そのカテゴリーをポジショニングした。しかし、ペースを変えるための飲み物の問題は、ペースを変えたいときに飲むだけでは、マーケットが十分に大きくならず、利益が出なかったことだ。革新的なセブンアップは次に、カフェインなし、保存料なしのキャンペーンを開始した。このときビジネスは実際に成長し、これが引き金となってカフェインフリーのコーラ——タブクリア、ダイエットコーク、カフェインフリー・コーク、そしてカフェインフリー・ペプシなど——が導入されることになった。しかし、それほど大きくは伸びず、スプライトの売上げも伸びなかった。

市場を一〇〇％押さえていない限り、競合他社から顧客を盗むことで成長できると、私は固く信じている。しかし、スプライトはセブンアップと差別化するためのポジショニングをまったくせず、したがってその伸びはマーケット全体と同じく低いレベルにとどまっていた。

一九九二年、私はコカ・コーラ・カンパニーの一部門である米国コカ・コーラ社のコカ・コーラ・ブランド・マネジャーであるサニー・バローズにコンサルタントとして雇われた。彼女は私に、スプライトのどこが悪いか検討する手助けをしてほしいと頼んできた。調査の結果、スプライトをレモンライムのポジショニングでなく、個性のある飲み物としてポジショニングするというアイディアが出された。調査の段階で、スプライトのヘビー・ユーザーとライト・ユーザーにインタビューし、スプライトについてどう思うか尋ねてみた。我々の計画は、スプライトへの関心の薄いライト・ユーザーに対して、ヘビー・ユーザーがスプライトを援護するような議論をすることで、ヘビー・ユーザーのコメントがライト・ユーザーを動かす言葉として使えないか、と考えたのだ。

しかし面白いことに、両者ともにスプライトがレモンライム飲料であることはあまり気にしていないことがわかった。スプライトには個性があり、少しばかり生意気で、型にはまらない自分を映し出しているその個性が好きだというのだ。そこで我々は、スプライトを選択と変化というペプシのポジショニングに踏み込ませることで、ペプシのマーケットの一部を奪う機会があると考えたのだ。そしてスプライトのレモンライム飲料という特性や、透明飲料というポジショニングを無視し、レモンライムのカテゴリーから外して、一般清涼飲料の市場に移行させるという提案をした。この提案はすんなり受け入れられたが、プロジェクト自体はお蔵入りとなった。

そのすぐ後に、コカ・コーラの社長であるダグ・アイベスターから、私に会社に復帰するよう誘われた。出勤第一日目に、「一年前にやった、スプライトのプロジェクトはどうなった?」と、聞いてみた。新しいスプライトのブランド・マネジャーは、「ええ、目下思案中です」と答えた。そこで私は言った、「すぐにとりかかろうじゃないか」と。

広告代理店に、スプライト・ブランドをレモンライム・カテゴリーから外し、ペプシの領域にポジショニングするように依頼した。そして「本能に従おう、喉が渇いたら飲もう!」のキャンペーンが始まった。このような形で、ルールを再定義した結果、スプライトは過去六年間で最も成長の大きなブランドとなった。何年もの間、成長のなかったビジネスが三倍も伸び、販売量は一〇億ケースにも達したのだ。

スプライトの新しいポジショニングをさらに強化するために、NBA（全米バスケットボール協会）と契約した。バスケットボールはガッツあふれるイメージがあり、まさにそのイメージがスプライトに欲しかったのだ。メジャーなスポーツと関係させ、大きなキャンペーンを打つのは、従来大きなブランド、つまりコークやペプシだけであり、スプライトのような小さなブランドではかつて一度も実施したことがなかった。

その当時、コークはNBAと交渉をしており、誰もがコーク・ブランドとの提携だろうと考えていた。そこで、NBAのコミッショナーであるデイビッド・スターンに会いに行き、説明した。コーク・ブランドはすべてのスポーツをサポートするだけの資源はないし、現在すでに二〇以上ものスポーツに関与しており、すでに拡大しすぎている。だからNBAのすべての活動やイベントに乗ることはできないだろう。だが、スプライトならできる。NBAとスプライト・ブランド双方をプロモートするためなら多くの金を使うことができる、と。デイビッドはNBAとスプライト双方にとっての利益をすぐに理解し、握手した。今日、スプライトはバスケットボールと明確にリンクしている。二者のパートナーが、消費者の心の中に同じ特性を持っていたために成功したよい例である。そして、すべては一つのポジショニング戦略から出てきたものである。

単に広告だけが、ブランドを構築し、ブランド・ポジショニングやイメージを創るものではない。会社の活動すべて、プロモーションからパッケージ・デザイン、そして物流、すべてがブランドに影響を与える。だから「すべてはコミュニケートする」と常に覚えておくべきだ。すべてのブランドは、

ポジショニング戦略を持たなければならない。そして、そのブランドに関するすべての活動について
コミュニケーションを持たなければならない。

第5章 クリントンとダイアナ妃とラマダンと、物を売ることの関連とは？

成功するためには、マーケティングは消費者に焦点を当てなければならない。これは誰もが知っていることだ。そうだろう？　ところが、消費者に焦点を当てるだけでは消費者を引きつけるのに十分ではないということは、誰も知らない。人々は隔離されて生きているわけではない。人々が見ること、感じること、やること、考えることのすべてが彼らの購買行動に影響を与えるのだ。ほとんどのマーケターたちは、世の中で何が起こっているのか、そしてそれがどう消費者に影響を与えているかということに、あまり関心を払っていない。

マーケターたちにこう言うと、「世の中に何が起こっているかくらい知っているさ。高等教育も受けたし、ちゃんとした社会生活も送っている。CNNのニュースもよく見ているし、新聞も毎日読んでいる」と反論するだろう。確かにそうかもしれないが、彼らの多くはトラベラーズとシティコープの合併や共和党党首の交代がどのように顧客の行動に影響を与えるかということには、たとえ五分たりとも真剣に考えていないだろう。むろん株式市場が低調なときには、ヨットやリゾート物件の売行きが悪くなるといった明らかなことには気づくだろう。そして、企業の中には広告宣伝費削減を決定したりするところも出てくるのである。しかし、これほど馬鹿げた決定はない。顧客の購買意欲が低いときほど商品を購入するより多くの理由を提供するために広告宣伝費を増やすべきなのだ。

実際は、この世の中で起こっていることすべてが他のすべてに影響を与えるということだ。すべてが相互に関連し合っているのである。それは、消費者に起こっていることはいかなることも、あなたにとって重要な問題になるということだ。消費者は情報の海の中で生活しており、その中で一つひとつの要素が他の要素と影響し合っている。優れたマーケターは、その大海原を泳ぎ渡り、海水から餌を抽出する鯨のごとくなるべきなのだ。

なぜ、フットボール・ファンは試合後ゴールポストを壊すのだろう？　どうしてボディーピアスは三〇歳以下の人たちに人気があるのだろう？　なぜ、人は高速道路の左車線を走行するときにスピードを出すのだろう？　なぜ、もっと多くのアメリカ人が投票しないのだろう？　こうした疑問が、清涼飲料、電球、航空券の販売にどのように影響するのだろう？

最初の四つの質問に対する答えは私にもわからないが、消費者にこうした疑問を投げかけることが私の仕事であることは自覚している。そして、それはまたあなたの仕事でもあるのだ。なぜなら人々が行動することには必ず理由があるからだ。人々がどうしてそのような行動をとるのか研究し、それをビジネスにどう生かせるか見つけ出すことが、マーケターとして、そしてビジネスマンとしての我々の仕事である。消費者行動はすべて彼らの感情、意見、置かれている環境から派生し、また、それを反映しているのである。ゴールポストを破壊すること、舌にピアスをすること、左車線をすごいスピードで走行すること、投票しないこと、清涼飲料や電球や航空券を購入する、または購入しないことなど、すべては関連し合っているのである。私は、他の優秀なマーケターやビジネスマンが何をやっているか見つけるためにテレビを見る。その他にもテレビで選挙でどれだけの人が投票したか、流行のレストランのこと、スポーツ観戦をする人々のこと、ピアスを施すパーラーのこと、高速道路、投票所のことなどについて見たり考えたりしているわけだ。消費者を観察し分析することで、どうやって彼らを店舗の中に引き入れるか、あるいは電話を使って商品を購入させるためにどうすればよいかを学ぶことができるのである。あらゆることに注意を払い、あらゆることを学ばなければならない。なぜなら、すべてのことは関連し合っているからである。

◎消費者について、知りすぎるということはない

消費者行動に関して研究しなければならないということは、少しも革命的な考え方ではない。マーケターたちは常に消費者を観察し、質問を投げかけてきた。しかし多くのマーケターがしてこなかったのは、消費者を十分に近くから観察することだ。そしてそうした不十分な観察に基づいてそれぞれの要素の関連性について考えてきたのである。消費者は生産、物流、計画、仕入れ、販売というバリュー・チェーンの歯車の一つではない。また、消費者はマーケターが考えるべきことの一つでもない。消費者こそが、マーケターが考えなくてはならない唯一のことととらえてもいいほどだ。その他す

べてのこと――重要であると訴えてきた戦略も含め――は消費者の後にくるものである。

一九九二年の大統領選挙の際、ジェームズ・カービルは当時大統領候補だったビル・クリントンに国民にとっての最重要課題は彼らの家計のことだということを一貫して言い続けたことで有名になった。当時カービルが多用した「問題は経済だ、愚か者め」というフレーズは大流行した。私流に言えば、「問題は消費者だ、愚か者め」となるわけである。ビジネスの世界に身を置いていればそのゴールは利益を最大化することだ。そして成功するための唯一の道は、消費者に焦点を当て、彼らを理解し、満足させること、それ以外にはない。そう、それなしに成功はない。

消費者だけではなく、他のことも考えなければならないことも十分承知している。営業マンを確保し、物流システムを構築しなければならないこと、また、効率的な製造工程、コスト効率のよい仕入れ、消費者の手に商品を届けてくれる中間流通業との良好な関係を維持することなども重要である。しかし究極の問題は、自社商品を購入するのは誰なのかということだ。あなたの会社の飛行機を利用するのは誰なのか。あなたの生産した車に乗るのは誰か。あなたの生産したビールを飲むのは誰か。あなたの生産した洗剤で洗濯するのは誰なのか。「それは消費者だ、愚か者め」となるわけである。その他の要素はすべて消費者なしには無意味になるのだ。

マーケティングの中心、そしてビジネスの中心にあるのは実際にお金を出してあなたの商品またはサービスを購入する人々なのである。この人々のことを常に考え、学び、あなたがとる行動のすべてを消費者に基づいて決定すべきである。私はこの点を特に強調したいので、もう一度繰り返して言おう。消費者に起こっていることのすべて、そして消費者がとる行動のすべてが、あなたのマーケティングに関する決定に影響を与える。もし、わずかでも消費者に関する有用な情報を見落としているとしたら、金をドブに捨てているようなものだ。

私は消費者について学び、理解すべきであると言っているが、それはなにも、ほとんどのマーケターが考えているような古い考え方に基づいて消費者について考えることではない。もちろん、消費者の購買パターンを考察して、彼らがどのようにあなたの商品を購入し、競合相手の商品を購入しているのか見ることは重要である。もしリンゴジュースを販売しているとしたら、消費者がオレンジジュース、ダイエットコーク、そして果物をどのくらいの頻度で購入し、どのような理由で購入するか調査することはもちろん大切なことだ。しかし本当に消費者をつかむには、つまり他の商品の購入をやめさせてあなたの商品だけを買わせるようにするためには、現在よりはるかに深く、広範囲に消費者をとらえる必要がある。

マーケターは、消費者の生活環境全体を理解すべきである。もし理解できていないのなら、少なくとも理解するよう努めるべきだ。消費者を取り巻く環境に何らかの変化があると、必ずそれは消費者が何をし、何をしないかという彼らの行動に影響を与える。経済状況の変化は人々の考え方を変える。気候の変化、ハリケーン、大きなイベント、公人の死、選挙など、それがどんなことであっても消費者の考え方に影響を及ぼし、あなたの商品に対する消費者の考え方を変えてしまう力を持っているのだ。つまり、政治、経済、歴史、社会トレンド、流行、不安、エンターテインメントなどあらゆることに関心を持ち、アンテナを張っているべきであるということである。そして真剣にそれらについて考えるべきである。購買行動が隔離されたところで起こっていないのと同様、消費者行動も隔離された環境で起こっているわけではない。

◎マーケットだけではなく、世の中を広く見渡すべきである

もしあなたがマス・マーケット対象商品を販売しているとしたら、対象となるすべての顧客にアンケート調査をして、消費者が何を求めているか見出すのは所詮無理なことである。ただし、幸運なことにそうした努力をする必要はない。消費者が何を考え、どのように感じているかという情報は、すでに数多く存在しているからである。問題は、多くのマーケターがそれを活用していないことにある。なぜならば、マーケターたちはどれだけ広範囲に物事をとらえたらよいか認識しておらず、自分の商品とまったく関連がないと思っているイベントや状況がどれだけ商品の販売に影響しているか理解していないからである。

コカ・コーラで、私がとった最も基本的な手法は、それぞれの国で選挙が行われるたびにその選挙に勝った大統領や首相のために活動した世論調査員を雇用することであった。こうした世論調査員は、人々の心の中で何が起こっているかを誰よりも熟知していると考えたからである。そして会社全体でこの情報を共有し、マーケティングをより高度なものにしたいと思ったからである。トニー・ブレアが英国首相に選ばれた際、たとえばアナリストや世論調査員は、ブレアが変革を約束してはいるが、具体案に欠けたとても薄く脆いプラットフォームで勝負していると分析していた。ブレアの基本的な論点は「変革の時期にきている。私が作る政府はこれまでとは違うものだ」というものだった。これ

だけで英国の人々の共感を得られるとは思えなかったのだが、ブレアの場合はこれで成功し、選挙に勝利したのである。コカ・コーラで、この事実からイギリス人について何が考察されるか検討したところ、結論としては、人々は今日の閉塞状況に飽き飽きしており、何でもよいから現在と異なる何かを求めていたのではないかということになった。

早速、このブレアの手法を取り入れ、英国におけるコークの広告およびプロモーションを変更し、我々も成功を収めることができたのである。我々は商品をポジショニングし直したり、いままで消費者に約束してきたことを変更したりすることはしなかった。では何をしたかというと、これまでとは異なる行動をとったのである。コンツアー・ボトルについて、スポンサーシップについて、消費者プロモーションについて、消費者に直接語りかける努力をし、流通業向けのプロモーションなどを削減したのだ。こうして成長のなかった英国コカ・コーラ社の売上げが伸び始めたのである。外部の人からは、旧来のマーケターのように、ただ単純に変化に対して変化で対応したにすぎないと見えるかもしれない。しかしながら事実は、確かにブランドを再定義するために変更を実施したが、その理由は、消費者がそれを求めていたからだということである。これが、旧来のマーケティングと、この本の最初から私が声を大にして強調しているマーケティングとの違いなのだ。マーケティングは直感や気まぐれに基づくミステリアスなアートではないのである。マーケティングとは、調査と情報に基づいた科学なのだ。

ダイアナ妃の死もまた社会に大きな影響を与えた出来事だった。ダイアナ妃は世間には神経過敏に映り、また、自分の不倫関係をテレビ出演して語って酷評された。それなのに世界中の何百万もの人々が深く彼女の死を悼んだ。ダイアナ妃の死を追悼する群衆をテレビ中継で見たとき、「何か重要なことが起こりつつある」と感じた。

私はこのダイアナ妃の死に対する人々の反応を見て、それだけで終わらせなかった。この出来事からきっとコカ・コーラが何かを学び取ることができると確信した。そこでコカ・コーラでは素早くリサーチ・プロジェクトを組織し、何が起こっているのか探ろうとした。そこでわかったことは、ダイアナ妃が人々に愛された理由とは、ダイアナ妃の人生は極端で過激だったが、うまくバランスを取っていたということだった。ダイアナ妃は金持ちでプレイガールだったが、同時によき母でもあった。世界有数のリゾート地にある、大富豪たちのヨットの上でのんびりしていないときは、地雷撤去運動や恵まれない子供たちのための慈善事業に従事していた。とてもゴージャスな女性だったが、同時にごく普通の人と同様にさまざまな問題を抱えていた。我々がここから学んだことは、ダイアナ妃はすべての人の心中にあるよい面と、悪い面のバランスの象徴だったということである。

人々はダイアナ妃の死に直面し、自分たちのロール・モデル〔目標とすべき生き方〕を失ったことを悲しんだのである。むろん、彼女は我々よりはるかに金持ちで、特権階級で、美しかったが、それはなんの問題にもならなかった。彼女は何百万人もの人々にとって自分たちの人生を生き抜いていく象徴だったのだ。ダイアナ妃の生き方は、人生の障害に直面し苦闘する人々に希望を与えていたのである。

この調査の後、コカ・コーラはこれといった手を打たなかった。コカ・コーラは、ダイアナ妃の死を利用して「あなたの悲しみを紛らわすためにコカ・コーラを」などという広告は出さなかった。けれども我々は、ここから多くを学んだのである。そしてコカ・コーラ広告の基本的な二つのメッセージ――人生を称えること、慰めおよび信頼性――をバランスよくミックスすることに活かした。この変化は気づかれにくいものであったが、重要なのはコカ・コーラが真実を探し求め、聞く耳を持ち、学び、実践したことだ。

そして、それはうまく機能した。

◎消費者民主主義の台頭

過去二〇年間に消費者市場で起こった大地震のような変化を、多くの人が見過ごしている。この変化を私は「消費者民主主義」と呼んでいる。その意味は、テクノロジーの進化やグローバル・マーケットの発展に代表されるさまざまな要因から、消費者はいまだかつてないほど多くの選択肢を持つようになったということである。

この変化はヨーロッパ東部そしてアジアで最も顕著である。共産主義の衰退、自由主義経済の進展によって消費者の選択肢は大幅に拡大した。経済が危機的状態に陥っている国でさえ、限られた資源をどのように割り当てるかという点で以前とは比べようもないほど多くの選択肢が存在する。また発展途上国ではインフラや物流システムが改善され、店にはより多くの商品が並ぶようになった。結果としてほんの数年前まで選択肢などまるで存在しなかった国でさえ、選択肢は市場での重要な要素となったのである。

同時に民主的な経済先進国にも大きな変化が起こった。ある種、これはテクノロジーの進歩の結果であり、エコノミストはこれを「コモディティゼーション」（どんな商品もすぐにありふれたものになってしまうこと）と呼んでいる。これは、一つの企業が画期的な新商品を発表しても、他のすべての競業企業がすぐにそれを真似て商品を生産する能力を持っているということだ。そのため消費者は基本的に同じ製品、または互換性のある商品《コモディティー》を手にすることができる。また、ケーブルテレビのチャンネル数の増加、インターネットの普及、年中無休で二四時間利用できるさまざまなタイプの商品やサービスの提供によって、産業社会の人々は消費財に無限の多様化を期待し求めている。そして、これら商品に関する情報は、以前と比較できないほど豊富にあふれているのである。

こうした発展は、マーケターに大きなチャレンジとチャンスを提供している。チャレンジとは、競争がますます激化することだ。マーケターは消費者に自社商品を選択させるためのさらなる努力が必要とされる。チャンスとは、実際、消費者にとって選択肢が多くある場合、消費者がどの商品を購入するか意思決定しなければならないということだ。意思決定をするためには情報が必要になる。

一九九八年の米国大統領の予備選挙は投票率がわずか三四％だった。その大きな理由は、残りの六六％は誰に投票したらよいのかわからなかったか、どちらの候補者からも投票するための十分な情報の提供がなされなかったためか、またはどちらが勝っても関係ないと思ったからである。投票するという選択肢はあったが、あえて投票する理由がなかったのだ。

同じような状況が市場環境においても起こっている。消費者は選択肢があることを理解している。同一カテゴリー内ではさまざまな商品の中から選択できることを知っているが、何を基準にどの商品を買えばよいのかわからないのだ。今日の市場環境の中で、あなたはどうやってどのガソリンを買うことを決定するだろうか？　本当にオクタン価とは何か理解しているだろうか、エンジンをクリーンに保つにはどれだけガソリン中に溶剤が入っているべきかおわかりだろうか？　はっきり言って、私にはわからない。何を基準に車を購入する決定をすればよいのか？　サイズ（小型車、中型車、大型車）だろうか？　いまではほとんどすべての車が、FF車で、ABSを備え、クルーズ・コントロール、ティンテッドガラス（色付きガラス）、パワーウィンドウ、パワーロック、その他もろもろの機能を備えている。その中でどの車を選ぶのだろう？

ジーンズはどうだろう？　ジーンズ販売ビジネスを始めるのはそんなに難しいことではない。極東地域のメーカーを探し、デニム販売業者と取引すれば、すぐにもジーンズを生産し、市場に出すことができる。そうすると、消費者は数多くある同じようなジーンズの中で、たまたまあなたのブランド名がついたどこにでもあるようなジーンズを見かけることになる。だが、あなたのブランドを買うか、他社のものを買うか、消費者は決定する基準を持っていない。消費者はデニムが厚手であるべきか、薄手であるべきかわからないし、リベット打ちしたものがよいか、ファイブ・ポケットがよいかもわからないだろう。誰かが消費者に情報を伝える必要がある。それがあなただ。

◎価格をタイブレーカーにしてはならない

消費者に商品を選択すべき情報を提供しないと、消費者は選択しないか、または彼らが唯一理解している基準に基づいて選択することになる。そしてその基準とは価格である。顧客が選択する際に価格が主要な判断基準であるとすれば、企業の収益性もビジネスの健全性もすぐに悪化してしまうだろう。だから、消費者に価格以外の基準を提供しなければならない。自由主義市場経済では消費者は冷めた目で一つひとつを見つめ、メーカーやサービスや商品の供給業者の情報を聞き、「どうしておたくの商品を買わなければならないのか？」と聞いてくる。ここで、マーケターのチャレンジとチャンスは、消費者を説得することなのだ。

自動車の販売会社はこれをうまく実践している。価格と車のスタイルだけでは車を購入する決定打とならないため、販売員はその他多くの機能を売り込んでくる。ラック・アンド・ピニオン式のステアリング〔自動車の操縦機構の方式で、今日の自動車はほとんどこの方式を採用している。かつて使われていたボールナット式に比べてハンドルの遊びが小さく安全性が高いといわれている〕、二五インチホイール、ABSブレーキ、その他さまざまなことを教えてくる。しかし、これらの機能のほとんどは消費者にとって本当はどうでもよいことなのだ。トルクとか、ホイール幅、一マイル当たりの燃費、走行スピード〇～六〇マイルに達するのに必要な秒数などなど……。特に今日、車を運転しているほとんどの場合、交通渋滞につかまり、どうせ時速二〇マイルでしか走行できないのだから。それにもかかわらず、販売店はこの車を買うべき確たる理由を我々に与え続けるのである。そして、最も顧客の興味をそそった販売店が売上げを獲得するのである。

以前はそれほど多くの選択肢がなかったので、多くの説明は要しなかった。しかし今日、そして将来は、あなたが消費者になぜ買うべきか、なぜあなたの商品を買うべきか、日々伝えていく必要がある。消費者に、パッケージング、シェルフトーカー（ＰＯＰサイン）、ＰＯＳ、広告、トラックをどう塗装するかなど、すべてを駆使してメッセージを伝える必要がある。少しでも多く、あなたの商品がなぜ他の商品と違うのか伝えていく必要がある。そして、同じような商品があふれる今日、本質的な差別化だけではなく、外因的な差別化を図る必要がある。ここでいう本質的な部分とは、商品本来の特性のことであり、酵素が入っているとか、ノンシュガーだとか、精力が出るとか、ビタミンが入っているとかいうことを指している。外因的要素とは、商品イメージ、トレードマーク、使用用途、第４章で説明したユーザー・イメージなどである。たとえあなたの製品が他社の商品とそれほど違わず、よくもなく特別なものでもないとしても、マーケターの仕事は、消費者にあなたの商品は他と異なり、より優れた特別な商品なのだと思わせることなのだ。

◎消費者共産主義――これが落とし穴だ

もし消費者に説得力のあるマーケティングを展開しなかったら、消費者共産主義に迷い込んでしまう。これは、消費者がみんな、他人が買っているものを買うようになってしまうことである。これは消費者が最後に聞いたメッセージに従って購買行動を起こしたり、おばさん、夫、妻が言った通り、または考えているように買い物をするということだ。彼らは選択する知識を持っていないことを認め、他人がやっているのと同じ選択をするのである。他人にとってそれがよいのであれば、自分にとってもきっとよいものだろうと判断してしまうのだ。マーケターにとって消費者共産主義は悪夢である。

なぜならそれは、消費者はあなたの言葉ではなくて、他人の言うことに従っているからである。

少し前に、私は飛行機の使用権をタイムシェア〔複数のオーナーが時間割で所有すること〕で購入しようと検討していた。購入する使用権には、ホーカー、リアージェット、サイテーションの三社の選択肢があった。私はそこで、何日も、何か月も限りなく長い時間を割いてこの三社の違いを検討したが、誰に聞いても、この三社に遜色はないという意見だった。どの企業も同じエビオニクス装置〔航空電子機器〕を採用していた。三社とも安全性に問題はなく、すべての機器、システムを兼ね備え、安定装置（垂直安定板）を持ち、どれも乗り心地がよかったのである。こうなると、どれを購入すればよいのか決められない。各企業にも話を聞いたが、どれを購入すべきかは語ってくれなかった。ついには、究極のタイブレーカーである価格で比較するようになっていた。このように、価格は、購入したい商品の選択肢の中で何をどう判断してよいかわからないときに使う最後の評価基準なのだ。

私の飛行機使用権の場合、最終的に価格が決定要因とはならなかった。そして、友人たちの意見を聞くことで消費者共産主義の罠にはまることもなかった。しかし、私がとった行動はマーケターにとっては同じくらい危険なこと、すなわち消費者が自分で判断基準を設定するというものだった。各企業がどれを選択すべきかという情報を提供してくれなかったために、彼らの参考意見なしに自分にとって必要とする属性をリストアップしたのだ。私にとっては、飛行機の航続距離と飛行スケジュールのフレキシビリティ〔飛びたいときに飛べること〕が判断の重要項目だった。この基準をもとに三社を比較したところ、どの会社のプログラムがこの二点で優れているかがわかり、最終的に決断を下したのだ。

この飛行機使用権販売企業のマーケターが本来の自分の仕事を真剣にしていたら、私がこんなに懸命にどれを購入すべきか検討する必要はなかっただろう。もし彼らが潜在的な顧客のことを真剣に考えていたら、私のような顧客が何を求めているかを把握し、それに対しきちんと説明して販売に成功していただろう。ある意味で、この例は古くからある「機能とベネフィット」に関する問題だったのである。私が求めていたのは、使用権を購入した際にどのようなベネフィットがあるか知りたかったのに対し、彼らは着陸システムなどの飛行機が持つ機能について説明しようとしたのだ。私は私が行きたいときに行きたい場所に行けるのか、安全性は、利便性はどうなのか、などが知りたかったのである。今回は三社とも安全性の高い機材を採用していたため、利便性が決定要因となった。飛行機使用権市場はまだ小さな市場なので、何が決定要因か私から聞き出すこともできたはずである。そうしていたら、私が長年の間毎年何百マイルもの旅行をしてきたという情報も得ることができたはずだ。私は自分のプライベートな時間に趣味として旅行するのも好きだし、仕事も旅行することが前提となっている。しかし、私は旅客用飛行機に乗るための手続きや空港での手続きが面倒くさいのだ。行きたい所に、行きたいときに、行きたいのだ。このニーズをかなえられるサービスに対して対価を払うことに異存はない。しかし、その見返りとして、十分な数の飛行機を所有し、飛行範囲が広く、スケジュールの変更にも迅速に対応できる企業である必要がある。

このマーケターが犯した過ちは、彼ら自身と自社商品のことしか考えておらず、私という顧客について考えていなかったことだ。

◎昼間断食しているのなら、夜に売ればいい

商品がよりグローバルになるにつれ、マーケターは自分の慣れ親しんできた文化や価値基準と異なるものを取り入れる必要性が高くなる。私自身も実際このケースにあたり、私はこれまで米国企業で働いてきたメキシコ人である。ずっと米国企業で働いてきたのだが、学びながらここまでやってきたのである。いまでは当たり前のことだが、数年前、コカ・コーラのある社員が、中近東の一月の売上げが急激に落ちることを示す売上げ予測を持ってきた。この売上げ予測を立てた人間の説明だと、高い確率でイスラム教のラマダンの断食期間が一月に当たるのだという。ラマダンのときイスラム教徒は夜明けから日没まで一切飲食してはいけないのだという。彼らの太陰暦とカレンダーが異なるので、ラマダンの期間は毎年異なるが、その年はちょうど一月がラマダンに当たり、売上げが伸びないという予測だった。

説明を受けたときには納得できる内容だと思った。数百万人もの人々が断食するとすれば、その地域の食品や飲料の売上げが落ちると予想するのは簡単だ。しかし、それは怠け者の考え方である。イスラム教徒はラマダンの期間中、飲食することを一切やめてしまうわけではない。飲食しないのはあくまでも日中だけなのだ。

この場合、売上げの減少は、飲料消費の減少を反映しているわけではない。店舗やレストランは人々が飲食したいと思う夜間には閉店してしまい、人々が飲食できない昼間に店を開けているので、

そのための売上げ機会の損失を反映していたのだ。さらに我々の広告は、日中喉が渇く人を対象に作られていたのだ。イスラム教の人々は日中断食をしているので商品を購入できない。つまり断食をしている地域における日中の広告は無駄だったのである。

もし日中断食をしていて飲み物を飲めないとしたら、コークがどれだけ渇きを癒すかという広告など絶対に見たくないだろう。

そこで我々は清涼飲料をラマダン期間中に売るとしたら、夜間に売るべきだと考えた。たとえ夜に飲食する分の買い物を昼間していたとしても。もし我々がこの事実をきちんと認識し対処していたら、もっと購入しようと思わせることができただろう。そこで我々は広告を変更し、夜間に商品を販売するようなプロモーションとイベント行った。ラマダンという宗教上重要な祭日をビジネスに利用するという印象を与えることのないよう十分に注意を払いながら、同時に人々が断食後食べたり飲んだりしなければならないというニーズを明らかにしたのだ。コカ・コーラの商品を、断食が終わったときに飲む飲み物と位置づけたのである。全世界でイスラム教徒は一二億人いるといわれ、わずかな売上げの伸びでも全体で見れば大きな違いを生み出す。

◎一つが変わると、すべてが変わる

基本的なことで決して忘れてならないことは、環境が変わると消費者も変わるということだ。私は世界中のマーケターが政治的、社会的な状況変化を彼らのプランに反映していないことに唖然とする。

消費者が経済や政府に信頼を寄せているかどうかはわからないが、この世界は分子から構成されており、分子構造に大きな変化が起きれば、それに関わるすべてが影響を受けるのだ。

もちろん、誰でも天候や経済に関する話をする。それらは話しやすい話題であるが、韓国のように経済が悪化している国ではどうだろう。そこでは、突然消費者の心理状態が落ち込んでしまったのだ。安定性は、もうすでにルールにない。全人類が混沌の中で生きているのだ。政治体制が突然右から左に変わったら、また、その逆が起こったらどうなるのだろうか?

四分の三が水で一杯になっているコップがあるとする。そしてそのコップいっぱいに水を入れるとする。そのとき、後から注ぎ足した四分の一の水は、最初の四分の三の水の上にとどまっているわけではない。すでにコップの中にあった水の分子と混ざり合っているのだ。これと同じことが市場環境全体にも、そして、特定の市場にも起こるのである。新たな要素が入ってくると、それまであった分子構造の仕組みを変えてしまうのだ。事前に変化に対応するために、これは重要な考え方である。

私は、一九九八年にクリントン大統領が引き起こした事件は、アメリカ人がすべてのことについてどう感じるかということに深く影響していると、固く信じている。私はこの事件が消費者心理に影響を与え、その購買行動や未来についての見方、自己への寛大さ、貯蓄、長い間会っていなかった人や家族との再会などにも影響したと信じている。私の個人的な意見としては、米国の政治的大変動や不確実性が人々をより注意深く経済的に保守的にし、彼らの人生で価値あるものを持っていることを認識させていると思っている。これが消費者が新しい家や新車を買ったり、より多くの時間を家で過ごしたいと思うようになったり、友人を訪問したり、家族パーティを開いたりすることに影響しているのだ。不確実性が保守的傾向をもたらすという私の信念もまた、大衆の行動から生まれたものだ。私は、一九九九年二月現在の株式市場の取引高が大恐慌のあった一九二九年のように高いレベルにあるという記事を読んだ。こうしたさまざまなアメリカ人に影響する問題が、市場の反応のし方に強い影響力を持っていると考えている。

私は最近、このことに関して友人と語り合ったが、友人は、「あなたが言っている政治が人間の行動に影響するという前提は理解できる。だが、そうした影響がどういう結果をもたらすか、どうやって予測するんだい？　簡単に、いま現在経済が好調で、人々は周囲に起きる異常な出来事に不満を持っており、物を買うことで気晴らしをし、休暇をとって逃げ失せるという結論は出せないのかね」と言った。それはとても的を射た指摘だった。人々が変化に対してどのように行動するかを予測することはできない。人々の行動を見て、テストし、測定しなければ、どのように変化に対応しているかを把握することはできない。重要なことは、何らかの変化が起こることを認識し、それに対する独自の対応方法を準備しておくことである。

◎アスピリンと洗濯洗剤の関連性とは？

ある市場のトレンドや出来事が、まったく関連性がないように見える市場に価値のある情報を提供してくれることがある。新たなブランドの導入やあるブランドの新しいポジショニングはそのカテゴリーの分子構造に変化を起こすだけでなく、それ以外のカテゴリーの構造にも変化を及ぼすものだ。

鎮痛剤のカテゴリーに何が起こったか見てみよう。痛み止めとして古くからあったのは、アスピリンである。その後、タイレノールが発売され、タイレノールのほうがより痛みを緩和し、胃にもやさしいと主張した。これで鎮痛剤戦争の火蓋が切られたのだ。その後、さらに多くの超強力鎮痛剤が登場する。そしてモトリンとアドビルが参入し、この戦いは胃を荒らす荒らさないという要素が重要となり、その結果、以前からあったアスピリンの錠剤にもコーティングが施されるようになった。その次に争点となったのが飲みやすさで、これによりカプレット錠とピル錠が登場した。次々と新たな争点が加わるたびに、痛みを緩和するという本質的な要素が議論の中心から外れていった。最後に登場した商品がアリーブで、この商品の売りは、原点に立ち返ったより強く痛みを抑えるという効能を約束したものだった。

この鎮痛剤の例から、マーケターは何を学ぶことができるだろうか？　学べることが一つあるとしたら、それは消費者がある商品に対して満足していても、対話に変化を持たせることで不満感を持たせることは容易だということだ。洗濯洗剤のマーケターはこのことを明確に認識している。それは鎮痛剤と同様の経験をしているからだ。洗濯洗剤市場における最初の焦点は、どの商品が最も洗浄力が高いかということだった。次に濃縮型の粉末洗剤が登場し、以前と比較して少量で洗浄力が一段と高まり、さらに持ち運びが容易になった。その次には、液体洗剤が登場し、そして今日は原点に戻って、再びどの商品が最もよく汚れを落とすかという点で競い合っている。

あなたの市場では、何が起こっているだろうか？　どうしたら消費者との対話を変えられるだろうか？　代替商品は存在するのか、そしてそれはあなたの商品がいま提供する、x、y、zができる、あるいはできないのだろうか？

ホテルを例にとってみよう。フォーシーズンズをはじめとするホテルチェーンは、いかにして成功しているのだろうか。誰が、厚手のタオル地を使用したバスローブや、シャンプー、石鹸などのアメニティを充実しろと言ったのだろう。こうしたアメニティの提供はお金がかかる。他のホテルチェーンはアメニティ類をカットして利益性を改善しようとしている。フォーシーズンズが理解していて、他のチェーンがわかっていない点は何なのだろうか。おそらく、競合するホテルチェーンはみな、コスト効率と人事管理に比重を置いていたのに対し、フォーシーズンズは繰り返し利用してくれる顧客――利益性が高くかつ満足している客――に懸けたのだ。フォーシーズンズのこうした成功を目の当たりにして、あなたは自分の市場でこれをどう適用できるか自問してみるとよい。

二列のドライブスルー・ウィンドウを持ったレストランチェーンのラリーズを始めた起業家は、マクドナルドのドライブスルーに並ぶ長い車の列を見て、シンプルなメニューでドライブスルー・サービスだけのレストランを運営することで、不動産や施設への大きな投資をすることなく、マクドナルドの優良顧客を奪うことに成功した。ラリーズはその後メニューを増やし、マクドナルド同様長い車の列を作ってしまうミスを犯すまでは、成功を収めていた。ハーツはプラチナカード会員に対し、昔のようにレンタカーを顧客のもとに届けるサービスを行っているが、これは現在の空港でのレンタカーのオペレーションに対する顧客の不満に対応した結果ではないだろうか。

あなたは他のマーケターが何をやっているかを見て、なぜそうしているのか分析すべきだ。コカ・コーラは、常にフードショーに出展していたが、それはコカ・コーラが持っているものを見せるためではなく、他の企業が何をしているのかをつかむのが主たる目的だった。パッケージング、色のトレンド、ラッピング（包装）などに注目した。しかし、フードショーだけを参考にしていたわけではない。自動車ショー、コスメティックショー、ファッションショーにも足を運んだ。それは、これらの業界が、商品の形状や色の模範になるからだ。また、スポーツショーにも足を運び、消費者側の積極さの程度や大きさなどを参考にした。

政治家同様、これらの人々のすべてがマーケターなのである。彼らは消費者の前に何らかのものを置き、消費者が選択し、運転し、写真を撮り、使用し、食するよう仕向けているのだ。あなたは彼らが知っていることのすべてを学ぶ必要がある。それを学ぶことができれば、競争に勝つことができる。

◎手中にある間に自分のものにせよ

マーケターはあまり意識していないが、消費者に重きを置くもう一つの重要な要素がある。それは、消費者と関係《リレーションシップ》を築くことである。

前にも述べたが、私は既成事実（先入観）を信じていない。「消費者は若いうちにつかまえろ。そうすれば、その消費者は永遠に自分のものとなる」。その通り。若いうちに消費者をつかまえろ。だが、若いうちにつかまえれば、一生その消費者に対してマーケティングをし続けなければならないのだ。だからといって私は、すべての販売を一回限りのものとしてとらえるべきだと言っているのではない。事実、最も売りやすい人々は、最も多くの商品を最も高い価格で購入してくれる最優良顧客である。その顧客はすでにあなたの商品あるいはサービスを使用したことがあり、それに満足している人たちだ。だから驚くのは、私がある店で買い物したときに、再び来店したことに対して、従業員が誰も挨拶をしないということだ。もっと悪いのは挨拶がないだけでなく、初回より悪いサービスさえ受ける場合があることだ。マーケターは、最初に投資をして顧客を引きつける努力をしているのに、せっかく顧客が来店しても、その顧客を怒らせてしまうという矛盾した行為をしていることだ。なんという無駄だろう。

リピーターによる売上げは非常に効果的であるにもかかわらず、リピーターへの対応をしている企業はごくわずかだ。フリークエント・フライヤーや、FSP（フリークエント・ショッパー・プログラム）はリピーターを確保する一つの手段であるが、これらのプログラムはとても経費がかかる。そのうえ、これらのプログラムが有効なのは、顧客が安定して継続的に必要とする商品を取り扱うビジネスに限られる。それ以外にも、簡単でしかも低コストでリピーターを確保するプログラムがある。

眼鏡店は、販売員がいかに顧客に高いオプションを付加させて高価な商品を販売するかということに気をかけすぎて、顧客を繰り返し来店させる機会を失っている。私は、よく眼鏡を壊したり、なくしたり、はたまたいましている眼鏡が気に入らなくなったりするタイプの人間だ。だから、私は眼鏡店にとってはよい顧客だと思う。または少なくともよい顧客となる可能性がある。ところが私が眼鏡店に入っていくと、販売員はより高価なフレームや、軽量で偏光性があり、紫外線をカットするレンズや、その他さまざまな、高価で必ずしも必要でない機能を勧めてくるのだ。私が眼鏡を購入して店を出ると、販売員は手を叩き合って高価な商品を売ったことに大喜びしているが、買った私のほうは、してやられたという気分になるのである。販売員が理解していないのは、私は数か月したら、また眼鏡を買うし、その後も買い続けるということだ。次に眼鏡を買うとき、私はその店に行くだろうか。絶対に行くものか。なぜなら、その店の販売員は私とこれからの関係を築く努力をまったく払わなかったからである。

販売員は、今日私から一ドルでも多く売上げを獲得しようと努力するのではなく、私が次に眼鏡を買う場合もこの店に再び来店するように努力すべきなのだ。今日私がこの店に入ったということは、その日の売上げはすでに獲得しているということだ。それなら次回の来店につながるような努力をすべきである。販売員は顧客が店から出る前に、次回来店した際に次の眼鏡をどう売り込むかを考えていなければならない。眼鏡を売った翌日に顧客の家に電話を入れ、購入した眼鏡が気に入ったかどうか尋ねることは、そんなに難しいことではないはずだ。こうしておけば、何か眼鏡に問題があっても迅速に対応でき、顧客と親密な関係を築くこともできるだろう。そして、この顧客が次回来店した際にも自分を指名してもらうことができるのだ。私が自動車ディーラーに車を修理やメンテナンスに出すと、車の引き渡しの翌日に必ずディーラーから電話が入り、車の調子はどうかとフォローしてくれる。これは本当に賢いやり方だと思う。電話一本で、問題があれば何か月もイライラすることなく、すぐに対応してもらうことができるのだ。

◎好意もカウントされる

私は二〇年前にアトランタに引越しをした。アトランタに引っ越して最初のクリスマスから毎年、この地域の電力会社であるサザン・カンパニーのCEOから手紙が届く。手紙をもらい始めた当初、この手紙を出すというコンセプトは少し大袈裟だと思っていた。サザン・カンパニーはこの地域で独占的に電気を供給しているにもかかわらず、私が彼らの電気を買っていることに感謝するという手紙を送ってくるのだ。その手紙によって、私は彼に興味をそそられ調査を始めた。

このサザン・カンパニーのやり方を勉強し、理解が深まるにつれて、私はこれがどんなに素晴らしいプロセスであるか理解した。サザン・カンパニーのCEOは明確に将来も私に味方についてもらう必要性を感じ取っていたのだ。私は認識していなかったが、また、彼が認識していたかどうかも定かではないが、彼のアプローチは早期に顧客との関係を築くことができる優れた手法だったのだ。

アトランタは緑が豊かな街である。いたるところに樹木があり、とても住みよい街である。また、アトランタは古い街であり、古いということは、電気系統のインフラが老朽化してきているということでもある。アトランタにはアメリカの大都市としては珍しく電柱があり、電線が電柱の間に張られている。アトランタは南部の街で、毎年多くの暴風雨《ストーム》に襲われる。ストームがくると、木が風で倒されることもある。木が倒れると、電線が切れ、停電し、停電すると顧客が怒るわけである。

電気が復旧するまでには時間がかかる。事実、四年前に約一〇日間も停電が続いたことがある。あのときビル・ダルバーグ（先のサザン・カンパニーのＣＥＯ）からもらったクリスマスカードは、いまでもよく覚えている。それまで彼が直接築いてきた関係があるので、彼への好意は私の心の中に貯えられており、停電の際もそれが功を奏したのだ。私の停電に対する態度はとてもシンプルなものだった。これまでの関係により私はこの電力会社を信頼しきっており、彼らはいまできるだけ早く電気を復旧させようと最大限の努力をしていると確信していたからだ。

　これだけをとってみても、いかにマーケティングを通して顧客との関係を築き上げることが重要かわかるだろう。もし良好な関係を築き上げ、顧客の中にあなたのブランドに対する好意を貯えることができれば、あなたが問題にぶつかったとき、顧客は寛大に対応してくれることだろう。

　もう一つ、顧客とよい関係を築くもっと重要な理由がある。それは、もしあなたが顧客とよい関係を維持していれば、他のブランドが参入してきても、あなたの商品を使い続ける可能性が高いということだ。事実、電気にまつわる話題は停電だけにとどまらない。電話会社がそうだったように、電力業界も政府の規制緩和《デレギュレーション》が進んでいる。そこで、いままで電力会社がどのようにして顧客と関係を築いてきたか、好意を貯えてきたかということで、消費者が彼らにロイヤルティを持つかどうかが決まる。もし彼らがいままでよい関係を築いてきていれば、顧客は新規参入してくる企業に対して不信感を抱くだろう。多くの顧客は電気について、常に必要なものということ意外は何も知らないものである。だから、いままで電力会社が良心的で信頼性の高いサービスを提供し、顧客とよい関係を築いてきたのなら、他の企業が低価格で参入してきたとしても顧客は新規参入企業に流れないし、それどころか、他企業のサービスを疑ってかかるだろう。

これ以上、何を望むというのだろう。どれほど多くの人がいまでもAT&Tの長距離電話サービスを利用しているか考えてみるとよい。私は毎日のように他の企業からセールスの電話が入り、AT&Tから変えてみませんかと勧誘される。しかし、AT&Tはこれまで親身なサービスを提供し、私を納得させる関係を築いてきたので、私は他社に切り替えることなく、AT&Tとの取引を続けている。

この教訓は、市場のあらゆる商品とサービスに当てはめることができる。遅かれ早かれ、消費者が経済不安を感じたり、消費者に対し他企業が「いままでサービスを提供してきた企業とまったく同様のサービスをより安く、より小さく、大きく、早く提供することができる」と語りかけることがあるだろう。もしそのとき好意の貯えは何年もかかって積み上げるものだという考え方を持っていたとしたら、必要なときにその貯えを使うことができる。そしてそのときは必ずやってくるのだ。

いまは、顧客との関係を築くために、多少余計に経費がかかるかもしれない。しかし、顧客に注目し、もし顧客のニーズや欲求、フィーリングを考えるなら、そしてゆっくりと時間をかけて顧客を大きな範囲でとらえ、学べることすべてを学び取ろうとするなら、いくら経費がかかってもそれをカバーして余りあるものだ。この努力を惜しむなら、あなたは会社を辞めたほうがよい。なぜなら、誰かがあなたに代わってこの努力をし、あなたの会社を倒産させてしまうことになるからである。

第6章 ジェリー・セインフェルドが、マーケティングについて教えてくれたこと

最近私は、自社の商品のブランド認知度がそのカテゴリーの中でトップ10に入ったといって、大騒ぎしていたあるクライアントと話をした。彼によると大きな広告キャンペーンを打った後、調査したところ何百万人という消費者がそのカテゴリーの中である商品を思い浮かべるとしたら、彼の会社のブランドを真っ先に考えると答えたと言うのだ。

「それはすごい」と私は言った。「それで、売上げはどうなんだい？　どうやって改善したブランド認知度を売上げに結びつけているんだい？」と私は尋ねた。

「まあ、広告はすごく順調に行っているから、しばらくは続けようと思っているんだ」と彼は言った。

これがマーケティングに無駄な金を注ぎ込んでいることを示す、まるで教科書に出てくるような典型的な事例である。ところが私の経験からいくと、これはマーケティングに従事している人々が常に犯している間違いなのである。問題は、私のクライアントは仕事の半分しかしていないということだ。

ところが彼は、自分の仕事は終わったと思っている。彼は莫大な資金を使って自社商品のイメージを創り上げておきながら、その後は椅子に深く腰掛けて、自社商品が売れるのを祈っているだけだ。

何が足りないのだろうか？

それは消費者に彼の商品を買うように訴えかけることだ。

◎消費者に、自社商品を買ってもらえるように訴えろ

私がイライラするのは、マーケターたちが消費者に自社商品を買うように頼むことは馬鹿げたことだと考えていることだ。「冗談じゃない、直接的にお願いするなんて、そんなことはできない。マーケティングは、イメージや人々に訴求するオーラを創り出すものだ。消費者に買ってくれるように頼んで、彼らの感情を害してもしたら台無しだ」と言う。

私はこの考え方には賛成できない。

イメージはもちろん大切だ。消費者は、ある商品を買おうと考える前に、自分の心の中にその商品が拠って立つもの――品質、スピード、低価格、高価格、多様性など――について、明確なイメージを持つ必要がある。あなたのゴールは、消費者が財布を取り出して自社商品を買ってくれることだ。そのための最良の方法は、彼らに買う理由を与えることである。味がよい、早く行ける、信頼性が高い、香りがよいなどの理由だ。そして最後には消費者に買ってくれるようお願いするのだ。

私は、コークの有名な〝ヒルトップ〟キャンペーンの再登場を阻止した人間だ。そのコマーシャル

は、大勢の世界中の子供たちが丘の上に集まって、甲高い声で歌うのである――「世界中の人々に歌を教えたい」

あなたもこのコマーシャルを好きだったことはよく知っている。みんなこのコマーシャルが好きだった。

ミーン・ジョー・グリーンのコマーシャルのように、消費者にもボトラーにもこのコマーシャルは広く愛された。私がこのコマーシャルを中止したのは、これを嫌いだったからではない。実際、私はこのコマーシャルが好きだった。それは人々を感動させ心を暖かくし、世界のさまざまな人々の心を一つにするには素晴らしい表現手段だった。一九七九年にこのコマーシャルが最初に登場したとき、私はメキシコのマッキャンエリクソンでコークの仕事に携わっていた。我々はこの広告を採用した――このコマーシャルに出演していたメキシコ人の少女を使って、いくつもの補足的なマーケティング活動さえ行ったのだ。

だが、この広告は一本でも多くコークを売ってくれただろうか？

答えはNOだ。

この広告で効果があったことといえば、人々にコークについての心地よく、暖かく、ファジーな感じを与えただけであった。実際この広告は大失敗だった。この広告が行われていた期間中、我々はマーケットシェアを失い続け、それは特に米国において顕著だった。

それなら自動車のセールスマンはどうか。でなければ深夜のテレビ番組、つまり我々が実際には必要としていない類のガラクタを売りつけようとパーソナリティーが登場するインフォマーシャルだ。

彼らは昔ながらのセールスマンがやるように、視聴者に直接的にその商品の特徴や便利さを訴えかけてくる。なぜこの新しいアブドミナイザー〔腹部を引き締めるフィットネス器具〕やジューサーやブレンダーが消費者の生活に役立つのかを説明する。それから彼らは視聴者に、電話をかけて、二〇ドルないし二〇〇ドルを払ってこれらの商品を買うように勧めるのだ。そして我々はまんまとその通りにする。

なぜ、我々もこの手法をマーケティングで使わないのだろう。マーケティングはセールスや広告と同義語ではないが、その両方を包含するものだ。ジェリー・セインフェルドはかつてジョークの作り方を話してくれたことがある。「それはセットアップ（話の導入部分）、デリバリー（話の中心部分）、パンチライン（話の落ちの部分）からできていなければならない」。マーケティングも同じだ。マーケティングもセットアップ（商品そのものの特性）、デリバリー（商品を買う理由）、パンチライン（どうぞ買ってください！）を持っていなければならない。

◎認知度は、最初のステップにすぎない

ちょっと考えてみれば、広告認知度やブランド認知度はわりと簡単に創り出せるものだ。私は、広告認知度なら問題なく創り出せる。テレビに出演して、着ているシャツを脱いで裸になればよい。見ていた人はこの広告を忘れないだろう。ブランド認知度についても、私のブランドに〝カブーン〟とか変わった名前をつければ、人々は忘れないだろう。実際にフェラーリやランボルギーニのように豪

華なイメージを創り出したり、コダックのようなチャーミングで長続きする広告を打つことで、人々が好むようなブランドを創り出すこともできる。しかし、人々に好まれるブランドになってもまだ十分ではない。なぜなら、消費者が好むということが、必ずしも売上げにつながるとは限らないからである。

私はコカ・コーラで、この消費者が好きなブランドの持つ罠を数多く経験した。一九八〇年代の初めに行ったほとんどの調査が、消費者が好む清涼飲料では明らかにコークが勝利者であることを示し、我々のブランドの人気は上がっていたにもかかわらず、総体的な消費量は下がっていたのである。人々は我々のブランドを愛し、広告を愛し、我々の拠って立つところを愛していたにもかかわらず、マーケットシェアを失っていたのである。

そのとき、我々はいわゆる「仮想の消費」という現象に惑わされていたのだ。

仮想の消費とは、高級スポーツカーなどによく見られる現象である。誰もが、「わーすごい。大好きだ。私好みのブランドだ」と言う。ところが、あなたはそれを買う気があるかと聞くと、「とんでもない、とても高くて手が出ないよ」とか、「でも、私のライフスタイルには合わないよ」とか、「すごく好きだけど、他にもっといい条件が出ているので」とか、「気に入った色がないので」などと言うのだ。ここで彼らが言っていることは、ちょうど「あなたのことはすごく好きだけど、結婚するつもりはありません」と言うのと同じことだ。ある場合には、彼らはあなたの会社の広告の入ったTシャツを買って着て歩くこともするが、これは実際にはあなたの商品は使っていないが、使ったつもりになっているということなのだ。これは非常に光栄なことではあるが、実際の成功には結びつかない。

あなたが欲しいのは仮想の消費ではない。あなたはあなたのことは愛しているが決して買わない人は必要ではないのだ。あなたのことについても、あなたの外見、あなたのすることも知っているのに、あなたにはまったく興味がない人をあなたが必要としていないのと一緒である。あなたは彼らにまったく興味がないのと同じである。あなたに必要なのは売上げなのである。

第4章で、私は自社商品を競合から差別化するブランディング、ポジショニング、イメージを創造することについてお話しした。市場で対話をコントロールすることは、とても重要である。そして消費者に自社商品を他とは異なるもの、よりよいもの、特別なものとして見るようにさせることも重要である。しかし、それはティーアップにすぎないのだ。これからクラブを振らなければならないし、ボールを打たなければならない。つまり消費者にあなたの商品が他とは違い、よりよい特別なものであることを納得させるだけでなく、彼らが買うべき商品であることも説得しなければならない。そして、彼らを実際に買い物に行かせて自社商品を買わせなければならない。販売を完了させることもマーケティングの仕事の一部なのだ。

消費者があなたの商品に示す関心には、三つのレベルがある。最初のレベルはブランド認知である。彼らはあなたが誰かを知っているという状態である。第二のレベルは、一般的に購買意思と呼ばれるもので、潜在的な顧客があなたの商品を知っていると言い、いつかは買いたいという状態である。これは、聞こえはいいが、誤解を招きやすい。マーケターたちはよく購買意思が高いことに満足してしまうが、これが現実の販売につながらなかったときには、大きな失望を味わうことになる。そして、第三のレベル、これがあなたにとって最も重要である。それは将来の購買のシェアである。彼らはあなたの商品を購入する計画を持っているだろうか。次の三回、五回、一〇回の購買のうち、何回あなたの商品を買うだろうか。消費者があなたの商品を認知したら、次に測定すべきはこれなのだ。

◎消費こそが重要だ

伝統的なマーケターや広告代理店は、私のクライアントがカテゴリーの中でトップの位置を占めたことがなぜ悪いのかと反論するだろう。彼らは、私のクライアントが消費者の心の中に認知度を創り出したことで自分の仕事は十分に果たしたと言うだろう。売ることは、営業社員のすることでマーケティングのすることではないと付け加えるかもしれない。しかし、マーケティングの唯一の役割は、より多くのものを売ることにあることを忘れてはいけない。もしマーケターが消費を増やすことができなければ、彼らは自分の仕事をしていないということだ。消費者の認知は重要だ、しかし売上げと利益がすべてなのだ。

「大衆の心をつかむことができれば、消費者は財布を開く」という昔からの考え方は死んだ、駄目になった、終わったのだ。政治家の選挙を考えて見るとよい。あなたは政治家がいい人だからという理由でその人に投票するだろうか。それとも自分の拠って立つ政策を持ち、実行することをあなたに約束する人に投票するだろうか。

商品についても同じことが言える。あなたのゴールがもっとたくさん売ることならば、人々にもっと多く買う理由を与えなければならない。ただ単に自社商品について知っているだけでは十分ではない。したがって消費者に認知させるだけでなく、自分のメッセージを彼らに伝えるために何でもやらなければならない。そしてもし彼らに繰り返しより高い頻度で買ってほしいと思うなら、より多くの理由を与えなければならない。基本的には、「見てください、あなたは私の商品を必要としています。もし必要としていないなら、必要であると考えてください。少なくとも私の商品を欲しいと思ってください。これがその理由です。そして買ってください」と消費者に繰り返し、繰り返し訴えるのだ。

◎ディメンジョナライズ(多次元化)――より多くの買う理由を与えることが、売上げ増につながる

素晴らしいコンセプトだ、とあなたは言う。そしてもちろんあなたは人々にあなたの商品を買ってほしいと思う。しかし、どうやって人々にそうさせるのか? また、理論的な顧客の関心を実際の売上げに変換するという方法は、伝統的なマーケティングとはどう異なるのか?

それは、ディメンジョナライズすることである。ディメンジョナライズとは、従来の販売提案を超えた消費者の心のイメージにディメンジョンを付加すること(多次元化すること)、つまり人々により多く買う理由を与えることである。私が行った異なる方法、そしてすべてのマーケターが実行すべき方法とは、新しいディメンジョンを付加するために斬新な手法で消費者を観察するということだ。

伝統的にマーケターたちは、ターゲティング、すなわちディメンジョナライズを三つか四つの広い意味の人口統計上の分類としてとらえていた――つまり、年齢、性別、人種、所得または専門職対非専門職である。そして一度、三つか四つのディメンジョンを認識すると、彼らはこれらのグループそ

れぞれにアピールするかまたは買う理由を与え、それを繰り返し、繰り返し実行していったのである。

私から見れば、それだけでは十分ではない。通常、高齢者に対しては若い人とは違った方法で訴求する。男性に対しても、女性とは異なる方法で訴求する。しかし考えてみると、そこにははるかに多くの市場のセグメントが存在し、はるかに多くのディメンジョンを付加することができるのだ。そしてディメンジョンを与えるのは、新しい顧客カテゴリーにアピールするだけでなく、既存の顧客を維持するためにも必要である。

コカ・コーラでは、一九九〇年代の初めに"Always Coca-Cola"キャンペーンを導入したとき、ディメンジョナライズを始め、最終的には消費者にコークを買うように納得させる三五の理由が出てきたのである。"オールウェイズ"キャンペーンは実際に三五種類の違った方法でブランドを見直す機会を提供し、三五種類の異なるテレビコマーシャルを制作したが、これは前代未聞のことであった。消費者はテレビをつけるたびに、コークは爽やかになるだけでなく、社会性もあり、トレンディであり、信頼性もあり、スマートで、クールで、それ以外にもコークを飲むいろいろな理由を見ることになったのだ。これはうまくいった。コークはよく知られた昔からある商品だが、突然売上げが伸び始めたのだ。五年間で売上げが五〇%も増加し、年間一五〇億ケースに達した。これは我々が、より多くのセグメントの顧客に、コークを買うべきより多くの理由を与えたことによるものだ。

市場をセグメント化する方法で私が役に立つと思ったものは、消費パターンを見て、次に異なるグループごとにイメージやブランド・ディメンジョンを見るというやり方である。驚いたのは、商品についての基本的な特徴と考えられることに対する見方について、ライト・ユーザー、ミディアム・ユーザー、ヘビー・ユーザーの間に極端な違いが見られたことだ。さらに、この違いは自社商品を多く買う人とたまにしか買わない人の間に存在するだけでなく、自社商品のヘビー・ユーザーと競合商品をよく買う人の間にも存在した。

この情報は二つの理由から重要である。一つは、ヘビー・ユーザーはライト・ユーザーに比べて明らかにより大きな利益をもたらすということである。したがって彼らを特定のセグメントとして認識したなら、自社のマーケティング・プログラムをカスタマイズして、ヘビー・ユーザーの消費を維持し、かつそのセグメントを拡大させ、競合のヘビー・ユーザーまで獲得しなければならない。もう一つは、ヘビー・ユーザーにアピールすることは、その情報を使ってライト・ユーザーをヘビー・ユーザーに転換させることが可能になるということだ。

我々がコカ・コーラで発見したことは、ヘビー・ユーザーはライト・ユーザーに比べてはるかに多くの自社商品を買う理由を教えてくれるということだ。したがって我々が学んだことは、ヘビー・ユーザーと同じような方法で、ライト・ユーザーに対してもより多くの買う理由を関連づけることであった。

いま、仮に私がリフレッシュするというだけの理由で、その他の理由は一切なしで、コークを飲むことを考えてみよう。反対に、私が一〇の理由でコークを飲むとすれば、それだけコークを飲む機会は増加する。ヘビー・ユーザーをモデルとして、ライト・ユーザーをターゲットにするのは、飲むか飲まないか、その人の好みによる清涼飲料のような自由裁量で買う商品のマーケティングには適している。認めたくはないが、清涼飲料は必要不可欠なものではない。したがってヘビー・ユーザーと同じ理由づけを使ってライト・ユーザーを説得することは可能である。航空会社のような他のビジネスでは、ヘビー・ユーザーはライト・ユーザーとは基本的に違っている。ヘビー・ユーザーは頻繁に飛行機に乗る、なぜなら乗らなければならないからだ。それに対してライト・ユーザーは、運賃が下がったときとか、バケーションに行くとき、または結婚式や家族のパーティなど特別なことがあるときに飛行機に乗る。すなわち、このビジネスにおいては二つの極端に異なる顧客セグメントへ違った方法でアピールしなければならないということだ。

残念ながら、私には航空会社がこのことを理解しているとは思えない。そうでなければ、なぜ彼らはフリークエント・フライヤー・プログラムに大きく依存しているのだろうか、考えてみてほしい。フリークエント・フライヤー・プログラムは、常に旅行している人に対して、もっと旅行することができる特典だ。私は年間二〇〇万マイルも旅行し、航空会社はそれに対して三〇万マイルもの無料で旅行する機会を提供してくれる。正直に言って、もし必要でなければ、私はこれ以上旅行なんかしたくないのだ。

反対に、ホテル業界はこの理屈がわかっている。ホリデイ・イン、シェラトン、ラマダなどはポイントをくれたり、毎朝部屋のドアの前にUSAトゥデーが置いてあったり、またエクゼクティブ・フロアに泊めてくれたりする（実際には、普通の部屋と何ら変わらないのだが）。それでも、彼らが私を特別な顧客としてときどきしか泊まらない客と識別し、私のほうを大切に扱っていることがわかる。ホテル業界はヘビー・ユーザーが利益をもたらす客であることを理解しているのだ。

清涼飲料業界でも、長い期間にわたる数多くの分析から、毎日飲むヘビー・ユーザーを欲しがっていた。年間の一人当たりの清涼飲料の消費量が四〇六オンス〔約一二リットル〕にもなるメキシコのような国では、毎日飲む人は一日に三本から四本あるいはもっと飲んでいるかもしれない。我々はこうした消費者を求めているのだ。そして彼らを全員自分の顧客にするのだ。

もし全体のマーケットシェアが三〇％だとしたら、毎日飲むヘビー・ユーザーを少なくとも二倍持たなければならない。もし毎日飲むヘビー・ユーザーをカテゴリー全体の一〇％しか持っていなかったら、できるだけ多く彼らを取り込まなければならない。月に一回とか、週に一回しか飲まないライト・ユーザーは競合企業に任せればよい。ヘビー・ユーザーを対象にしたプログラムを作らなければならない。このプログラムは他のユーザーへもある程度適用されるだろうが、こうすることにより利益性ははるかに改善されるはずである。

◎政治家のように考えろ

市場をセグメント化するもう一つの方法は、政治家がよく用いるものであり、消費者が自社商品をどれほど強く支持しているか、彼らのロイヤルティを見るというものである。一般的に政治家の選挙区民は次のカテゴリーに分類できる——ハード・サポート（強い支持）、ソフト・サポート（弱い支持）、未決定、ソフト・オポジション（弱い反対）、ハード・オポジション（強い反対）である。ハード・サポートは、吹雪の中でもあなたに投票する。ソフト・サポートは若干の説得が必要であるが、基本的には彼らはあなたの側についている。未決定は塀の上に座って状況を見守っているような人であり、数日前あなたが彼らに言ったことや、あなたの対立候補について言ったことを基準に投票前日にどちらに投票するか決める。ソフト・オポジションはあなたのことも一応は考えているが、ひっくり返すのはなかなか難しい人々である。ハード・オポジションについては忘れたほうがよい。彼らは決してあなたに投票することはない。

こうした違いを理解したら、次に各セグメントに対して異なる提案をすることを考える。たとえば、もしあなたの市場にたくさんのソフト・サポートと未決定の人がいたら、あなたの商品をメガパッケージに入れて販売するのだ。ペーパータオル八本入りパックやコーク二四本入りケースや六個入りのティッシュなどがそれである。これは、消費者を市場からかなりの期間にわたって遠ざけることを意味する。消費者が次に買い物をするときには競合商品を買うかもしれない。ただし、それはかなり先のことになるだろう。

この戦略は、あなたに反対している人たち（ハード・オポジション）には決して機能しない。しかしおそらくあなたは彼らには売り込もうとはしないだろう。なぜなら、彼らに売るためには大きな投資が必要になるのに、それに対するリターンは小さいからである。ソフト・オポジションは大きなパッケージで顧客にすることはできるが、ハード・オポジションに対しては逆にそっぽを向かせてしまうだろう。どんなに経済的に見合っていても、あなたの商品が嫌いな人は決して買わないのだ。ソフト・オポジションに対しては、他にもお試しサイズの無料提供やインセンティブを与えて二回目の購買を促す必要がある。すべてのカテゴリーについて継続的に新しいディメンジョンを与え、自社ブランドを好きになるようなより多くの理由を与えなければならない。

我々が選んだ戦術は、支持や反対のレベルはもちろん、それ以外の変数にも依存しなければならないものだった。なぜ人々は支持したり、しなかったりするのか、もっと深く理解する必要がある。たとえばベネズエラは、何十年にもわたってペプシの支配的なマーケットだった。しかし消費者のペプシへの支持は、それが主に流通方法の違いによるものだったために、ソフト・サポートだった。つまりコークに比べてペプシのほうが、手に入りやすかったために、人々はコークよりペプシのほうをよく知っており、ペプシでもいいという決定をしていたにすぎなかったのだ。そこでコークは、ベネズエラにあったペプシのボトラーの大半を買収し、さらに野球を使ったキャンペーンも展開して、ベネズエラの大衆の心と財布をつかんでいったのである。我々はすぐにベネズエラのマーケットシェアの九〇%以上を握ることになった。

ときには、人々はあなたのどこかが嫌いなために、または競合商品のほうが好きだという理由で、あなたの意に沿わない場合がある。最も多いのは、市場にある商品について十分な知識を持たないために、未決定になっている場合である。私はこの未決定の人々を「未教育」と呼んでいる。彼らに必要なのは、より多くの情報なのだ。マーケターとして十分な、そして適切な情報を提供すれば、彼ら未決定の人々は買ってくれるのだ。そして彼らは、あなたの商品を買うという決定をするのだ。

特定のカテゴリー（顧客セグメント）の中の全員に機能する唯一の戦略、または複数の戦略は存在しない。またあなたが用いる戦略のほとんどは、ある程度一つ以上のカテゴリーに機能する。したがってある人がロイヤルティのスペクトルの上でどこに位置するかはわかったとしても、それがすぐに彼らに対する確実な販売文句につながるわけではないのだ。結果を測定し、人々にあなたの商品を買うより多くの理由を与え続けなければならない。しかしもし顧客をロイヤルティの側面から見ると同時に、商品の利用度、年齢、性別、人種などからも見ることができれば、さらに効果的なプログラムを作ることができるだろう。

◎より多くの理由を付け加えることをやめてはならない

なぜ、人々があなたの商品を買わなければならないかという理由を、本質的にも、またそうでなくても、一貫して拡大していくべきだ。これが、私の言うジェネレーションW—H—Yである。今日ほとんどのマーケターが理解していないことは、ベビーブーマーやエクサー（ジェネレーションX）、トゥイーナー、ジェネレーションYに焦点を置くだけでは十分ではないということだ。これらの世代分類に共通する特性がW—H—Yである——つまり「なぜ、あなたの商品を買わなければならないのか？」（Why the hell should I buy your product?）ということである。

アスピリンについて言えば、頭痛を鎮めるということを消費者に訴え続けなければならない。しかし、消費者に他に何を言ったらいいのだろう。他の商品よりパッケージがいいことか、コーティングが厚いから胃を傷めないということだろうか。人々に競合商品ではなく、あなたの商品を買う理由を与えるために、マーケティング提案を改善し続けなければならないのだ。

少し前に読んだものに、もしあなたが自分の家の色を変えたくないと思っても、いつまでも家の色を白いままにしておきたいなら、定期的にペイントし直さなければならない、と書いてあった。もしペンキを塗り直さなければ、あなたはくすんだグレーの家に住むことになるというのだ。ブランドについても同じことだ。自社ブランドを新鮮に保ちたいのなら、繰り返しその意味と理由をリフレッシュしなければならないのだ。さもなければ、消費者はそれが当たり前と思うようになり、あなたのブランドは時間の経過とともにくすんでいき、売上げも減少し始めるだろう。

チャールズ・シュワブは、自分のブランドをリフレッシュするのがうまかった。彼らの消費者に対する主要な提供商品は、低コストの証券投資ブローカー・サービスである。それはビジネスを始めて以来、今日まで変化していない。彼らの広告を見てみよう。一貫して消費者に、彼らが誰であるのか、また彼らが何をしているのか、そして何か新しいサービスを付加したことを知らせているのだ。低コスト・ブローカーだが、リサーチ情報も提供していること、インターネット上でもサービスしていることなどを訴えている。この場合、シュワブはいかなるディメンジョンも付加していないと言うかもしれない。なぜなら、ある意味では、彼らは昔から自分たちがしてきたことに加えて、もう一つの機能を列挙したにすぎないからだ。しかし彼らがしていることは、人々が彼らを好きになる理由を絶えずリストに加え続けているということなのだ。彼らのオンライン・サービスが成功していることから判断して、彼らのやっていることはうまくいっていると言えるだろう。

昔のコカ・コーラは、人々はコークについてよく知っているから、これ以上何も彼らに話すことはないと考えていた。我々のビジネスはすでに成熟しており、今後あまり大きな成長は期待できないと考えていたのだ。なんと愚かだったことか。自分たちのビジネスが成熟化しているという、他の多くのマーケターと同様我々もまた怠惰になっていたのだ。人々に話すことは常にたくさんあり、人々に自社商品を識別させるようにすることはできるのだ。その当時、コークには消費者に継続的に売り込むことのできるディメンジョンや定義は四つか五つしかなかった。それはリフレッシングであり、喉の渇きを癒し、泡が出て、おいしく、社会性もあるというものだった。そこで我々はもっと他に消費者に伝えられるものがないか、考え始めたのだ。そしてついに〝オールウェイズ〟キャンペーンに関連する三五の異なるディメンジョンに行き着いたのだ――コークは、私の人生の一部だ。それは私を理解してくれる。クールな人はコークを飲む。すべての世代がコークを飲む。コークは、しみるような感触と個性的な味を持つ。コークは近代的で、愉快で、感情的で、シンプルで、大きく、フレンドリーで、一貫性があり、そしてどこにでもある。

我々が、スポーツと関連したイメージを使い始めたのはこのときである。しかし、我々は巨大なスタジアムにコークのロゴを取り付けるためにスポーツの後援を始めたわけではない。我々はスポーツを、消費者との関係を密接なものとし、同時に彼らが関心を持っているものと関わりを持つために活用しようとしたのだ。大昔の中国のことわざにあるように「言葉で言えば、彼らは忘れるだろう。目で見せれば、彼らは覚えるだろう。実際にやらせてみれば、彼らは理解するだろう」ということだ。我々は消費者が望むもの（スポーツへの情熱）に彼らを参加させ、そこで彼らにより多く自社商品を買うようにお願いしたのだ。ワールドカップ・サッカーでの我々のスローガンは「サッカーとともに食べて、サッカーとともに寝て、そしてコカ・コーラを飲もう」というものだった。

おわかりだろうか？　消費者はその通りにしたのだ。

我々はまた、コークが似合う特別な時間を提案するコマーシャルやプロモーションも始めた。新年やクリスマスを祝うのにコークを飲んではどうだろうか？　ラマダンの断食を終えるにあたり、コークは新鮮ではないだろうか？　コークなしのピクニックなんて考えられるだろうか？　ところで子供たちはと言えば、もしコークを買えばいろんな場所でディスカウントが受けられるといった具合だ。

かつて、コークはバラエティに富んだコマーシャルを打っていたが、そこにはそれに見合うだけのディメンジョンがなかったし、市場の中の特定のセグメントにアピールするようなものでもなかった。それは一貫性のある戦略の一部ではなかったのだ。もちろん今日では、コークは人々にとって多くの意味を持っているが、それがそのまま続くわけではもちろんない。ロイヤルティと愛着は長続きしないものだ。企業はその定義を継続して拡大しなければならない。さもなくば、その定義は自然に狭くなってしまうだろう。

自社商品をコンスタントに洗練し、リフレッシュさせていくことはたやすいことではない。毎朝起きたら、なぜ人々が自分の商品を買うのか別の理由を考えなければならない。そして大きな抵抗にもあうことだろう。広告代理店は新しいキャンペーンをしたがらない。彼らは、新しいコマーシャルは必要だが、新しい定義は必要ないと言うだろう。賞を受賞したパッケージに愛着を持つパッケージ担当の人間はパッケージの変更はしたくないと言い、そして経営陣までもが、そのままにほっておくことをしないという、あなたの飽くなく追求する姿勢に苛立ちを覚えるようになる。

しかし、諦めてはいけない。やるしかないのだ。これが未来の姿なのだ。もし自社商品を継続的にリフレッシュしていかなければ、均衡状態が崩れ、あなたのブランドは侵食され、売上げも減少し始めるだろう。

◎再定義することで市場を拡大する

スターバックスから学ぶ重要な教訓は、消費者にあなたの商品を買ってもらいたければ、その商品を理解させなければならないということだ。また、とは言うものの、ときに消費者は商品について知りすぎていることもあるということだ。何が言いたいかというと、消費者はときどき彼らの心の中である商品をAという目的のために買うものと決め込んでいることがあるということだ。その場合、彼らにこの商品にはBという使い方も、Cという使い方もあることを理解させるのは非常に難しい。スターバックスの場合には、スターバックスが登場してコーヒーについて再定義するまでは、誰もがコーヒーについてはかなりよく知っていると考えていた。スターバックスは、コーヒーは単に挽かれたコーヒー豆と水からできているものではないと告げた。また朝起きたときと、食後にだけ飲むものでないことも。スターバックスは、コーヒーを飲むという行為は経験であると私たちに伝え、誰かと一緒のとき、人生にもう少し変化が欲しいとき、少し休憩が必要なときには、いつ飲んでもかまわないと教えてくれたのだ。このことが理解できれば、あなたはコーヒーを理解する、よりスマートで洗練された人になれるだろうと。

スターバックスがこう主張したとき、競合企業から顧客を奪ったのみならず、より多くの人がより多くのコーヒーを飲み始めたのだ。これは、実際に市場を拡大したことになる。

GEキャピタルも数年前に、トラックの販売よりもリースビジネスに力を入れるようになったときに同じことをしている。かつては、企業がトラックをリースする主要な理由は、トラックフリート（編隊）を買うために大きな投資をしたくなかったからだ。ところがGEキャピタルは企業にこう言ったのだ。「もしうちからリースしてくれれば、トラックの管理から、メンテナンス・サービス、スケジュール管理に至るまで何でもやります。あなたはただ支払いだけをしてください」。こうしてGEキャピタルは、企業にリースする理由をたくさん与えることで多くの新規顧客を獲得したのだ。

コンピュータ会社も同じことをしている。かつてワードプロセッシングの市場というのは、かなり限られたものだった。ところが、コンピュータ会社はこれを単に事務機器とはとらえずに、コミュニケーションのツールとして、エンターテインメント・センターとして、教育機器として、そしてさらにはショッピングの一つの手段としての多様な機能を付加することで、その市場を急激に拡大したのだ。

人々が自分の商品やサービスについて理解し始めるやいなや、すぐに見直しを始めなければならない。たとえばスキー業界は近年厳しい状況にあるが、これは消費者がすでに、スキーとは何かという明確なアイディア、つまり先入観が形成されてしまっているからだ。考えてみるといい。スキーには常に寒いというイメージがつきまとう。さらには雪があるため、スキー場へ行くまでが大変だ、という思いもある。また、スキーには、ケガがつきものというイメージも持っている。何よりスキーをするにはお金がかかる。もちろんスキーは、日常生活から離れることができ、実に面白いものだ。しかし、しばしば家族のうち一人だけが楽しんで、残りの面々は退屈して文句を言っているということが起こる。これは明らかに、スキーに対するマイナスイメージだ。

そこでスキー業界は、より多くの人々にアピールするために、もっとスキーの素晴らしさについて定義を拡大しなければならない。そのうちのいくつかはもうすでに存在しているものだが、スキー業界はそれらをもっと強調し、もっとわかりやすく説明しなければならない。ひょっとすると多くの人にとってスキーは、高級レストランでの食事を意味するかもしれないし、温泉でのんびり湯に浸ることかもしれないし、ぜいたくなショッピングを意味するかもしれないのだ。そうであるなら、スキーはいまよりはるかに多くの人々を引きつけるかもしれない。

物を売るためには、なぜ人々がそれを買わなければならないか、それを経験しなければならないか、それを学ばなければならないか、それを食べなければならないかという新しい理由を継続的に提供し続けなければならない。それからシステマティックにいろいろなアイディアを試して、実際に人々の財布の紐をゆるめさせる最良のアイディアを見つけるのだ。

私が話してきたディメンジョナライジングの一般的なコンセプトは、決して新しいものではない。ただし、この本の中で語っている他の多くのことと同様に、その範囲や持続性については新しい視点を与えている。常に消費者に目を向けなければならない。消費者を理解するために、意識的にそして継続的に彼らに買わせる新しい方法を思いつかなければならない。あなたのゴールは彼らを楽しませることでも、彼らの興味をそそることでもないことを忘れてはならない。ゴールは、あなたの商品やサービスを彼らに売ることなのだ。

◎コンバージョン・レートに注意を払え

物を売ることに集中し、そのための方法を見つけるための一つのやり方は、コンバージョン・レート〔転換率：潜在的な顧客が実際の購買者に転換する割合〕を最も重要な指標の一つとしてモニターしていくことだ。小売業はこれを、来店した顧客のなかで実際に買い物した人の数でとらえている。ファストフード業界では、低利益商品のハンバーガーやチキンと一緒に売れた、高利益商品であるフライや飲料の売上げ点数でこれをとらえている。広告を打ったり、プロモーションをして人々に店まで足を運ばせるのは非常にコストがかかることは、理解できるだろう。それなら一度店に入った客に、いかにうまく商品を売っているだろうか？　彼らが来店したということは、すでに彼らは買う意思があるということだ。そうでなければ、わざわざ店には来ないはずだ。では、どうやって彼らに販売したらよいのだろうか？

明らかに潜在的な消費者をより多く実際の購買者にコンバージョン（転換）することができれば、マーケティングへの初期投資はより効率的なものとなる。

コンバージョン・レートを上げる方法はたくさんある。もし、あなたの商品が店で販売されているなら、店舗におけるプロモーションがその一つの方法である。もう一つは消費者にとって、買いやすいものにしてやることである。たとえば、十分な数の従業員を売場に配し、彼らをよく教育して消費者が探しているものを見つける手助けをするのだ。もちろん十分な数のキャッシャーも配しておかなければならない。もし、あなたがカタログ業界に身を置いているなら、十分な数の電話オペレーターを配してオーダーを受け、素早い出荷と簡便な返品手続きを提供しなければならない。もう一つカタログ企業に提案したいことは、カタログを受け取った人に実際にカタログを開けて読んでもらえなければ売上げにつながらないのだから、カタログを送った直後に電話をかけて、「カタログは届きましたでしょうか？　ところで、今日から五日以内にオーダーすれば、割引や素敵なギフトがもらえます」と言うべきなのだ。

昨日、私はランニング・マスクをオーダーするために、ロードランナー・クラブに電話をかけた。電話に出た非常に対応のよい女性が、私の過去の購買履歴から私が何に興味を持ち、何が必要かを理解して、私にマスク以外の多くのものを売りつけるのに成功したのだ。

しかし、今日の販売の多くは電話によるものではなく、また販売員が個人の購買情報にアクセスできるような状況にないことはわかっている。しかし将来はオンラインによる購入が増えて、個人の購買情報が蓄積され、モニターできるようになるはずだ。たとえ現在そうした情報にアクセスできなくても、これが将来の方向性であるということは考えておく必要がある。将来もっと効率的に商品を売るためには、より小さな顧客セグメントに焦点を絞り、彼ら固有のニーズに合わせて提供するものを作り上げていかなければならない。

デル・コンピュータを考えてみるとよい。彼らは顧客のスペックに合わせて、パーソナル・コンピュータのパーツを組み合わせていく。

最後に、最も確かに物を売る方法がある。それは、単純にお願いするということだ。せっかく何百万ドルも使ってブランドを、そしてイメージを構築し、人々に買う理由を与えたとしても、もしあなたが「私の商品を買ってください」と言わなかったら、消費者が競合商品を買う余地を残したことになる。

実際これが、伝統的な気位の高いアーチスト気取りのマーケターが受け入れることができないところなのだ。おそらく、彼らは自分たちの仕事が物を売ることであると認めたくないのだ。そして、売れなかったときに、責任を取りたくないから、受け入れたくないのだ。しかし、好むと好まざるとにかかわらず、受賞した芸術的なコマーシャルは関係ないのだ。売上げだけが問題なのだ。もしあなたが消費者に自分の商品を買ってくださいと頼めば、彼らは買ってくれるだろう。いつもとはいかないまでも、少なくとも頼まなかったときよりは多く買ってくれるはずだ。そして、それはより多くの売上げをあなたにもたらし、競合企業の売上げは小さくなることを意味する。

第7章 魚のいる場所で釣りをしろ

一九九〇年代初頭、コカ・コーラは他の多くの企業と同様に、西側諸国の製品に対して新たに開かれた市場で利益を上げようと、ロシア、東ヨーロッパ、中央アジア地域への進出を急いだ。工場を建て、トラックを購入し、物流システムを構築していった。我々は興奮していた。何億人もの喉を渇かした消費者が、コークの商品を飲めるようになるのだと。

ところが現実は、こんな大きなビジネス・チャンスを逃してしまったのだ。

我々だけが例外ではなかった。外資系企業は資産を叩き売って、旧共産圏諸国から撤退した。我々はみな、「フィールド・オブ・ドリームス」のマーケティング理論に陥っていたのだ。つまりシステムを構築し、消費者に商品が手に入るようにすれば、人々は買うだろうと考えていたのだ。

ところが、彼らは買わなかった。

振り返ってみると、これらの国々への無計画な進出は、科学的な計算や実験が必要であるという事例をもう一つ作り上げたにすぎなかった。確かに潜在的な機会は存在していた。だから、それをものにする必要があった。一般的に、こうした興奮状態にあっては、競合他社に先を越させるわけにはいかないと思い込んでしまうのだ。もし、彼らがそこで成功してしまったら、我々が他でどんなに成功しても、のろまな負け犬としか見られないからだ。ところが我々は大きな間違いを犯した。その間違いとは、リスクを負って地球規模での市場拡大を目指したことではなく、やるべき準備をしなかったことである。各市場を十分に理解せず、そして貪欲に売ろうともしなかったことなのだ。

◎金はどこにあるのか?

新しい市場への参入であれ、新しい商品の販売であれ、市場がそこにあり商品を作ることができるというだけの理由では、手を広げるべきではないということを、よく肝に銘じておくべきだ。これは新しい投資が利益を生むかどうかも考えずに、ポートフォリオを構築するためにだけに株を買うことを絶対にしないのと同じだ。新しいビジネスでどう利益を上げていくか真剣に考えずに、新しい市場に参入したり、新しい商品を生産しようとしてはならない。

新しい市場に参入するとき、最初に考えなければならないことは、消費者の側にあなたの商品を買おうという意思や必要性があるかどうかという点である。別の言い方をすれば、問題はいかに多くの人々がその市場にいるかではなく、いかに多くの人があなたの商品を買いたいと思い、かつそれを買うお金を持っているかということだ。

何年も前に、コカ・コーラはインドからの撤退に追い込まれた。それは、インド政府がコカ・コーラの製法を開示するよう要求したのに対して、我々がそれを拒んだからである。最終的には、多くの人々の努力で再びインドに戻ることができ、一〇億人を超えるインドの人々が我々の商品を買ってくれる可能性に喜び、手をすり合わせて歓喜したのだ。ところが、その後、一〇億の人々のほとんどが、清涼飲料どころか、いかなるものを買うお金も持っていないことに気がついたのだ。インドは、そこに住むすべての人々がもっと大きな可処分所得を持つようになるまでは、どんな商品についても大きな市場にはならないだろう。多くの旧共産圏諸国でも状況は同じである。我々は思慮が足りなかったのだ。我々は現実の市場の潜在的規模と、それに見合った投資を定量的につかんでいなかったのだ。

◎最も大きな可能性は、自国市場にあるかもしれない

成長を志す企業にとって、ここ何年もの間、新しい市場に参入し供給を拡大することは、既存の市場での成長に対する安易な代替手段であった。しかし投資に対するリターンを最大にすることが目的であるならば、これはさほど賢いやり方とは言えない。彼らが最初にしなければならないことは、最も可能性の高い市場にまず集中することであり――多くの場合、それらはすでに参入を果たしている市場だが――その市場からのリターンが最大化されているかどうか確認することである。それから次に、他の市場への参入を検討すべきだ。商品を売るためには、お金があり、買う意思のある消費者が必要であるということを忘れてはならない。これが、私の言う「魚のいる場所で釣りをしろ」という

意味だ。

コカ・コーラで、新しい国に参入することで成長し続けることができるかどうか議論していたとき、ロベルト・ゴイズエタ会長が、素晴らしい話をしてくれた。

「見てみろよ、世界中の一人ひとりが、一日に六四オンス〔約二リットル〕の何らかの液体〔水、清涼飲料、アルコールを含むすべて〕を飲んでいる。コカ・コーラの商品は、そのうちのわずか二オンス〔約六〇ミリリットル〕しか占めていないじゃないか」と彼は言ったのである。それまでは、世界の人口五六億人×二オンスが我々の潜在的市場であると解釈していた。しかし、ロベルトが言わんとするところは、より多くの人々に自社商品を飲ますことだけを考えるのではなく、すでに飲んでいる人たちにも、他の飲み物の代わりにもっとたくさん自社商品を飲んでもらうようにするほうが、より有効な方法であるということだったのだ。すでにつかんでいる数十億の既存顧客の中に、まだ大きな市場の発展性があるということを示唆したのだ。

既存の市場のほうが、新しい市場に比べ、よい結果を生む傾向があるというのが、私の変わらない持論である。それは、自社商品を使っていない人の間にも、自社ブランドがすでに認知されているからである。商品を新たに市場に導入し、自社を認知させるのに、資金を使う必要がないからである。ただし、もっと重要なことは、すでに欲しがっている人に対してはより高い確率で販売できるということだ。使用頻度の差はあるにせよ、現在すでに顧客になっている人々に対してヒットする割合〔ヒット率〕は、それほどその商品に興味を示していない人や、買おうとさえ思ったことのない人々へのヒット率よりは、はるかに高い。たとえば生理用ナプキンの販売をする際に、一〇〇人の女性に売り込むか、あるいは一〇〇〇人の男性に売り込むか、考えてみるとよい。男性は物理的に生理用ナプキンを必要としないので、この例は適切ではないかもしれない。しかし、このコンセプトと計算の仕方は同じだ。必要とし欲している人々に商品を売るほうが、そうでない人々に売るより、はるかにヒット率は高いのだ。成功率は高いのだ。

私は、最近スキー業界のイベントで講演をする機会があった。スキー業界の人は、スキーをしない人々にスキーをさせる戦略に力を入れていた。これは、ナンセンスだ。そこで、この戦略を変えるようにアドバイスした。スキーをしたことのない人にスキーの価値や魅力を説得するより、すでにスキーをしている人に、もっとスキーをするように説くほうがずっと簡単だからだ。

目に見える需要に目が眩み、このようなポイントを見失うことがよくある。コークのようにすでに確立された商品は、新しい市場に参入することで短期的な成長を得ることは簡単である。というのは、一般的にある程度の需要が既存の市場における評判によって生まれるからである。しかし、本当に持続的な需要を構築するためには、新しい市場に参入するのは非効率的である。すでにあなたの商品とサービスについて知っている消費者がいる現在の市場で、より多くの商品をはるかに少ない投資で売ることができるからである。もちろん、既存の消費者に対しては、彼らの購買の回数を増やし、その幅を広げるように働きかけなければならない。彼らに、彼らがいま買っている他社商品の代わりに、自社の商品を買うように説得しなければならない。しかし、それは自社商品に対して興味のない人を転換させるよりは、ずっと効果的な活動である。

しかし、私は既存の顧客に彼らの購買回数を増やしたり、購買の幅を広げさせたりすることが容易だと言っているわけではない。事実、あるブランドが市場で拡大すればするほど、追加的売上げを増やすのはますます難しくなってくる。そこで自社のブランドや商品が何であるかという定義を、拡大しなければならなくなるだろう。そして、現在自社商品を買っていない人々に到達するために資金を使わなければならなくなるだろう。また現在買っている人に対しても、いまよりさらに多く買ってもらうよう、より多くの理由を与えなければならない。それでも、ブランドが認知されていれば、まったくの新しい市場に参入するより、成功する機会は大きい。

◎ブランド別、市場別に損益計算をせよ

さて、どのくらいの投資をすればよいのだろうか？　既存の市場はすでに成熟化し、新しい市場へ投資したほうが賢明だといつ決断するのか？　それは、これまで何度も言ってきたように、つまるところ、いつまでに、いくら利益を出すことができるのかを割り出すことだ。言い換えれば、特定の期間に、それぞれのブランドごとに損益計算書を作らなければならないということだ。

私の考え方は、ある投資に対して、もうそれ以上満足できるリターンが得られなくなるまで投資を増やすべきだというものだ。したがって、投資に対するリターンに基づいて新しい市場に参入すべきかどうか評価する必要がある。新しい市場でのリターンを計算し、それを、既存の市場におけるリターンと比較すべきである。ほとんどの場合、私は既存の市場に投資することになる。

ブランドについても、国についても同じことが言える。データを収集し、活用しなければならない。

残念なことに、これをやっているマーケターは極めて少ない。多くの企業は、一日ごと、一時間ごとの売上げ数値をまとめることには長けている。やろうと思えば分単位でもできる。しかし、売上げと経費とを関連づけることは三か月ごと、あるいはもっと長い期間の単位でしかやっていない。結果として、彼らの投資が本当に効果的だったのかどうかわからないのだ。何をどれだけ使っているのかわかっていないのだから。そしてさらに、それらを十把一からげにしてしまって、ある期間全体の損益計算をする。しかし、これでは、どの活動や経費が機能し、どれが機能していないのかわからない。コカ・コーラでは、ブランド別に、一月単位で、ある場合には、活動別、あるいは従業員別の損益計算をできるようなシステムを確立している。私の論理はとてもシンプルだ。それはお金を使ったら、儲けなければならないというものだ。そうするためには、損益の計算をしなければならない。しかもより高い頻度で。

◎市場が混乱しているときは、金を使い続けろ

市場が混乱しているときには特に、よくできた明瞭な損益計算書が必要だ。というのは、市場が一時的な問題で低迷しているのか、あるいはまた、市場の長期的衰退によって撤退すべきなのか、ある時点で決めなければならないからである。市場や経済がきりもみ状態であるときに、支出を切り詰めたくなる衝動を抑えることが、まず大切である。混乱しているときには、顧客を失わないために資金を注ぎ込まなければならないだけでなく、その混乱時期を大きな成長の機会としてとらえる必要があ

るからである。

　第一に、人々が混乱によって何を考えるべきかわからないときは、彼らに何をすべきか教えるよい機会である。そして、たぶん競合他社の多くは物事が不安定なときには支出を抑えてくるだろう。だからそのときがマーケットシェアを拡大する絶好の機会なのである。

　一九九四年に、メキシコで通貨の切り下げがあったとき、私はちょうどスキーをしていた。そして誰かが、「メキシコが通貨を切り下げた」と告げたとき、私はリフトに乗っていた。それを聞いて、大急ぎで山を下り、コカ・コーラのダグ・アイベスター社長に電話をし、メキシコで何をやらなければならないか伝えたのだ。というのは、メキシコでコカ・コーラの販売権を持つ企業はすぐにマーケティング予算を削減しようとするだろうが、もしそうなればメキシコにおけるビジネスが崩壊するかもしれないからだ。ダグはすぐに同意した。一般のメキシコ人は、自分の生活と個人の経済状態の劇的な変化でパニックに陥るだろうことは理解していた。裕福なメキシコ人たちは、もうヒューストンのガレリア・ショッピングモールで買い物ができなくなるだろう。外車にも乗れなくなるだろうし、米国の携帯電話も使えなくなるだろう。というのは、それらが突然二倍も値上がりしてしまうのだから。貧しい人たちは食べることを心配したことだろう。

　我々は、もはやマーケットシェアや、消費者の心の中のシェア争いではなく、人々の可処分所得のシェアを奪い合う時代に突入したのだ。我々は、メキシコの市場にある他のすべての商品やサービスと競合しなければならなかった。我々のゴールは、消費者にコークを買うことを忘れずにいてもらうことだった。

メキシコで我々のビジネスを運営している企業たちも、もちろん他の人々と同じような混乱状態の中にいたので、支出をすぐに抑えたいという衝動があることもわかっていた。そこで、資金を他の地域から回すというプランを作った。経費支出はわずかに減少したが、市場において、極めて高い視認率《ビジビリティー》を保つことができた。その結果一九九四年、メキシコのコカ・コーラは市場全体や競合他社の成長率を三倍上回る伸びを示したのだ。翌年も、広告を流し続け、消費者に語りかけ、彼らがコークの商品をなぜ買うのか伝えたため、引き続き売上げとシェアは急激に拡大したのである。

確かに、恐ろしい戦略だった。しばらくは、他の出費を抑えなければならなかったのも事実だ。しかし、よくできた損益計算書を持っていたので、我々がどういう状態にいるのか、何がうまく機能し、何が機能していないか、正確につかんでいた。だから問題をうまく処理し、乗り切ることができたのだ。

混乱時に投資をすることの大きな副産物は、商品に付加価値を付けることができるということであり、したがって、最終的にはより高価格で販売できるようになることだ。家計が厳しくなり、明日の生活を心配するようになると、生きていくために最低限必要な物だけを買うようになる。コークはなくても生きていける商品であるにしても、自分たちの商品やサービスは生き残らなければならない。そのためには、人々に語り続けるのだ。もし、理想からほど遠い環境の中で商品を買わせることができれば、それは彼らにとって大変価値があるものと確信させたことになるのだ。後で、状況がよくなってからも、その商品がどんな大きな価値を持っているか、人々の心に長く残るのである。

◎新商品は、何か新しいことをしなければならない

新商品対既存商品の議論は、新しい市場対既存の市場についての議論と同じだと思っている。新商品を導入する唯一の理由は、利益を出すことにある。数字を見て、既存の商品を苦労して売るより、新商品を導入することによって、全体の利益を改善できると考えるならば、新商品を出すべきだ。しかし、競合相手が出したからというだけで、新商品を出すべきであると考えているのであれば、これは、旧来のマーケターと同じ考え方であって、利益の最大化を目指していないことになる。

競合企業は自分たちより賢いとか、あるいは自分が知らないことも知っていると思ってはいけない。そして競合相手に付き合って馬鹿げたカテゴリーに参入すべきではない。

新商品のための新商品導入は怠惰なマーケティングと言わざるを得ない。新商品の導入はそれが既存のカテゴリーを拡大する場合にのみ行うべきである。新商品は既存のブランドでは達成できない成長を企業にもたらすものでなければならない。あるいは、新商品は直接的であろうと間接的であろうとビジネス全体における新しいカテゴリーに導入すべきだ。そして自社の既存商品がより多くの消費者のニーズや欲求（または既存の顧客のより多くのニーズや欲求）に応えられなくなったと判断されるまで、新商品の導入はするべきではない。

新商品は、特定のブランドが行き着くことができないところへ到達する役目を果たす。ブランドの免疫力についてはすでに話した。明らかに、コカ・コーラ・レモンはベストセラーにはならない。だ

から、もしレモンライムのカテゴリーに参入したいのであれば、レモンライム商品を出す必要がある。その際コカ・コーラの商標を使うのか？　問題は、その商標が他のカテゴリーに参入する柔軟性を持っているかどうかである。コークとレモンライムの場合、答えはNOである。

スプライトのようにまったく新しいブランドを出す場合も、ダイエットコークのように既存のブランドの延長線上にあるものを出す場合も、対応すべき課題の多くは同じである。そこでは既存商品とはっきり異なる何かを、新商品が確実に持つことが主要な課題である。同時に、既存商品が競争的ポジショニングを維持することも不可欠である。

◎新商品を出しても、旧商品をおろそかにするな

最も成功した既存ブランドの拡張の例は、ミラーライトである。ビール党たちは、集まってビールをたくさん飲むのが好きだ。仲間と一緒にビールを飲みながら時間を過ごすのは、ビール党たちの文化の一部となっている。しかし、八杯か一〇杯飲むとお腹が張って、それ以上飲めなくなることがビール販売の限界の一つになっていた。そこで、ミラービールはお腹の張らない商品を作れば、販売量は増えると結論づけたのである。

一つのアプローチは、その基本的特性を新たに定義すること、つまり旗艦商品のミラーハイライフ・ブランドを、他社の商品よりお腹が張らないビールとしてリポジショニングすることだった。しかし、ミラーハイライフはすでによく売れている、人気ブランドとなっていた。そこで、ミラーは別

にもっと軽いライトビールを出すことにした。「素晴らしい味、そしてお腹が張らない」という有名なキャンペーンと共に。ミラーは、実際にいかした新しいカテゴリーを作り出したのだ。そしてミラーライトは、カテゴリーの中で最も急成長するブランドとなった。

しかし、残念なことに、ミラーライトを出したときに、会社の全員がすっかりそれに夢中になり、自社の他のブランドのことを忘れてしまったのだ。ミラーライトについては満腹感がないという新しい特性を持った商品という素晴らしいポジショニングを確立したが、同時にミラーハイライフも飲み続けるように消費者に伝えることを怠ったのだ。お腹の張るのを気にしない消費者に、バドワイザーやハイネケンあるいはコロナでなく、なぜミラーハイライフを飲むべきかを訴えなかったのだ。他の新商品が導入されたときと同様に、ミラーライトの導入によって、市場構成が変わった。しかしミラーはその変化を無視した。考えてみてほしい。ミラーは自分自身で変化を起こしておきながら、変化に対応しなかったのだ。当然のことながら、ミラーハイライフの成長は止まった。

さらに悪いことにミラーの社員たちが、ライトビールというまったく新しいカテゴリーの誕生を喜んでいる間に、アンハイザー・ブッシュが参入してきて、マーケットシェアを奪ってしまったのだ。バドワイザー・ブランドの力を借りて、バドライトを導入したのと同時に、従来のバドワイザーをリポジショニングし、ミラーハイライフにぶつけてそのシェアを奪ってしまった。ミラーがすでにライトビール・カテゴリーを作り上げていたので、アンハイザー・ブッシュは、ミラーのようにカテゴリーを創造するための努力は必要なかった。ミラーは新しいミラーライトと自社のハイライフを含めた他のビールと差別化するのに多大な努力を払った。しかし、バドワイザーのときは、消費者はすでに違いを意識していたので、アンハイザー・ブッシュは反対のルートをとって、こう言うことができたのだ、「おいみんな、古くからお気に入りのバドワイザーにも、お腹がいっぱいにならないビールがあるよ」。バドライトは、私の言う異端的主要ブランドとなったのだ。すでに体制としてもっと確立されていたミラーライトに挑戦する新人ではあるが、アメリカ人お気に入りのビール、バドワイザーというナンバーワン・ブランドの力を持っていた。そして、ミラーの連中は最初の成功にまだ酔っていたがために、応戦する戦術を変えなかったのだ。結果として、アンハイザー・ブッシュが人々に「ただ単にライトビールと頼まないで、バドライトと頼んで」と言ったとき、みんなそれに従ったのだ。

◎異端的主要ブランド

バドワイザーがバドライトでやったことは、ハミガキメーカーが常にやっていることだ。新商品や既存商品の改良品を新しく市場に導入すると、彼らはすぐにまた新しい特長を加えて商品ラインを拡大しようとする。

何年もの間、ハミガキ戦争は基本的にコルゲートとクレストの間で戦われていた。コルゲートは白い歯を約束し、クレストは虫歯をなくすのに効果があるという彼らの主張を援護するＡＤＡ（アメリカ歯科協会）の認可シールを付けていた。そこへ、クローズアップがジェル・ハミガミで参入してきて、「歯をきれいにするばかりでなく、口の中を爽やかにする」と主張したのだ。それは素晴らしい提案であり、マーケットシェアのかなりの部分を獲得することに成功した。

そこで、すぐにコルゲートもクレストもジェル製品を発売し、これまでの特性に加えて、口の中を清潔にし爽やかにするというクローズアップの持つ特性も約束したのだ。その後ポンプ式のディスペンサーが出され、アーム&ハマーからベーキングソーダ入りのハミガキが出された。これら新規参入に対し、P&G（クレスト）とコルゲートは常に応戦してきた。何年も異端的主要ブランドのゲームを続けてきた後、最近コルゲートは先のすべての特質を統合した。すなわちジェルとベーキングソーダを一緒にした、コルゲート・トータルで攻勢に転じた。それは虫歯をなくし、息を爽やかにし、歯垢を減らし、歯周病をなくすといったこと全部に効果があると主張しているのだ。競合相手がたまたまよいアイディアを持ったとき、異端的主要ブランドの戦略は効果があるのであり、多くのマーケターは異端的主要ブランドの戦略で十分ではないかというが、決して、そうではない。

究極的にはイニシアティブをとり、自分で舞台を設定しなければならない。そこでただの俳優として落ち着いてしまってはならない。商品が何であれ、どんな市場であれ、どの商品も完全ではあり得ない。歯をより白くし、息をより爽やかにし、髪をより柔らかにし、痛みをより早くより効果的に取り去る余地は常に存在する。

自社商品改善のための余地は無限にあり、そしてそれをするのは、あなた自身でなければならない。

◎売上げの罠

新商品を導入するにしても、既存の商品の定義を新たにするにしても、あなたは金儲けのためにビジネスをしていることを忘れてはならない。新商品を出す際に、競合相手を食い止めるとか、販売量を伸ばすといった論議をよく耳にする。新商品導入に対して最もよくなされる反論は、既存商品と共食いになってしまうという点である。新商品を導入すべきか、すべきでないかを決める際に、必ずしておかなければならない議論があるが、争点は別のところにある。競合企業がやることで問題となるのは、彼らが我々からビジネスを奪っていく場合と、我々が獲得すべき新しいビジネスを競合企業が奪っている場合である。

売上げだけの議論も間違っている。新商品というのは、大きな売上げをもたらすが、それは決して利益を生まないので惑わされやすい。しかし、我々は量のビジネスをしているのではなく、利益を出すビジネスをしているのだ。コカ・コーラには、ファンタという素晴らしい商品がある。しかし、おそらくファンタほど乱用されたブランドはないだろう。何か新しいフレーバーが必要なとき、あるいは数ケース余計に売りたいときは、いつもファンタの新しいフレーバーを出してきた。残念なことに、サルサパリラ、リンゴ、ラズベリーなど多くのフレーバーは、ファンタ・ブランドの基本的構造とは相容れないものだった。ファンタは、基本的に柑橘系のブランドである。シャープで楽しさがあり、主に子供に飲まれているブランドだ。多様なフレーバーをファンタに導入することで、ブランドの信頼性やアイデンティティを失い始めた。確かに、それぞれの新しいフレーバーの導入は売上げをすぐに増加させたが、フレーバーごとの損益を検討すると、売上げとは逆にブランドの全体的な利益率は急激に低下していることがわかった。もしこの傾向を止めなかったら、最終的には、まったく利益が出なくなっていただろう。

マクドナルド、バーガーキング、ウェンディーズなどのファストフード・チェーンは、売上げばかりに目を向けていた結果、どうなったか。彼らはみな郊外に進出し、多数の店舗を作り、ドアを開けて入ってくる顧客の数が増えたことを喜んでいた。しかし、これらの資産（店舗）を運営していくのに必要な資本コストが高すぎることを忘れていたのだ。ＥＶＡ（経済的価値分析）を始めてみて、株主の価値を高めるどころか、むしろ破壊していることに気がついた。ボストンチキンも同じ間違いを犯した。彼らの場合、二重に悪い結果をもたらした。多くの店を作りすぎただけでなく、社名をボストンマーケットに変更したときに、商品の定義の幅を広げすぎたのだ。

利益を生まない追加的売上げが重要ではないことは忘れられやすい。大事なことは、追加的売上げを増やすことで得られる追加的利益の増加である。

◎確実に競合相手と食い合え

自社の複数の既存ブランドが共食いしていると考えるのなら、それらを防ぐことに力を注がなければならない。ただし、新商品の導入が既存の自社ブランドから売上げを奪うのではないかという理由なら、新商品の導入をためらう必要は一切ない。もしあなたの既存商品が新しい競争に十分に耐えうるだけの力がないのであれば、すぐに競合企業もそれを見破るだろう。どうせ顧客を失うのなら、競合相手ではなく自社の他の商品に奪われるほうがましだ。

共食いのことを考える際には、新商品の導入投資に対するリターンと、既存商品の幅を広げることによるリターンの、どちらがより大きなリターンをもたらすかが重要なポイントとなる。これに対する最良の答えはその両方を実行するということだ。たぶん、新商品は既存商品の売上げの一部を奪うことになるだろう。あなたに求められているのは、新商品の導入が、競合商品の売上げないし利益を奪うか、または市場全体を拡大してすべての企業に利益をもたらすことになるか検討することだ。行動を起こす前に綿密な市場調査を実施し、新商品の売上げないし利益がどこから発生するかを検討し、さらにその理由を考えなければならない。そして期待するリターンが投資リスクに見合うものかどうか決定しなければならない。

チェリーコークの導入は、既存商品であるコークとも共食いしたが、ペプシからもそれ以上に大きな売上げを奪い取った。ペプシは豪快でエキサイティングなポシショニングをし、一方コークは、信頼と安らぎのポジショニングをしていた。そこで、我々はチェリーコークをコークの腕白な従弟としてポジショニングし、人が飛行機からダイビングする広告を打ったのだ。コークとペプシそれぞれが、このようにポジショニングされているとき、このチェリーコークの広告が最もアピールしたのはペプシを飲んでいる人々に対してであった。確かにコークもわずかばかり顧客を失ったが、ペプシの失ったものはそれ以上だった。したがって、コカ・コーラ全体では、売上げと利益を伸ばすことができたのだ。

◎「T＋A＋CO＝S」――あるメキシコ人のマーケティングのレシピ

一方、ダイエットコークは、市場全体を拡大するための戦略を持った商品である。ダイエットコーク導入のためのアプローチは、私がコンサルタントをしていたときに開発したＴＡＣＯＳという名のモデルに使われた要素に基づいている。ＴＡＣＯＳとは「Trademark（商標価値）＋Area（領域）＋Consumer（消費者に対する提供）＝Success（成功）」の略である。どういう意味かというと、〈競合相手と比べたときの商標の大きさ〉＋〈競争しようとしているビジネス領域の大きさ〉＋〈消費者に提供するもの、または独自の販売提案の大きさ〉の合計が、〈あなたの成功の大きさ〉になるというものである。ダイエットコークはタブクリアより優れたアイディアであるという議論を通して、このモデルのテストを行ったのだ。

タブクリアは、極めて小さな商標であった。タブクリアという商標は知られてはいたが、あまり強いアピールは持っていなかった。そしてタブクリアはその当時、清涼飲料全体の一〇％くらいを占める、中位の規模のカテゴリーであるダイエット・カテゴリーの中で競争していた。体型の維持とカロリー・コントロールがタブクリアのユニークな販売提案であり、清涼飲料市場全体の約四％のシェアを持っていた。ペプシはこのカテゴリーにダイエットペプシとレモン味をほのかに感じさせるペプシライトの二つの商品を持っていた。この二つの商品を合わせると、四・一％のシェアとなり、タブクリアよりもやや大きかった。

状況をよく検討した結果、ビジネスの領域の大きさである「A」はタブクリアと同じで、また体型維持とカロリー・コントロールという消費者への提案、「CO」も同じと見た。しかしペプシの商標はタブクリアの商標価値よりずっと大きく、したがって成功の大きさはペプシのほうが大きかった。そこで、ダイエット・カテゴリーの中のタブクリアという商標をコークの商標に変えることにし、もっと多くの人々にアピールする、新しい消費者提案を作り出した。

清涼飲料のビジネスにおいて、コークの商標価値は最大のものである。タブクリアの商標価値「T」よりも、コークのそれは、はるかに大きな「T」であり、したがってより大きな成功を約束してくれていた。ビジネス領域の大きさは一〇％〔ダイエット・カテゴリー全体のシェア〕であったが、ダイエットコークを導入することで、ビジネス領域の大きさは、はるかに大きなものになることが予測された。そして、消費者への提案については、カロリーではなく、味の提案を行うことにした。ダイエットコークのユニークな販売提案は、「味がいいから選ぶんだ」とした。これは一つには、ダイエット市場の状況を一変させる新しい甘味料システムが登場したために可能となったものである。ペプシより大きな商標価値と消費者への提案をすることで、成功の大きさと同時に、ビジネス領域の大きさそのものが極めて大きくなるだろうと予測された。そこで、我々はダイエットコークだけで、その当時のダイエット・カテゴリー全体の大きさである一〇％のシェアを取れるだろうと予測した。

我々のプランは、市場規模を二倍にし、そのうち五〇％のシェアを獲得することだった。結果、ダイエットコークはタブクリアの二・五倍のマーケットシェアを奪ったのだ。

ドライビール現象は、TACOSのもう一つのよい例である。ドライビールは、通常のビールより高いアルコール濃度があり、日本でアサヒビールがスーパードライというブランドで最初に導入した商品である。米国では、バドワイザーがバドドライというブランドで最初に市場に参入していて、ミラーも真剣に導入を検討していた。その当時、私はミラーでコンサルタントをやっていたので、これにもTACOSモデルを適用してみた。ミラー・ブランドの相対的大きさはバドワイザー・ブランドの約半分であると見た。ドライのカテゴリーは極めて小さく、したがって、小さなカテゴリーに参入することになる。またミラーはユニークな販売提案というべきものも持っていなかった。これらの小さな商標価値、小さなカテゴリー、そして小さな消費者提案を足し算しても、ミラーは利益を出すことが難しく、したがって、導入しないほうがよいという結論に達した。このミラーの決定が、バドドライを商品として正当化し得ないことになり、カテゴリー全体を消滅させることに貢献したのだ。

競合相手を無視して、市場に参入することを拒否することは、ときには正しい戦略である。しかし、ときにはその市場自体あまり意味がないと思われるときであっても、消費者との対話をコントロールするためにその市場に参入する必要があることもある。クリスタルペプシに対抗して、コカ・コーラがタブクリアを導入し、消費者との対話を奪い、ペプシの砂糖入りの商品をダイエット・カテゴリーに引きずり込んだ例はすでに話した。問題とすべき点を不明確にし、顧客を混乱させ、その結果市場自体が消滅し、我々はそれを大成功と考えた。同様に、ミラーはバドドライを違った観点から見て、大きなバドワイザー・ブランドを小さなバドドライ・ブランドに、アンハイザー・ブッシュの関心と資源を向けさせるように、ドライ商品を出す決定を下すこともできた。しかし、これを出さなかったことは、ミラーにとって正しかった。また、その結論は、損益要因の分析に基づいてなされ、競合他社の活動に対抗してやったことではなく、あらかじめよく検討された戦略に基づいて出されたものであるという点が重要なのだ。

◎SOBを探せ

この章で特に言いたいことは、それはまたこの本全体を通して主張していることだが、収益から決して目を離してはならないということだ。あなたの実行することすべて、つまり新しい市場に参入するのかしないのか、新製品を導入するのかしないのかなどの決定をする際に答えを出しておくべき基本的問題がある。それはあなたの投資に対してどこから最大のリターンが得られるのか、そして最も多く金が稼げるかという質問である。この質問に対し、私はいつもSOBについて考え、答えを出している。

いや、SOBはあなたが考えているSOB〔Son of a Bitch：人をけなすときに使う罵詈〕ではない。SOBはSource of Business〔ビジネスの源〕の略なのだ。つまり、誰が商品を買ってくれるのか、そして彼らはどこからその金を調達するのかということである。人々は何を買うのをやめてあなたの新製品を買ってくれるのか、新製品を出す際に理解していなければならない。ある意味では、ゼロサム・ゲームを戦っているのである。

ときには、コンピュータのように、新製品はまったく新しい市場を創り出す。あるときは、ダイエットコークの例のように、新製品はカテゴリー自体を拡大させる。しかし、新製品が市場を拡大させるにしても、少なくとも最初は、新製品の売上げは、何か既存の商品の売上げを侵食して派生している。ということは、これから提供しようとする新商品が、すでに市場にあるものよりも消費者にとってさらに魅力的なものかどうか自問しなければならないということだ。もし、答えが「YES」ならば、どの商品が市場から消えるのか？　自社の商品か？　それとも他社の商品か？

商品が、たとえばポストイット〔糊のついた付箋〕のようにまったく新しく見える商品であっても、どこか他の所からのビジネスを奪ってきているのだ。つまりポストイットはメモを貼りつけるというまったく新しい消費者行動を生み出し、新しい市場を創り出したが、実際には、メモを書きとめる紙片に取って代わる、より効率的な方法だったのだ。それは消費者の使い方の幅を広げたが、代わりにある商品を陳腐化させたのだ。

魚のいるところで釣りをするのもSOBの考え方の一部である。というのは、あなたの商品が非常に大きな可能性を持っていて、そして消費者のニーズもあり、買いたいと思っていることがわかっていても、もし彼らにお金がなければ買えないからだ。可処分所得が十分にある国々を探すべきだ。政治と経済モデルを見るべきだ。政府は市場経済原理に基づく政策を進めているか？　GDPやGNPの伸びはどうか？　経済の成長が、個人の富や可処分所得にどう反映されているか？　これらのことをモデルの中に取り込んで、消費者が商品を買いたいという意思や欲求があるだけでなく、経済的な視点からも、あなたの立てた予測が実行可能かどうか確認すべきである。

多くのマーケターが、これらのことをまるで考えないのは驚きだ。ウサギを帽子から取り出す手品師のように、ブロックバスター〔超大型ベストセラー〕になることを期待できる新製品の導入に興奮し、ろくに検討もせずに走り出すのだ。だが少なくとも以下のことを覚えておくべきだ――どこからビジネスが派生するかについて考えなければならない。なぜなら、そうすることであなたのブランドの基礎作りがなされ、同時にあなたが市場において最も大きな信頼性を獲得するために何をしなければならないかが見えてくるからだ。

◎すべての成長の可能性を考えろ

私はかつてマーケターのゴールは、自然的な成長、経済成長による成長、競合企業によって創出された成長、そしてあなた自身が創り出した成長を含む市場の成長すべてを獲得することであると考えていた。そのようにすれば、あなたのマーケットシェアは自然に伸びていくと。ところが最近、私はこのゴールは十分に野心的なものであるとは言えないと思うようになった。もしあなたが利益の最大化を望むのなら、潜在的な成長も含めてすべてを獲得しなければならないからだ。もちろんこれは理論上のゴールであり、決して達成できないものかもしれない。しかし、そのゴールに向かって努力することが重要なのだ。なぜならそれによって物事を新しくかつ生産的な方法で考えることができるようになるからである。

さらにそれは、潜在的可能性のある市場とは何か、そして何に対して競争しているのかを中心的に考えさせるようになるのだ。日本では清涼飲料は、緑茶やコーヒーと競争している。アイルランドではビールと競争している。ロシアや発展途上国ではキャンディーや雑誌などちょっとした小銭で買える物すべてと競争している。そしてインドや他の貧しい国々では、すべての物と競争している。

競争について評価するという、この考え方がうまくいった例として、タコベルの例が挙げられよう。タコベルは初め普通のメキシカン・フードを扱う店としてポジショニングされていた。メキシコ料理が好きでよく買う人々と、気分転換のためにときどき買ってくれる人々とが潜在的顧客であった。ハンバーガーやピザに対してタコスという、商品そのものが市場（顧客）を規定していた。問題は、このポジショニングではもっとおいしい料理を提供するレストランを含めて、他のすべてのメキシカン・レストランと競争することになってしまい、また市場全体もさほど大きくないことであった。

タコベルは競争状況を見直し、新たな潜在的市場を見つけ、新しく素晴らしいビジネス提案を考え出した。通りの向こうにあるペドロの酒場と競争するのではなく、マクドナルド、バーガーキング、ケンタッキーフライドチキンなどすべてのファストフード・レストランと競争することにしたのだ。タコベルは、気軽さと価格を基本にして消費者のファストフード・レストランでの経験を一新したのだ。四九セントのタコスを導入し、消費者に新しいファストフードのあるべき姿を提案し、事実この市場の状況を一変させてしまったのだ。このタコベル攻勢の恩恵をみなさんも受けていることだろう。その結果、ハンバーガーの価格も下がったのだから。

◎成長がゴールである

最終的には成長がゴールであり、これは避けられない命題である。成長を生み出さない商品の導入や戦術的な活動はすべて行う意味がない。人が勉強し、本を読み、自己啓発をしているのは、自分を成長させようとしているからだ。これは金儲けにおいても同じだ。より多く儲けようとしているのは、より大きく成長しようとしているからだ。誰かがあなたのオフィスに入ってきて、「市場における我々のポジションを守らなければ……」と言ったら、その連中のクビを切れ。広告代理店が「ブランドの低下を食い止めましょう」と言ってきたら、彼らのクビを切れ。成長のみが進むべき道という考え方やビジョンを持っている人間だけを雇い入れることだ。もし、成長しなければ、どうなるか。人間の成長が止まったときに起こること、つまり待っているのは死だ。

でもどうやってやるのか、どうやって成長するのか？　それにはまず、どこにビジネスチャンスがあるのか探す必要がある。自社ブランドをどう新しく定義し直すか、市場をどう定義し直すか？　石鹸、煙草、清涼飲料、ビール業界において、ヴァージン航空のマニキュア・サービスに匹敵する例をどこに見出せるだろうか？　どうしたら車の乗り心地を改善できるか、そしてどうやってそれを自分が販売しているブランドと結びつけられるだろうか？　どうしたら、ソニーのトリニトロンやインテル・インサイドのように、商品をまったく違った方法で定義できるだろうか？　当たり前でないものをどうやって探すか？

これらの質問に対する答えは、新しい市場に参入することにある、ということであるかもしれない。既存の市場が飽和してしまったら、新しい領域に出て行かなければならないだろう。ただし、新しい市場と既存の市場とのバランスをとってアプローチする必要がある。新しい地域や街でビジネスを始めてもかまわない。だが、それは既存の商品や既存の市場にある機会や利益性の犠牲のもとでは、決してしてはならない。

マーケティングは、経済や政治、あるいは世界で起きているあらゆることと切り離して考えることはできない。マーケティングはビジネスであり、したがって、商品を作れるか、そして売れるかどうか、消費者が買ってくれるかどうかを考えなければならない。それが意味するところは、技術、経済、経理、財務、政府、文化、人口動態や歴史などについても考慮しなければならないということだ。これらすべてをよく観察し、そしてこれらがどのように未来を変え、影響を与えていくか考えておかないと、結局のところ過去のなかで生きていくことになり、あなたが導入したブランドは取るに足りないアイディアの墓場に葬られてしまうだろう。ブランドは目的地に到達できず、戦術は座礁し、結局生き残っていくことはできないだろう。

しかし、あなたの商品のパフォーマンスに深い影響を与えるすべての要素をよく観察し、考え続ければ、成功することだろう。競争を理解し、なぜそのブランド、商品あるいはサービスが社会に認知され、消費者がそれに惹かれるのか、その理由を知ることにより、市場において最も高い認知を受けたブランドを持つことになるのだ。それによりあなたは何か違ったもの、よりよいもの、特別なものを提供できるようになり、世界中のより多くの市場にアイディアを導入できるようになる。そして、大きな利益を上げ、株主を満足させ、そしてあなた自身も成功することだろう。

第8章 明日のことを考えるのをやめてはならない

宗教の教義ではいまを純粋に生きることが目標かもしれないが、マーケターの場合は常に、明日何をやるかについての計画を怠ってはならない。過去に何をしたから今日のあなたが存在しているということに関係なく、明日にはいままでとは何か違うことをしなければならないのだ。過去にどんなに成功をしてきたとしても、その栄光の上にあぐらをかいてはいけないのだ。

一九九六年に開催されたオリンピックの前とその期間中、アトランタ中の人々は大会とその準備に忙殺されていた。コカ・コーラはオリンピックの主要公式スポンサーの一つだったので、社員の多くが開会式の計画や、聖火リレーの最終ランナーの人選、聖火の点火セレモニーをどのようにするかなどのブレーンストーミングに参加していた。コカ・コーラの社員がオリンピックの準備に忙しかったころ、私が頭を痛めていたのは、オリンピック終了後コカ・コーラのビジネスをいかに立て直していくかということだった。私はオリンピックの全日程が終了した後のことに考えを巡らせていた。「オリンピックの興奮が収まり、オリンピックのスポンサー広告が終了したら、我社は次にどんな手を打てばよいのか」、「コカ・コーラとオリンピックを取り巻く興奮を、来年度はどう活用していったらよいのか」といったさまざまなことを考えていたのだ。

人々に明日のことを現実的に考えさせることは難しい。現在は刺激的であり、将来のことを夢見るのは楽しいことだ。しかし、現実に明日起こるであろうことの詳細を検討することは非常に難しい。それはある意味で、未来は予測できないものと感じるからかもしれない。そして無論、明日どうなるか私たちが知ることができないのは事実だ。しかしそうする努力をすれば、明日に対してある種の影響力を持ち得ることもまた事実である。

我々は常に未来について考え、計画すべきである。もしこれを怠ると、いざ明日が訪れたとき、それを受け入れる準備がなければ明日に飲み込まれてしまうだろう。

明日が来る前に計画を立てたり、明日をつかむ努力をすることは、ビジネスマンとして生きていくなら誰もが実行しなければならないことだ。前に進みたいのであれば、過去や現在にとらわれていてはならない。過去や現在を振り払い、未知の世界へと足を踏み出すべきだ。

いくつかの国のコカ・コーラでは、オリンピックが終了した後の計画を事前に立てていたが、その他の国では、大会終了後のことなど何も考えていなかった。その結果どうなったかと言えば、あらかじめ計画を立てていた国では高い売上げを維持し、立てていなかった国では売上げが落ち込んだのだ。なんてことだ。かなりの大国においてさえ、小売、卸、そして業界全体がオリンピックのスポンサーである我々の商品を特売商品として取り扱っていたのに、大会が終わった途端に我々を無視し始め、コークの競合商品のプロモーションをし始めたのだ。おかしな話だ。スーパーマーケットがコークの商品を特売し売り場に並べたのは、我々がコークの商品をプロモーションするだけの理由を提供したからだ。もし我々がそうした理由を提供し続けていたら、きっとコークを特売品として売り続けてくれただろう。

今日の市場であなたの商品に起こっていることは、あなたが昨日、先月、または去年、いかにうまく準備してきたかにかかっているのだ。

◎未来は必ずやってくる——待っていてはいけない

未来のための準備が暗示するのは、物事は変化するという考え方だ。変化には得体の知れない不安がつきまとい、人々はそれについてあまり考えないようにする。「何が起こるか待ってみよう」と言い、「すべてはうまくいっているから何も心配することはない」などと言って片づけようとする。もう少し多くの情報をつかめば、決定的な間違いを犯さなくてもすむという言い訳は理解できる。しかし残念ながら、待つことによって成功の可能性も減らしてしまうのだ。待つことは、常に追いかける立場となるからだ。現在、物事がうまくいっていても、いなくても、明日になればその状況は変わるのだ。変化を与える側となるか、それとも与えられる側となるか決めるのは、あなた自身なのだ。

興味深いのは、人々は本当は計画を立てなければならないということをはっきりと知っていることだ。そのことを実際に確認したければ、会社の重役にアポイントメントを入れてみるとよい。重役はミーティング、コンベンション、工場視察、投資家へのプレゼンテーションなどのスケジュールが詰まっていて、一つのアポイントメントをとるのに二か月近く待たされるだろう。次の金曜日に何をしているか、米国企業のどのCEOに尋ねても「何もないよ、まだ次の金曜のことは考えてない」とは決して言わないだろう。しかしながら、金曜日の打ち合わせの結果から何を期待するか、また会社は六〇日後にどのような状況にいなければならないかと尋ねても、明確な答えは得られないだろう。これではあまり賢い（スマートな）ビジネスをしているとは言えない。

◎未来を創造する

スターバックスがコーヒーの飲み方を再定義することで、いかに市場を変えてしまったか、そしてどうやってコンピュータ・メーカーがパソコンの新しい使い方を人々に教えたかについて考えてみてほしい。未来を考えるとき、ただじっと座って何が起こるか眺めていたり、これまで通りのやり方をずっと続けていて、未来が開けるかどうか考えてみてほしい。そして、自分にとって有利になるような変化を起こす方法について考えてほしい。これは特に重要だ。なぜなら自分自身を定義、再定義することによって、競合相手との差を広げることができるからである。あなたが自分自身の定義を変えるたびに、相対的に競合相手をまったく違うポジションに追いやることになるからだ。

あなた自身を再定義することは、競合相手の相対的ポジショニングに影響を与えるだけではない。それはあなたとあなたの顧客との関係も変えることになるのだ。

私は、なにも現在うまくいっていることまでやめてしまうべきだと主張しているのではない。いまうまくいっていることはそのまま継続し、さらに今後もうまく機能するように何かを付加すべきだと言っているのだ。

アーム＆ハマーの広告を参考にして、大いに努力すべきだ。アーム＆ハマーは次のように言っている。「私どものことは、よくご存じだと思います。アーム＆ハマーのベーキングソーダは優れた商品であることはご承知のうえで、その使いみちはすべておわかりだと思っていませんか。ここに挙げたのは、二〇〇種類以上のベーキングソーダの使い方です。たとえば、箱を開けて冷蔵庫に入れます。そうすれば冷蔵庫から何かを出して調理する際、ベーキングソーダを使うことを忘れないし、冷蔵庫の中に入れておけば庫内の消臭に役立ちます。ただし、三〇日経ったら必ず交換してください」

タバスコを生産しているマッキルヘニーはこのアーム＆ハマーの例を参考にしたほうがよい。どこの家でも調味料棚に必ずタバスコの一本は入っている。問題は、誰も本来の使いみち以外に使わないということだ。マッキルヘニーは、調理のときに使う、食べるときにかける、それ以外にもアーム＆ハマーのように、新しいタバスコの用途を考えるべきだ。たとえば金属製の鍋をピカピカにするとか、虫が嫌がるとか。実際の機能については私にはよくわからないし、これを考えるのは私の仕事ではない。それはタバスコ会社の人間が考えて私たちに伝えてくれればよい。彼らはタバスコの新しい用途を提供することによって、私との関係を変化させるべきなのだ。

◎変化は、さらなる変化を呼び起こす

あなたは何か変化を起こすたびに、次なる変化の土壌を築いていることを忘れてはならない。消費者にあなたの商品を買う理由を与えれば、彼らはあなたの商品を購入するようになるのだ。もし今日あなたの提供した理由で買い物をする人がいたら、それは新しい消費者を生み出したことになる。

仮に先月、喉が渇いたとき、すっきりしたいとき、ハンバーガーを食べたときにコークを飲んだ消費者がいたとする。彼は週に約八本のコークを消費したことになる。次に、今月あなたが彼にコークは人が集まったときにも飲むものだと伝えたとする。するとコークの消費が週に一〇本に増えることになる。そうすると翌月からは、喉が渇いたとき、すっきりしたいとき、ハンバーガーを食べるとき、人が集まったときにコークを飲む顧客を獲得したことになる。そこで、週に一〇本以上のコークを飲んでほしいと思ったら、もっと多くの理由を提供すればよいのだ。今月新たに提供してうまくいった理由は、来月には機能しないだろう。なぜなら、その理由はすでに試したものであり、消費者は翌月にはもっと別の理由を期待するからである。消費、定義、再定義、再発見は、成長のエッセンスだ。

同様に、政治的、経済的な環境が変化したら、マーケティング活動もそうした新たな環境に合わせて変化しなければならない。「昨年は非常によい年だった。来年もきっとよい年になるだろう」と、ただ何も行動を起こさずにいるわけにはいかないのだ。

世界中で一九九八年に何が起こったか思い出してみると、九八年という年は、激動の一年だったこ

とがわかる。全世界六か国で新たな大統領が選出され、中南米では大変革が起こった。アジアでは経済危機が発生した。メキシコとブラジルでは大きな問題が発生し、通貨が切り下げられた。米国の失業率は改善したが、再び悪化した。金利が引き上げられ、その後引き下げられた。株式市場は記録的な高値を更新し、その後失速し、再び最高値を更新した。これらすべての出来事が顧客の行動に影響を与えている。これらの事実を踏まえて自らの行動を変化させなければ、ゴールには到底到達することはできないだろう。

あなたのゴールは、あるときにはマーケットシェアの改善、売上げの拡大、その他、何であっても変更がないかもしれない。ところがあるときには変更が起きるかもしれず、または変更すべきかもしれないのだ。未来が開けてくると新たな可能性が大きく広がっているのがわかる。おそらくその可能性は自ら広げることができるのだ。

◎異なるプランには異なる人材が必要だ

これまでの目的地を変えないのか、それとも新たな目的地を設定するのかを決めたら、次はそこにどのように到達するかを考えなければならない。目標は四〇%のシェアを獲得することなのか、現在のマーケットシェアからの二〇%成長を目指しているのか、健全な未来なのか。将来どうしたいのかを決定したら、そこに到達するためのツールを開発する必要がある。

もし、川を渡るときにボートがなかったら、浮橋か橋を建設するか、ボートを買うか借りるかしかない。川岸に座って「ここに座って、これから何が起こるか見ていよう」と言ったら、世の中の移り変わりをただ傍観しているだけになってしまうだろう。

将来、必要となるツールや戦術を考えるとき、どんなスキルを持っている人材が必要かについても考えなければならない。なぜなら、これまで必要だったスキルと次のレベルに到達するために必要とされるスキルとは必ずしも同じではないからだ。一〇キロのレースに出場するためにはそのためのスキルと、コンディションが必要だ。ただし一〇キロ走れるからといって、マラソンを走れるわけではない。一五〇〇メートルの山を登頂できたからといって、即エベレストに登頂できるわけではない。同様に今日成功しているからといって、必ずしも明日成功するとは限らないのだ。まったく新たなスキルを持つ人材を開発するか、これまでとはまるで異なるスキルを持った人物を雇い入れる必要が出てくる。

昨日の成功に甘んじていてはならない。「なーに、今日はとてもうまくいったじゃないか」などと言っていてはいけない。なぜなら、一日だけ事がうまく運んだためにすべてが失敗に終わることだってあるからだ。どこの会社でも同じような状況になっているのが現実だ。あなたが自分のビジネスが成長していないことに気づいたときには、すでに手遅れになっているのだ。

ビジネスの観点から、私は常に明日は今日よりも状況が悪いと考えることにしている。そして、状況を打開するためのプランを立てるのだ。NBAコミッショナーのデイビッド・スターンは、以前私を絶賛してくれたことがある。それは、多くの人はグラスの水を見て、半分しか水が入っていない、あるいは半分空だという。ところが、私はグラスから水が漏れていることを指摘し、グラスを取り換えてから水を入れるべきだと言ったからだ。私のものの見方は、常に恐怖心を持って、今日より明日のほうが状況は悪いという予測を立ててから計画する。あなたの商品またはサービスの成功を確かなものとするためには、あなたも同じようにすべきである。

◎自分で作ったルールを破る

未来を自分の手中に収めるための唯一の方法は、基本的な部分で自分自身に挑戦することだ。常に自分自身のコンセプト、自分のブランド、自分のアイディアに挑戦していくのだ。

人がルールを破ることについて話をするときは、いつもおかしくて仕方がない。それは、ほとんどの人が、ルールは自分以外の誰かのものだと思っているからだ。現実にはあなたがいったんあるグループまたはチームと一緒に仕事を始めると、あるオペレーション、軍隊、国、政治団体、ブランド、企業が採用しているルールに合わせて自分自身を調整しているのだ。だから、ルールを破るためには、あなた自身のコンセプトやアイディアに疑問を持つことが重要になってくる。

ほとんどの人は、ルールを破ることを恐れている。そこでまず彼らに、自分たちを成功に導いたやり方に挑戦し、それを変えてみるよう言わなければならない。そうしなければ他の誰かが割り込んできて、自らが陳腐化させておくべきだったやり方を喜んで陳腐化させることだろう。この行動一つで、彼らは未来を先取りし、あなたに一歩先んじることになるのだ。

もしあなたがすでに成功を収めているとしたら、いちばん大きな問題は、あなたが自分のカテゴリーでカテゴリー・キャプテン〔小売のカテゴリー・マネジメントにおいて、その小売のパートナーとして選ばれたメーカー。通常はそのカテゴリーで最も大きなシェアを持つメーカー〕になっていることだ。あなたは、競争相手が間抜けではないことがわかっている。もしあなたが競争相手を食っているのであれば、競合他社はあなたに注目し、あなたに成功をもたらしているものを自分の中に取り込もうとする。そこで、あなたは常にどういう次の一手を打つか考えていなければならないのだ。

ソニーのバイオノートを発売と同時に購入した友人がいる。彼女はその軽さもさることながら、バイオが唯一彼女のブリーフケースやバックパックに入れられる厚さ（大きさ）であったことが購入の理由だと私に語った。ところがどうだろう。三か月もしないうちに東芝がほとんど同じような規格のコンピュータを発売したのだ。どうして？　基本的に商品はより普遍的になってきているのだ。つまり、コンピュータのコンポーネント、インターネットのプロバイダー、清涼飲料、煙草など、今日どの商品も基本的にはみな同じなのだ。今日では、あなたの商品をコピーするのは極めて簡単なことなのだ。

あるコマーシャルを真似するのにどれほどの時間がかかるだろうか？　ある企業がコマーシャルに白熊やカエルを出演させたら、他の企業が広告に動物を使うようになるまでにどれだけの時間がかかるだろうか？　ある企業がユーモアたっぷりのコマーシャルで成功すると、他の企業が一斉に同じようなコマーシャルを制作するのにどのくらいの時間がかかるだろう？

カテゴリー・キャプテンとは市場におけるリーダーである。成功する者とは、自分が何者であるかという定義を変えることができる者のことである。ところが残念なことに、斬新なアイディアがその独自性を維持できる時間はますます短くなってきている。

将来成功するためには、自分のビジネスを運営しなければならないと同時に、競合相手に何をさせたいか考えておかなければならない。たとえば、何かのスポンサーになる判断をする前に、競合相手がどう反応するか検討しておくべきだ。チェスやポーカーのように、相手より少しでも多く賭けて、賭け金を吊り上げるように振る舞うべきだ。目標は、あなたがやっていることの定義を常に変化させることで、競合相手が常に後追いになるように仕向けることだ。

◎自分の考えを白紙に戻せ

勢《モメンタム》いはひとりでに生まれるものではない。純粋に物理学的な観点に立つと、この考え方はまったく意味をなさない。なぜなら、勢い（運動量）とは、あなたを動かし続ける力のことだ。ところがマーケティングでは、勢いをつけるためには常に何かをやろうとしなければならないのだ。

他者から抜きん出るには、この勢いに乗って加速する必要がある。継続的に、強く、かつ一定のペースで新しいマーケティング・アイディアと、顧客がなぜあなたの商品やサービスを買わなければならないかという理由を提供し続ける必要がある。

それはどうやって達成するのだろう。私は、常に自分の考えを白紙に戻すという方法をとってきた。つまり、私は常に自分のブランドや商品に何が起こっているのか、または、市場に何が起きているのか再検討してきたのだ。消費者行動、売上げ、競合相手の反応などに関する情報に基づいて、もし自分がこの市場に新しく参入したらどうするか、考えたのである。

私がコカ・コーラにいたころは、毎日、コークを市場に再導入することについて考えていた。たとえば、私がコカ・コーラ・ブランドの持つ資質をすべて備えた新しいブランドを任されたとしたら？　そのブランドを市場導入するとしたらどうやってやるのか？　もしあなたがまったく新しい航空会社を持っていたとして、それがアメリカン航空だったらどうするだろうか。すでに数多くの飛行機を持ち、大規模な路線網を有し、消費者から信頼され、フリークエント・フライヤー・プログラムを行っている企業をどうやって市場に参入させたらよいだろうか？　もしあなたが洗剤市場を支配するP＆Gにいて、既存の自社ブランドを陳腐化させようとしたら、どんな洗剤を導入したらよいだろうか？　もしタイド〔最大の洗剤ブランド〕を陳腐化させるとしたら、どうしたらよいのだろうか？　こうしたことを考えることで、未来へ至る新たな道を見つけることができ、新しい商品とあなたには有利で競合企業には不利な環境を作り出すことができるのだ。

つい最近、ニュージャージー州の前上院議員のビル・ブラッドリーが大統領選出馬を考えていることを発表した。そのとき私は、ブラッドリーにとってはこう言うのがいちばんいい公約になると思った。「私は政府を見つめ直すため、いったん政府から身を引く必要があった。上院議員を辞めて外側から政府を見る機会を持ち、現在私は完全な部外者となっている。私は政府で仕事をし、そこからいったん離れることにより、明確に、政府が何をしなければならないか理解するに至ったのである」。

実際のところ、私はこのポジショニングが気に入っており、ビジネスで実践したことがある。私自身一九八六年にコカ・コーラを離れ、コカ・コーラの外で多くのことを学んだ。私は多くの企業で働き、それまでに行ったことのないような場所も訪れる機会を得た。私は一時的にではあるが、それまでに学んだすべてのことを忘れ去り、まったくの白紙状態になっていた。そして、自分が新たに置かれた環境のもとでまったく新しい情報を取り込み、それを記憶の中にいままで蓄積してきた考え方やプログラムとブレンドしたらどうなるだろうと自らに問いかけてみた。この複合的《ハイブリッド》な思考法はどうだろうか？

コカ・コーラに舞い戻ったとき、私はこのような複合的な情報を持っていた。その中身は、自分の頭の中をゼロにリセットして、清涼飲料業界とはまったく関わりのない新たな分野の人々や企業とのやり取りから学んだ情報と、昔から持っていた情報をブレンドしたものである。無論、それまでに身につけてきた多くのことを思い出したが、コカ・コーラの外で学んだことによって、それに色づけをしていったのだ。九八年に再びコカ・コーラを離れ、今日、八六年当時と同じことをしている自分に気づいている。これは、自分の持つ既存の情報を忘れ去り、これまで一度も経験したことのないようなことを学ぶためのプロセスなのである。

私は現在、セメント、プレハブ住宅、燃料などを個人世帯に販売する仕事に就いている。私が一般消費者を対象とするこの業界を選択した理由は、未来に備え、私自身の考え方に挑戦できるような新たな業界を見つけようとしたためだ。実際、こうした努力をするたびに非常によいアイディアを得ることができるのだ。今日この新しい、異なる業界に身を置くことで真の変化を経験し、自分の考え方を進化発展させることができるのだ。それはまるで、イタリアのルネッサンスのようである。それは、過去のよいものすべてと今日の新しい優れたアイディアとをブレンドすることにより、これまでより一層美しく、より優れた、より大きな成功を収めるということなのだ。

あなたが新しい視点を持つことができたら、今度は消費者に新鮮な観点からあなたのブランドをとらえさせる必要がある。コカ・コーラでは、これをさまざまな方法で実践した。ブランドのイメージをコントロールすることで、何か新しいもののスポンサーをすることによって、ブランドについて何か新しいことを発表したり、パッケージを変更したり、従来とは異なる人を対象にしたコマーシャルを作ることで、そして消費者が最も強い関心を持っていることや彼らに影響を与える何かを使ったプロモーションを打ってみることによって実践してみた。つまり我々はブランドの再定義を行い続けたのだ。

我々は基本的に、消費者の目の前でブランドを創造したのである。消費者を追いかけるのではなく、うまく機能するかどうかはわからない提案を作って消費者を我々のブランドに参加させ、彼らを引き込んでいったのだ。

ブランドが、消費者をリードすべきなのだ。そうすれば彼らはあなたのブランドを支持するようになり、また、さらなる価値を見出し、購入するようになる。あなたの提案によって、消費者は喜び、リフレッシュされる。そうすれば消費者はより高頻度で、より多くの場所で、より多くあなたの商品を購入するようになり、あなたもより大きな利益を手にできるのだ。

◎去年のアイディアを葬りされ

発明や再発明の最も重要な要素は、創造性だ。創造性という言葉は、マーケターが結果に対する責任を回避するためにたびたび使用する、曖昧で、魔法のような言葉である。しかし事実はマーケティングにおける他のすべての要素と同様、創造性も予測ができないようなものではない。創造性はコントロールできる。自分が創造的であるとき、あなたは何をやっているのか、何を成し遂げようとしているのか、自分で理解していなければならない。

最初に理解すべきことは、創造性は定義上、破壊的なものであるということだ。人は新たなコンセプトや新たな仕掛けを構築するといった創造性の建設的な面のみに焦点を置く。創造性の本来の姿として、新しいアイディアや新しい仕掛けを創り出すと、既存のアイディアや仕掛けを使わなくなったり、新たなものに置き換えたりしているのだ。ある意味で、創造性は非発明的である。そこで創造的であるということは、「私の出したアイディアは、その当時にはよいものだった。だがいまではこの新しいアイディアのほうがはるかに時代にマッチしたものだ」と言える勇気が必要なのだ。この理解が重要なのは、人々は創造的な仕事を好むが、それに対する責任を取りたがらないからだ。人々が創造性について嫌いな点やそれを敬遠する理由は、ただ不満や批判を言っているように見られたくないためだ。

ここで覚えておかなくてはいけないことは、創造性は過去の手法を変革することを意味しているが、過去のやり方を批判しているわけではないということである。あなたのアイディアのほうが、他の誰のものよりも優れていると言っているのではないのだ。それはむしろ、将来もっと創造的なアイディアによって従来の考え方は陳腐化するということなのだ。来年のコマーシャルは、今年のコマーシャルを陳腐化させる。これが世の常だ。あなたのアイディアが採用されることによって前任者が感情を害するのではないかと気にしているなら、そうした考えは克服しなければならない。来年は誰か他の人が、きっとあなたの席に座っていることになるのだから。

私はコカ・コーラを去ったとき、マーケティング部門にたくさんのよい友人がいた。私は、ここ数週間彼らが「あなたがいたころとはすっかり変わってしまった」と言うのを聞いた。私は「もちろんそうだろう。いまはいる人が違うし、時代も変わっている。いまのやり方が現在にとってはベターなのだということを信じなくてはいけない」と答えた。いまの環境をあなたが生きる新しい環境ととらえ、創造し、発明し、成長するために努力すべきだ。それは以前よりよくなるとか、大きくなるとか、小さくなるとかではなく、ただ単にいままでとは違うということだ。あなたにはその環境の中で並外れた成功を収めるために、あらゆることにチャレンジする機会が与えられているのだ。

◎創造性をコントロールする法を学べ

創造性に対する無意識な不安を克服したら、あなたが望んでいることを達成するために創造性をコントロールしていくことだ。私が何度も繰り返し言ってきたように、まず目的地を持つべきだ。目的地が明確になれば、それに到達するために創造力を活用することができる。

私は創造性とは、その昔水脈の発見に使われた占い棒みたいなものだと思っている。どこで水を見つけるかはわからないが、少なくとも自分の探しているものが水であって、油ではないということはわかる。創造性にあっては、あなたが何について創造的になろうとしているのか特定しておかなければならない。商品を作り直そうとしているのか。新しい製造方法を導入しようとしているのか。パッケージの変更をしようとしているのか。創造性を発揮する前に、ゴールが何か決めなければならない。

もしそうでなければ、「創造的な打ち合わせをしよう」と言ったとしても、決まったことの九〇％はくだらないものになるだろう。というのは、誰も打ち合わせの最初に何を達成したいのかはっきりさせないからだ。人々は方向性がわからなくなってしまうのだ。役員会議の前には必ず、私はその打ち合わせで何を達成しなければならないかという筋書きを書いている。私は我々の戦略が何か、求めるポジショニングとは何か、達成しようとしているゴールとは何かを明確にする。そして、「ゴールに到達するのに、他にどんなことができるのか、そしてどんな表現ができるのか」と質問してみるのである。

次の章で広告代理店について、そして、なぜ私がコカ・コーラと広告代理店の関係を変えたかについて話をしよう。この変化の核心は、商品のポジショニングについては私が全権を握り、私がコカ・コーラが目指す目的地を設定すべきであると思ったところにある。そして、それに基づいて我々がやりたいことを実現するために創造的な方法を見つけるのが、広告代理店の仕事だと考えたからだ。かつて広告代理店は、我々からの指示なしに創造性を発揮してもよいと誤解していたのだ。

とにかく、まず何を達成しようとしているかを簡単に文章化し、次に創造性をコントロールし、思いついたアイディアが本当にゴールを達成するかどうかテストしなければならない。あなたがあまり気に入らないアイディアがたくさん出てくることも覚悟しておかなくてはならない。もしかしたらアイディアを出した本人でさえあまり気に入っていない場合もある。ただし、そんなことは関係ない。もし目標達成に役立つのであれば、それはよいアイディアであるということになる。もし目標を達成できないのであれば、破棄してしまい、他のアイディアを検討すべきだ。

コカ・コーラを去ってから一度広告代理店との打ち合わせに参加したが、その代理店は広告主がとるべき戦略の概要について素晴らしい提案書を書き上げていた。私がとても気に入っていて、尊敬もしているこの代理店は、この提案書を書くのに参加していた。そしてイヤリングをしてパジャマのような服を着たクリエイティブの人間〔広告制作者〕が立ち上がって言った、「これがクリエイティブの部分だ」。私はその席でずっと考えていた、「このクリエイティブ・プランから何が始まるのか」。彼は、「これは本当によくできた作品だ」と言った。私は、「私も同感だ。このアイディアはとても美しい。だが問題は、あらかじめ提案書に書かれているゴールにマッチしないことだ」と言った。

あなたが創造性をコントロールするにあたって戦略と規律をもってすれば、望む結果を得ることができる。

◎目標を前進させ続けよ

もう一つ覚えておくべき点は、最終目的地は新たな出発点にすぎないということだ。人は「今日という日は、未来の始まりである」と好んで言う。しかし、本当にそれを行動に移す人は少ない。しかし現実には、現在の最終目的地に到達する努力をしつつ、次の目的地について考え始めなければならない。

次にどこへ行くのか、そこにどうやって到達するのかを探し出すのにどれだけ時間がかかるだろうか？　結構、長い時間がかかってしまうものだ。コカ・コーラと取引していた広告代理店が、いくつかのコマーシャルの制作終了後、半年の休暇を取りたがることについて、私はいつも異議を唱えていた。私は主張した、「我々はこれまでで最善のアイディアを駆使してコマーシャルの撮影を終えたばかりだ。だがたったいま、すぐに、半年後に流す新しいコマーシャルの制作に入るべきだ。もし半年後に始めたとしたら、コマーシャルが完成するのは一年後になってしまう。いますぐ始めなければ、我々が必要なタイミングを逃してしまうのだ」と。

これと同じ理屈が、あなたのプランにも当てはまる。いつ来年の計画を立て始めるのか？　来年の二月の計画は、今年の二月が終わり次第立て始めるべきだ。そして今年の結果がわかったら、それを来年の計画に活かすのだ。同じ手法は通用しない。消費者を引きつける新たな手法を見つけることによって初めて、いままで以上に売上げを伸ばすことができるのだ。

ゴールに向けて前進し続けることは大切だが、大きな目標達成のために重ねていく一つひとつの小さな成功を定義し、それに満足することも同じように重要である。目的地に焦点を置くという観点からすると、その到達する過程での小さな成功をいちいち祝っている余裕はないように思えるかもしれない。だが、実際にその余地はあるのだ。マラソンのためのトレーニングにたとえると、最終的な目標は当然四二・一九五キロを走破することである。ところが、このぞっとするような距離だけを見据え、それがどれほど苦しいかを考えてしまうと、レースに参加する前に棄権してしまうだろう。そこで、毎日のトレーニングをやり遂げるたびに、その小さなゴール達成という勝利を祝わなければならないのだ。無論、その勝利に酔いしれて目的地を忘れてしまってはならない。

自己のモラルを高く維持することだ。それはビジネスにおいては、プロモーションの成功かもしれないし、消費者に大きな影響を与えたコマーシャルかもしれないし、役員人事の成功かもしれない。これら一つひとつのステップが、我々の目的地到達を後押しするのだ。その過程でこれらの小さな勝利を祝うのだ。

◎いくつもの小さなステップがあなたを遠くへ連れて行く

創造性はときに、あなたを商品の新しいポジショニングといった新たなことに取り組ませることになる。コークはかつてメランコリーなブランドとしてポジショニングされていた。つまり、野球の試合に負けたとき、コーチが選手にコークを差し出すというようなイメージである。現在、我々はポジショニングを拡大し、コークはすっきり爽快、エネルギッシュで、味がよく、その他数えきれないほどの多くのポジションを打ち出している。このポジショニングを消費者に伝えるため、白熊のキャラクター、クリスマス・キャラバン、陸上競技のシューズを履いた人が砂漠を走っているシーン、コークのボトルが描かれたパッケージがあるのだ。これらはすべてコークの幅広いポジショニング・メッセージを消費者に伝え、消費者により高い頻度で、より多くの場所でコークを飲むよう促し、その結果より大きな利益を生むための創造的な方法なのだ。

ただし、創造性とは単に新たにすべきことを見つけるだけのものではない。それはまた、すでに行っていることを改善するために新たなよりよい方法を見つけるのにも役に立つ。毎年毎年、バドワイザーは「このバドをあなたに」という同じメッセージを送り続けている。しかし、このメッセージを伝えていたのは、以前は筋肉のたくましいブルーカラーの男性の集団だったのに対し、いまではカエルになっている。

多くの人はしばしば創造性とは、まるでアメリカンフットボールで、ほとんど成功の見込みがないいちかばちかのパスで劇的な勝利を飾るような、画期的なアイディアだと考えてしまうようだ。だがそれは真実ではない。ほとんどの場合、創造性とは、土埃の舞い上がる中で一〇ヤードラインを突破するようなものなのだ。それは派手な空中戦ではなく、泥まみれの地上戦である。なぜこの商品を買うべきか、この航空会社で飛ぶべきか、この車を運転すべきか、またはキャンディバーを食べるべきかといった小さな考えやプレゼンテーションや説明の積み重ねなのだ。「そうだ、それも私がそうすべきもう一つの理由だ」と納得させる小さなことなのである。

実際のところ、スケールの大きなアイディアは、私が考えているよりもはるかに多く存在していると思う。ほとんどの人は、それについて真剣に検討するにはリスクが大きすぎると思っている節がある。そこで、自分のレジャーのために旅行をするように、意識して創造性にアプローチし、新しいアイディアを発掘する必要がある。海外旅行を計画するとき、新たな発見に対する心の準備をしているように。結局、それこそが旅の醍醐味なのだ。それと同じことをビジネスに当てはめる必要がある。創造的な新しいアイディアが、あなたをいままでに到達したことのない場所に連れて行ってくれることがわかれば、新しいアイディアを恐れることはなく、逆にそれを楽しむことができる。そして戦略に忠実であれば、大胆に歩き出して未来を先取りすることも可能なのだ。

もしあなたがいち早く変化していくなら、競合相手があなたに追いついたと思ったときには、あなたはすでにはるかに先を行っている——このことを忘れてはならない。

第3部 誰が実行するのか

第9章 人数が問題なのではない。結果が重要なのだ

これまで、マーケターとして成功するために何が必要であるかを説明してきたが、ここでそれらを以下に要約してみよう。

- まず、目的地を決定せよ。そうすればあなたがどこに行こうとしているかがわかるだろう。
- 目的地にどうやって到達するのか、そのための戦略を立案せよ。
- 消費者の記憶の中で、あなたの商品をどうポジショニングしたいのかをはっきりさせよ。
- ブランドを創造し、そのブランドのためのイメージを創り上げよ。
- 顧客を理解せよ。
- なぜあなたの商品を買わなければならないか、その理由を与えることで、継続的に自社商品を販売せよ。

・ブランドを創出せよ。
・新規市場へ参入せよ。
・既存市場で成長せよ。
・パッケージング、プロモーション、物流、そして広告について創造的に考えよ。
・あなたの実行するすべてのことについて、繰り返し結果をテストし測定せよ。
・自社ブランドおよび戦略を継続的にリフレッシュし、現在の売上げだけではなく、将来の売上げも最大化せよ。
・そして最後に、数多くの異なる市場において、このプロセスを実行せよ。

しかしここまで聞いて、たぶんあなたはこう思われたことだろう。「どの軍隊を使ってこれらを実行したらいいのか。いま一〇〇頭の馬を買えと言ったが、誰がその馬に乗るのか。いま飛行機の編隊を買えと言ったが、パイロットはどこから調達すればいいのか？　デスティネーション・プランニングをするようにと言ったが、どのようにやったらできるのだろう。誰がそれを実行するのか？　私はたった一人しかいないのだ！」と。

それに対する答えはこうだ。まず、マーケティング組織を構築すること。そしてその中に有能な人間を、しかも数多くの有能な人材を注ぎ込んでいくことだ。私が初めてコカ・コーラで働いたとき、苛立ちを覚えたものだ。なぜなら、いいアイディアがたくさんあるのに、私にはそれらを実行するために必要な人間が足りなかったからだ。コカ・コーラを離れてからも、同じことをよく目にした。多くの企業では、商品をたくさん売るためのいいアイディアはあるのだが、人材が足りなくてそれらのアイディアを遂行できないでいる。そして私がコカ・コーラに戻ったときには、次のような印象を受けた――五〇〇台のバスが駐車場に止まっているが、誰も運転できる人間がいない。バスはすぐに発車できる状態にあり、ルートも決まっており、ガソリンも満タンなのにドライバーがいないのだ。私は必要な人間を雇い入れることにかかりきりになった。

マーケティングの将来は、確固たるビジネス原則に基づき、満足のいく結果をもたらす専門分野として確立することにある。

これには二つの基本的な理由がある。一つはこれまでの章で明らかにしてきたことだが、確固たるビジネス原則に則ってマーケティングにアプローチすれば、マーケティングははるかに効果的になるということだ。もう一つは、マーケティングが明確、かつ測定可能な結果を生み出す厳格な投資であるという考え方を打ち出すことで、初めてマーケターが効果的に仕事をするための資源を獲得できるということだ。マーケティングが企業にとって中核的な活動として認識されない限り、つまり経費として見られている限り、経営者は躊躇なくマーケティング予算を削減するだろう。これが悪循環を引き起こし、さらなる予算のカットにつながるのだ。これでは企業の業績は間違いなく下降曲線をたどることだろう。

◎アマチュアではなく、プロを雇え

マーケティングはやってもやらなくてもいいというオプショナルな活動ではなく、システマティックでプロフェッショナルな体制でアプローチすべき、重要な戦略的活動である。そのため、プロのマーケティング・スタッフを雇い、さらに伸ばしていくには、よりいっそう原則に忠実に従う必要がある。

長期の修業期間を経てプロとなった優秀なマーケターは、数多く存在している。私自身もそのうちの一人であると考えている。

私の最初の仕事はメキシコのプロクター&ギャンブル（P&G）のブランド・アシスタントだった。そこでアリエールという洗剤のブランドに取り組んだ。ほぼ一年後、私はセールスマンに昇格し、後にクレストハミガキのブランド・マネジャー・さらにセーフガード・ディオドラントのブランド・マネジャーを務めた。その後、ニューヨークのマッキャンエリクソンから誘いがあり、メキシコのコカ・コーラを担当した。これがきっかけで日本に行き、ネスレやゼネラル・モーターズ（GM）を担当し、再びニューヨークに戻りコカ・コーラのボトラーを担当した。そしてペプシ（そうだ、ペプシだ！）のブラジルのマーケティング部門の責任者になった。ペプシは私をニューヨークに戻し、そこで米国ペプシのマーケティング担当役員となり、その後アトランタでコカ・コーラに入社した。

これが私の経歴である。

私が仕事を始めたとき、マーケティングのことは何一つ知らなかった。私がマーケターとして歩み出したのは、P&Gがマーケティング部門で人を探していたからであり、私を雇ってくれたからだ。

残念ながら、ごくありふれた話だ。なぜなら、経営者たちはマーケティングをよく理解しておらず、したがって誰でもいいから頭数だけを揃えるために人を雇い入れ、何をやればよいかもわかっていない彼らの親戚や知人をマーケティング部門に放り込んだのだ。幸いなことに、その中の一部、特に勉強するエネルギーとやる気を持っていた若者が、当初マーケティングに関する知識がなかったにもかかわらず優れた実績を残すようになる。しかし、企業はマーケティングの資質に欠ける多くの人間も抱えることになったのである。

過去の競争の厳しくなかった時代には、一握りの優秀なマーケターと多くの電話番やプロジェクトの見張番がいれば切り抜けられた。しかし、これでは将来を生き抜いていくことはできない。マーケターは毎日、よりハードに、よりスマートにより多くの仕事をこなし、顧客に競合企業の商品ではなく、彼らの商品を買うように説得しなければならない。すなわち、多くの人を抱えて、かつその一人ひとりがその能力のすべてを発揮しなければならないということだ。

彼らの知識や頭脳で優れたプランを作り、彼らの真剣な取組みやスキルによって、こうしたプランを遂行していく必要がある。もし企業がもっとたくさん自社の製品を売りたければ、同じくたくさんのマーケティングのプロが必要となる。そして、すべてにおいて競合企業を上回るためには、必要な能力の最適な組み合わせを達成することが必要だ。大リーグでプレイしたければ、プロのチームを作り上げなければならないのと同じように。

適切な資源を獲得するということは、人材の確保という点で企業経営の中枢的課題となる。世界中で最良かつ最高の叡智を調達するということは、そのコストも経営者の目を引くことになり、往々にして財務担当者が途中で割り込んできて、人数に制限を加えたりするものだ。こうした予算のぶん取り合戦に勝利するためには、マーケターは二つのことをしなければならない。

第一に、マーケティングとはプロの仕事であることを自ら認識し、あなたの上司を説得することだ。マーケターとは、あなたが給料を払い、探していた特別なスキルを持った人材なのである。従弟のビニーの息子が仕事を探しているからといって、彼を雇ってマーケティング部門に放り込むことなんかできない。「私は消費者だから物を買う。だから、私は物を買う人のことをよく知っている。だから、私はマーケティングを知っている」と主張する程度の人物を雇うわけにはいかないのだ。人は生まれながらにして、マーケターであるわけではない。彼らはマーケターになるために学び、そしてマーケターになろうと心の底から望まなければならないのだ。

単に、仕事が欲しいというだけではダメだ。マーケティングを愛し、マーケティングと一緒に飲み食いし、呼吸し、マーケティングと一緒に眠らなければならない。マーケティングは、副業であってはならない。それは天職なのだ。

第二に、財務部門の人間と議論するときには、データや数値をあらかじめ準備しておくことだ。彼らにマーケティングがいかに効果的に機能するかを示し、マーケティング部門へ金を注ぎ込むことは利益を生み出す投資であることを納得させる必要がある。そのためには、あなたの担当する全ブランドについてブランドごとに損益計算書を作り、間接経費も含むすべてのコストをその中に反映させなければならない。そしてそれを駆使して、工場や物流センターを建設するプランを正当化するのと同じ方法で、マーケティング部門に人を採用することを正当化しなければならない。

もしあなたに、マーケティングとリンクして企業の売上げや利益も上下していることを示す確固としたデータがあるなら、そして経営者がまともに判断できる能力を持ち合わせているなら、最後にはあなたの思う通りの結果に到達できるだろう。もしできなければ、私のアドバイスは新しい仕事を探せということになる。なぜならあなたは、あまり賢くないか、または成功したいと考えていない輩が経営する会社で働いていることになるからだ。BクラスのプレイヤーをAまたはA⁺クラスのプレイヤーに引き上げようと支援しているときに、誰がDクラスのプレイヤーをCクラスのプレイヤーに引き上げる努力をするだろうか。もし、あなたの会社がマーケティングに投資するつもりがないというなら、どうやって成長しようというのだろう。惰性で？　それは無理だろう。

◎ベストな人材を雇い入れ、それから彼らに仕事を見つけろ

それでは優秀な人材を雇い入れることを会社が承認したとして、今度はどのようにしてマーケティング部門を組織していくのか。それについて話をしよう。雇う人間をどうやって決定するのか？　どうやって彼らをあなたのために働かせることができるのか？　それにも戦略が必要だ。

私の考え方は、有名なフットボール・コーチのテックス・シュラムから拝借したものだ。他のコー

チと違って、彼は最高のタックルやエンドやランニングバックを探し出そうとはしなかった。代わりに彼は最高の運動能力を持った選手を探し出し、それから彼らにプレイしてほしいポジションを決め、必要に応じた能力を開発していったのだ。

これがコカ・コーラにおいて人を雇うときに採用した方法だ。我々は七年以上の経験者は募集しなかったし、三年近く清涼飲料業界で働いた経験のある人も望んでいなかった。また三か国で暮らした経験も、二人の子供を持つ人もいらなかった。我々が求めたのは、世界中でベストなマーケティングの人材であり、入社してから彼らに合った仕事を見つけ出したのだ。もし適当な仕事がなければ、それが見つかるまで新しい仕事を彼らのために創造した。

一時、私には四、五人の特別補佐がいたこともある。それは彼らにやってもらいたい特定の仕事がなかったからだ。だから私はずっと自分が開発したいと思っていたことを彼らにやってもらおうと、新しい仕事を創り出したのだ。すぐに彼らは現場に吸い寄せられるように出ていった。それは驚くべきスピードだった。優秀な人材を見つけたらすぐに雇い入れることだ。彼らが本当に優秀であれば、どの部署に置こうと付加価値を生む方法を見つけ出していく。

問題は、こうした極めて優秀な人材を見つけることが難しいことだ。というのは、通常彼らは現在働いている会社から高い給料が支払われており、またそれに満足しているからだ。したがって彼らを自分の会社に呼ぶための方法を見つけなければならない。彼らがいまのポジションでやりたくてもできない仕事を見つけ出し、それを与えてやるのだ。私はこれをバーチャルな代償と呼んでいる。おそらく彼らは冒険を求めており、または彼らの家族が快適に過ごせる場所を求めているはずだ。たぶん幾人かは自分の子供がXまたはYという国で生まれることを望んでいる。または、フランスにボーイフレンドがいる女性は、そこに移住して結婚したいと願っているかもしれない。人々は転職の理由として、こうしたさまざまな要望を私に告げたのだ。私は彼らの要望をすべてかなえてやった。我々は調整し、彼らを採用した。我々は彼らが要望することに対しては、非常に柔軟に対応した。当然その見返りとして我々も欲しいものを手に入れた――それは仕事に対するやる気と情熱を持つ、献身的で優秀な数多くの人材である。彼らは、我々が彼らの要求をすべて飲んだことに感謝していたのだ。

◎輸血をせよ

外部から優秀な人材を投入することでマーケティング部門を構築していくとき、従前からの社員とのコミュニケーションと教育について十分に注意を払う必要がある。これは新商品を導入するのと似ている。つまり、既存のものも継続してマーケティングしていかなければならないということだ。私が言いたいのは、コミュニケーションが極めて重要であるということだ。私は、このことを厳しい体験から学んだ。

一九九三年にコカ・コーラに戻った直後、私は社長のダグ・アイベスターと会長のロベルト・ゴイズエタに、我々の目標を達成するためには五〇人ほど人材を雇い入れる必要があることを納得させた。私は、これでマーケティング力が増強すると大いに喜んだ。ところが突然、私は部下たちの造反にあったのである。それは、私同様にこの決定を喜んでくれると思っていた人たちからのものだ。彼らはすでに私の部門で働いていた人たちであり、より多くの戦力（新たな人材）を得ることになる人たちであり、彼らもまたヘッドハンターから紹介された人たちだったのである。

マーケティング部門に発生した問題は、私が何をしようとしているのか十分に説明しなかったことが原因だった。マーケティング部門の人たちは、私が彼らに満足していないのではないかと不安に思ったのだ。そして彼らをクビにしようとしていると誤解したのである。最終的に問題の核心に至ったときには、どうして彼らが誤解したのか理解することができた。しかし、私はヘッドハンターについては理解できなかった。

私は、ヘッドハンターは「五〇人の優秀な人間を見つけてくれ」というような自由裁量の大きな依頼を歓迎するものと思っていた。ところが、彼らはそうではなかったのだ。仮にいま、ある仕事に誰かを充てるとする。たとえばシンガポールでプロモーション・マネジャーを探しているというような場合、ヘッドハンターに対して具体的な内容を伝えることで、彼らもそれに適った人間を見つけることができる。ところが、「具体的な内容は何も考えていない。ただ優秀なマーケティングの人材が欲しいのだ」と言った場合、どうなるだろうか。彼らは常軌を逸したかと言わんばかりの表情で、我々を見るだろう。彼らは我々が具体的な仕事の内容を与えてやらなければ、我々が何を欲しているのか理解できないのだ。

当時、私の役員秘書であったレスリー・リースは、人材開発担当部長になっていた。彼女は私のオフィスに入ってくるなり髪をかきあげながら、世界中のヘッドハンターがコカ・コーラの仕事はしたくないと言っている、と告げたのだ。実際、彼らはローカル・マネジャーたちに、内緒で我々が人を雇い入れようとしていると告げて問題を大きくしていた。やがて、驚いたローカル・マネジャーたちが、「これはどういうことですか！　私は、これ以上もう人はいらない。ポジションはもう埋まっているし、いったい何をやろうとしているんですか⁉」とすごい剣幕でやってきたのだ。

そこで我々は長い時間をかけて、彼らに説明しなければならなかった。我々が現在のスタッフに不満を持っているわけではないこと、そして彼らをいまの仕事から追放しようとしているわけでもないことなどだ。さらに我々がチューリッヒで誰かを採用したということは、彼または彼女をそこに置いておくということも意味していなかった。我々は市場を拡大しようとしていたのだ。我々はすでに多くの優秀な人材を抱えていたが、さらに多くの人材が必要だったのだ。そして、我々にはなかったスキルを持っている人も必要としていたのだ。

清涼飲料業界の経験者はすでに大勢いた。我々が必要としていたのは、他の業界の人間であり、異なる規範で動く人間だった。彼らが我々の知らないことを教えてくれるはずであった。ロベルト・ゴイズエタはこれを「我々が求めていたのは、彼らの血を我々に輸血することであり、我々の血を彼らに輸血することではなかった」と説明している。これは、実に明快な説明ではないか。我々が彼らに自分たちの考え方を押しつけ、六か月間にわたるトレーニングを課し、彼らが他の業界で学んできたことをすべて捨てさせるのではなく、彼らが我々に彼らのやり方を教えてくれるのだ。つまり、我々は外部の知識を使って、自分たちがやってきたことをさらに高める方法を見つけようとしているのだ。

ヘッドハンターが一貫して文句を言ってきたのは、我々が彼らに詳しい内容を十分に伝えなかったということだ。私は、将来を見据えるときには具体的な仕事内容などあまり問題ではないと考えている。大切なのは最良の実務者を見つけることだ。そして最高のメディア、広告、マーケティングおよびブランドに携わる人間を採用することだ。こうした優秀な人材はそう多くはいない。多くの企業は、長く在籍することと専門知識を混同している。つまり一二年間あることをやってきた人間は貴重な経験を持っているはずだと考えているのだ。ところが、私を信じてほしいのだが、彼らは大した経験などしていないのだ。本当に優秀な人材は、企業の期待に応えようと自らを変えていくことのできる人間なのである。それは、これまでに十分に話してきたことだ。もし彼らを見つけたときに採用しなかったら、あなたが必要とするマーケティングの深さも底力も発展させることはできないだろう。

◎生産性の高い人間は何人いても、多すぎることはない

スポーツのチームで考えてみよう。野球の監督は、一度に一人しか必要としないのに、六人のピッチャーを抱えている。さらには四人の控えのピッチャーを二軍のチームに、そしてもう六人を三軍のチームに抱えているのである。監督は継続的にこのポジションの人間を開発していく。なぜならピッチャーはいずれ疲労してくるからである。企業においては、頭数を減らすことに大きな関心を払うのでこうしたやり方はしない。我々がウォール街で従業員の数を減らしたと言うと、通常彼らは我々のオペレーションが効率的になったと好意的に受け止める。ところが現実には効率的になったわけでは

ない。なぜなら、カットしたポジションを埋めるために他の人間を探すか、または五分前に誰かがしていたことを誰か他の人間がやらなければならないからだ。企業においても控えの選手を抱えていなければならないのだ。

企業は、正しい目的を持ったより多くの人材が適切に配置されれば、より大きな生産性を発揮し、より多くの商品やサービスを売ることができるという仮説に基づいて経営されなければならない。これができれば、あなたの会社はいままで以上に利益を生み出し、彼らも自らの給料をカバーすることができる。もしこれができないなら、市場における成長に貢献していないのだから、頭数を減らす必要があるということだ。永久に人を増やし続ける必要はない。現在いる人間の数を減らすことはまったく問題ない。ただし人をカットするときには彼らが利益を生んでいないからそうするのであって、独断的な頭数の調整であってはならない。もし全員が売上げ利益に貢献しているのに人間をカットするとしたら、それは売上げをカットするのと同じことになる。生産性の高い人間は何人いても多すぎることはないのだ。

◎自分のことは、自分でやらせろ

もちろん優秀な人間を採用しても、あなたは引き続き彼らを管理しなければならない。少なくともあなたは彼らが実力を遺憾なく発揮し、彼らを採用してやらせようとしたあらゆることができる環境やシステムを作り上げなければならない。これは彼らに責任と権限を与えることを意味している。また彼らを信用することも大切だ。私がこのビジネスで成功できたのは、優秀な人間を採用し、彼らのアイディアに耳を傾け、そして彼らにそのアイディアを実行させたからだと思っている。彼らがミスを犯したときはいつも、彼らがその間違いを認識してそこから何かを学んだなら、私はそのミスを忘れ、彼らにもう一度チャンスを与えてきた。

私はコカ・コーラで、世界中で最も優秀でまた革新的な人材を何百人も採用してきた。彼らを採用したとき、彼ら一人ひとりが小さな夢を持ち、小さな幻想を持ち、やってみたいプロモーションやポジショニングがあることを知っていた。彼らに自分たちの夢をテストできる環境を提供してやれば、彼らはもっと熱心に、もっとエネルギッシュに、生産性を上げ、そしてもっと幸福になるのだった。

自分は人の意見を聞くこと、そして権限を委譲することに長けている、と言う人もいるが、実際にはそういう人は少ない。もしあなたが何人もの人々を彼らが持っている知識に魅力を感じて採用したとしたのなら、何がなんでも彼らの意見を聞き、彼らに権限を持たせるべきだ。さもなくば、彼らの知識に対して高い給料を支払う意味がなくなってしまう。

社内から人を昇進させていく代わりに外部から人を採用するのは、外部の知識を取り入れたいからだ。彼らから成功体験や失敗体験を聞くことで、その経験を社内の人たちに広げていくのである。そうするためには、明確なコミュニケーションをとる必要がある。共通の言語を創り出し、そして権限を委譲するのだ。ときには、誰かがミスを犯すだろうとわかっていても、そのミスを犯させることも大切だ。彼自身、もちろん社内の他の人間もその間違いから学ぶことができるからである。

◎決定は明確にすべし

コカ・コーラでは私の直属の部下は、一人ひとり彼らのやるべき責任が明確になっていた。誰がどの責任を持ち、そして誰が決定するか明確に決まっていた。私は友人のビル・ボッグスの助けを借りて、決定を行う五段階のシステムを開発した。レベル1の決定は私の決定であり、誰の意見や提案も受けつけない。レベル2は他の人の意見を参考にした私の決定である。レベル3は我々の決定である。レベル4は、私の意見を踏まえた他の人の決定である。レベル5は、私の意見の入らない他の人の決定である。

レベル1の決定は、ポリシーに関するものである。企業は株主に対して財務的責任を負っているが、この責任は本社に集中している。したがって企業は投資機会を生かすことに的を絞った戦略を持たなければならない。もしあなたが、会社の商標や損益計算書、またはバランスシートに対して責任を負っていれば、あなたの決定は自分の責任に沿ったものでなければならず、株主や役員会によって与えられた責任も満足させるものでなければならない。これらの決定は明確にコミュニケーションがとられていなければならない。したがって、誰に対しても「これはレベル1の決定であるから、これについてはそれが何であろうとやらない。この決定を変えようとしても時間の無駄だ」と言っても一向にかまわないのである。

実際、明確に「NO」と言うことは難しいが、優れたマネジャーの資質としては重要なことだ。私が言おうとしているのは、自分の権力を誇示するために拒否権を行使しろということではない。しかし決定を下して彼らに時間を効率的かつ効果的に使わせるのもマネジャーの仕事である。私がこれまでに受けた最高の賛辞は、直属の部下のトム・ロングからのものだ。ある日、彼は私が頻繁に「NO」を言うと指摘したので、私はてっきり彼が文句を言っているのかと思った。ところが彼はこう言ったのだ。「私が実行したかった多くの課題について、歯に衣着せぬ議論を戦わせた後で、あなたは最終的に『NO』と言った。そしてその理由をいくつも挙げて説明してくれた。おかげで、私はその時点から自分の時間を無駄にすることなく、『YES』の事柄に集中することができた」と。

だから、「NO」と言うことを恐れてはならない。人々は「たぶん」とか「まあ、面白い考えだけど、ちょっと考えさせて」とか、「レポートを書いて出してくれ」といった答えを期待しているのではない。まして、あなたの言うことだったら何にでも行動を起こすというわけではない。「YES」か「NO」か言うほうがまだよい。まず活発に議論し、そして詳細に議論をしたうえで自分が責任を持つことにのみ取り組むことだ。

レベル2の決定は、「これはレベル2の決定であり、私が決断するが、できる限り多くあなたからの意見や提案が欲しい」というものである。あなたの意見は書いてもいいし、話してもいいし、プレゼンテーションしてもいいだろう。ただし、最終的には、あなたが提案していること、そしてあなたが考えていることと私が考えていることを両者が理解したうえで、私が適切な決断を下すポジションにあるということだ。この場合、重要なことは、人々の意見、視点、状況分析は十分にマネジャーの決定に反映されているということを彼らが理解していることである。このプロセスはまた人々にマネジャーとしてあなたがどう考えているかを理解させるという利点もある。したがって、将来彼らはどのように評価され、成功するか失敗するか判断することができる。

私は、レベル3の決定は好きではない。レベル3の決定は、我々全員が集まって一緒に決定しようというものである。そんなことは不可能だ。誰かが決定しなければならないのだ。最も進んだ民主主義においても、誰かがリーダーシップをとって、「これが我々のしようとしていることだ。それについて議論しよう。それから誰かが決定すべきだ」と言うであろう。私のゴールはレベル3の決定事項はすべて、レベル2か、レベル4に移行するということだ。可能な限りレベル3の決定は排除すべきだ。

レベル4の決定は、マネジャーにとって最も難しいものである。なぜなら、マネジャーとしてあなたに与えられた権限や権力をすべて忘れて、誰か他の人間に決定させなければならないからだ。マネジャーは意見を差し挟むことはできるが、決定するのは他の人間なのである。ただし、システムを機能させるために極めて重要なことは、マネジャーとしてあなたはルールに従うこと、そして他の人に決定させることである。

他の人に決定させたあとで、マネジャーとしての権威を見せつけようと、自分の思い通りにすることはありがちなことだ。ただしマネジャーが自分の思い通りにしてしまうと、それからはあなたの言う通りにしない人間を罰することになり、将来いかなる案件についても、いつも自分で決定しなければならなくなる。なぜなら、あなたは組織とそのルールを壊したからである。あなたが自分のオフィスで決定した多くの事項は、ニューヨーク、アトランタ、ロンドン、デモインではうまく機能しないものだ。だから多くの人を雇って彼らを世界中に送り、その市場における固有のスキルや専門知識を開発させるのである。もしトップに立つ人間がすべての決定を下してしまったら、築き上げてきたこうした知識は役に立たないものになってしまう。

レベル5の決定は、私の意見が入り込まないあなたの決定である。人々が私に持ってくる案件の中で、私は「これはレベル5の決定だ」と、言うことがある。これが意味するところは、私は彼らを信用しているということだ。彼らの能力を信頼し、彼らの知識、市場で何が起こっているのかを判断する彼らの力を信頼するのだ。レベル5は権限を委譲することである。基本的にレベル5は、「我々はあなたのことを信頼しているから進んでやりなさい」と言うことと同じである。

◎誰でも学び、教えなければならない

ここで私が提案していることは、手放しの経営をしろと言っているわけではない。私の仕事は全員に、戦略、ゴール、ビジネスの目的を明確に理解させることにあると考えている。しばしば、私は彼らと激しい議論を交わし、彼らのアイディアが全体の戦略に合致したものであるかどうかを確認する。しかし私の意図するものは彼らに実行させることである。彼らに絶好のチャンスを与えるのだ。するとどうなるか？　私の経験からいくと、彼らは大概優秀なのだ。彼らはいいアイディアを持っており、創造し、発明し、発見したいと思っている。あなたが彼らに提供するのは、彼らが事を成就するための一般的なガイドラインであり、環境であり、自由に活動できる余地である。

かつて、コカ・コーラもそうだったが、いまでも多くの企業では、本社から来たマネジャーが、自分の命令を出して既存の多くのプランを潰している。こうしたマネジャーは現地の人間にとっては目の上のたん瘤であり、彼らの目標は一刻も早くこのマネジャーを追い出すことに向けられる。そうすれば、また彼らのやりたいようにできるからだ。

私も各支社を回り始めたときには、非常に大きな目の上のたん瘤と見られていた。なぜなら私は、ただ単に命令を出すだけでなく、彼らに挑戦し、質問し、議論を仕掛けたからである。私がそうしたのは、人々に目的を理解してほしかったのと、彼らの優れたアイディアをそこで終わらせずにもう一段高いところへ持っていってほしかったからである。しかし、私がそうしたのは、彼らから学びたかったからでもある。私は世界の異なる地域に住む人々が優秀で素晴らしい人たちだと信じており、彼らから学びたいと思ったのだ。彼らもまた私から学べるようにミーティングの席には多くの議題を持ち込んだ。ミーティングとはアイディア交換の場である。さもなくば、ミーティングを開く理由はない。ファックスや電子メールを送るだけですむなら時間もコストも削減できる。

ダグ・アイベスターと私はかつてコカ・コーラの予算編成会議の進行役を務めたが、そこではソクラテスの対話を実現することを目指していた。しかし、出席した多くの人々には怒鳴り合いの場に見えたかもしれない。我々は、ただ座って誰かが作ったスライドやチャートを用いた彼らのプランを発表するのを一方的に聞いているのは馬鹿げているし、退屈だと思っていた。我々はプランニングに参加しようと頻繁に質問し、提案した。当初この方法は大方の反発を食らった。しかし我々は彼らを攻撃しているのではなく、むしろ支援しているのだということがわかると、彼らは防御に回るのをやめた。その結果、このミーティングから素晴らしいアイディアが生まれるようになったのだ。

あなたも、そして他の人も、人との積極的な関わり合いや激しい議論は、たとえそれが怒鳴り合いであっても、得るものが多いことを認識しなければならない。なぜなら、それはもうすでに十分うまくいっていると思っている人に、もっと他によい方法があることを気づかせることができるからだ。

私ももっと若いころは、上司と意見がぶつかると、誰よりも早く席を蹴立てて飛び出したものだ。しかし何年かたってみると、テーブルの向こう側に座って私のプランを検討していた人たちは、私にはない知識を提供してくれる能力のある人々だったことに気がついた。世界のどこかで、誰かが持っているアイディアを彼らが聞いて、そのアイディアをもっとよくなるよう応援してくれるかもしれないのだ。これが学ぶということであり、知識であり、漸進主義であり、変化するということである。物事を少しでもよくするためには何でも利用することだ。

こうしたミーティングを重ねて二年後、彼らに「素晴らしいミーティングだった。あなたは、我々を助けてくれようとしたんですね」と言ってもらったときの、わくわくする喜びはいまでも覚えている。私はアシスタントのディック・フレイグに笑ってこう言ったものだ。「彼らはこの前のミーティングで私が何をしようとしていると思ったんだろう、ビジネスをぶち壊すとでも思ったのだろうか？」

◎権限は、責任と共存していることを学べ

オープン・コミュニケーションの当然の結果と、権限について明確なことは、責任の所在を明らかにするということだ。誰が決定したか、それを明確にすることで、誰がその実行に責任を持つかも明確になる。誰もがこれからやろうとするイニシアティブについて語り合ったが、結局は何も結論が出なかったというミーティングに何度出席したことだろうか。思うに、過去において、成功への最大の障害となったのは、マネジャーが偉大なアイディアを実行するために特定の人間に権限を委譲しなかったということだ。とりわけしばしば起こるのが、せっかく全員である問題について話し合っても、その後曖昧になってしまうことだ。命令系統のトップにいる人間の関心がよそに移ってしまい、問題がそれてしまうからだ。

誰かを決定者として決めたら、あなたはその人に決定事項の遂行も委ねているのだ。そう、彼らは実行について誰かにその権限を委譲してもよいが、ただし、それがきちっと実行されたかどうか確認するのは彼らの責任である。どの組織においても、特に大きな組織においては、誰が何をしているかについて明確にしておかなくてはならない。

◎グローバルに考え、ローカルに行動せよ

私は、中央集権的な戦略とゴール、そしてビジネスの目標が必要だと考えているが、同時に私は分散型の実行と戦術の必要性も認識している。もし一〇〇以上の国で商品を売ろうとしたら、またたとえ五〇州すべてで売ろうとしたとしても、ニューヨークでビジネス決定することはできない。なぜなら市場が異なるからだ。市場ごとに競争状況が異なり、経済環境が異なり、消費者も異なっているからである。したがって、市場ごとに、そのローカル市場の顧客と話すことができるローカル・マネジャーのもとでローカル組織を構築しなければならない。

旅行したことのある人なら、あるいは歴史を勉強した人なら知っているだろう。フランスはイタリアとは違い、メキシコはグアテマラと違い、ブラジルはアルゼンチンとは違うのである。彼らは国境を接し、共通の言語を話しても、各国はそれぞれの迷信を持ち、神話を持ち、歴史を持ち、人口の構成も違い、経済環境も問題も異なっている。これら一つひとつが各国の性格を決定づけている。こうした特性の中でブランドを作り上げ、それを市場にいる消費者にフィットさせ、結びつけなければならないのだ。

継続的にそうするための唯一の方法は、ローカルの経営者を持ち、ローカルの代理店を持ち、ローカルのプロモーション会社を持ち、ローカルの生産施設とあなたの商品を店に配達するローカルの卸とデリバリートラックを持つことだ。またローカルのマーチャンダイジング・マネジャー、ローカル

の言葉を使ったPOSシステム、そして継続的にこの市場で何が起こっているかを知り、消費者と常につながっていることを確認するための調査も必要である。

新しい国へ参入すると、当初の需要の大きさに目を眩ませられることがある。店をオープンするとある程度の売上げを達成するが、これは木の下に成っている果実を採っているにすぎない。こうした売上げは、この国の人々が、煙草会社であろうと、清涼飲料会社であろうと、航空会社であろうと、どこからかその会社の評判を聞いていることによって起こるものである。しかしそれは、彼らが理解できるような言葉であなた自身を説明することによって起きたわけではないので、すぐに売上げは頭打ちになり、その後の成長は期待できなくなってしまう。

私は、東ヨーロッパ市場に参入したときのことをあまり楽しくない記憶として覚えている。ベルリンの壁が崩れたとき、我々にはビジョンがあった。それは、この市場に参入し、高度な物流システムを構築することで競争していくというものである。我々がすべきことはただ一つ、商品のアベイラビリティを確実にすること〔商品が常に市場にある状態にすること〕だと信じていた。その当時、Aで始まる三つの言葉――アクセプタビリティ(Acceptability)、アフォーダビリティ(Affordability)、アベイラビリティ(Availability)――をよく使った。この三つのAが言っていることは、基本的にはまずあなたは、受け入れられなければならない、すなわち、消費者があなたに唾をかけたりしないということだ。その次に消費者があなたの商品を買える十分なお金を持っていること、そして最後は消費者の要求に応じて商品が市場になければならないことを意味している。もしこの三つを満たせば、消費者は実際に我々の商品を買うだろうと考えていた。この考え方はしばらくの間は機能し、利益を享受できたが、突然、消費者は「OK、わかった、いままではあなたから商品を買ってきたけど、これまで以上に買う理由はどこにあるの？」と言い始めたのだ。さらに競合企業もこの市場に参入してきて代替商品が出回ると、人々はその間を行ったり来たりするようになったのだ。

このころは、一〇～一五％のマーケットシェアの上下があって、これには私は震え上がったものだ。すなわちそれは、消費者が我々にロイヤルティを持っていないということを意味していたからだ。我が十分に市場について考えてこなかったということだ。我々には、必要としていたローカルの経営陣がいなかった。必要な消費者情報も持っていなかった。我々はその地域の経済も政治も理解していなかった。そして、その地域の消費者との直接的なコミュニケーションもとっていなかったし、彼らを動機づけるものが何であるかも理解していなかった。その結果、大きな問題を抱えることになったのである。

生き延び、そして成長していくためには、より多くの人に、より多くのものをより高い頻度で買ってもらわなければならない。そのためには彼らの文化の中で、自社ブランドを解釈する必要がある。だからその地域に投資し、その地域で人を採用しなければならない。コカ・コーラがそれを実行したとき、各市場で何が起こっているかを理解でき、我々は積極的に各市場に応じてやり方を変えていくことができたのだ。

ここでの重要なポイントは、いつ、何を変えるかについてやらなければならないことは、各市場をそれぞれ独自のビジネスとして設定することである。これによって我々は、いつ効果的な活動をし、いつ金を無駄にしたのかがわかるのだ。さらに我々は、どの市場が必要かを決定することも可能となった。なぜなら我々は、市場ごとに、全ブランドそれぞれに損益計算書を作り、利益と経費を対比させたからである。もしあなたが人材を適切に生産的に使うことができたら、何人の人間が働いているかについて、気にするだろうか。いやあなたが気にするのは、いつ彼らが効果的であり、いつそうではないかをはっきり知ることだ。そのためにはスコアをつけることだ。

あなたも長期的にはリージョナル・プログラムまたはグローバル・プログラム（世界戦略）を展開したいと考えているかもしれない。しかしそれはビジネスが拡大する限りにおいてのみ行うべきである。そしてそれらのプログラムを開発する唯一の方法は、ローカル市場のプログラムを最初に作るということである。つまりグローバル戦略を考える前にまずローカル市場を確実に押さえる必要があるということだ。

◎優れた者には報奨を与えよ

私は、報奨システムはパフォーマンスに比例して設定すべきであると考えている。すなわちやる気のない者には罰を与え、優れた者には報奨を与える仕組みに移行するのである。私のシステムはいつも、自分の責任を果たしたことに対して会社が給料を支払うというものである。ボーナスは私が果たすべき責任を超えた部分に対する見返りであり、ストック・オプションは株主の富を増やしたことに対する報奨である。これまでストック・オプションによって株を取得してきた人々は、私がそれをやめてしまったことに憤慨した。しかし、私の考え方は、報酬というものはパフォーマンスに結びついているものであるから、期待するパフォーマンスを生み出さないなら報奨を出す意味はないというものだ。

今日の米国企業は、その性格を社会主義的にしてしまっている。彼らは長い年月とともに、実績とは長く在籍することだと誤解するようになってしまった。一八年間も同じことをしてきた人間に、その業績に関係なく、ただ単にそこに長くいたというだけで、大きなオフィス、高い給料、ボーナス、ストック・オプションが与えられるのだ。私は、これは馬鹿げたことだと思う。

私のマーケティング、いや人生に対する基本的な考え方は、自分の行為にはすべて結果がついてくる、そしてその結果を出した人間に対して報奨や罰が与えられるべきだというものだ。残念ながら企業はしばしばよい結果に対しては報奨を出すが、悪い結果に対しては罰を与えないのである。そして従業員もそうあることを期待しているのだ。

誰かが仕事やプロジェクトを割り当てられたら、またはあることのために採用されたら、そこには必ず期待されるパフォーマンスのレベルが存在する。我々は彼らに何かをしてもらう見返りに、給料やボーナスを支払っているのだ。しかし、もし企業が結果を見せようとしないのなら、いまやっていることの改善すらできないだろう。

私はいつも自分の子供たちと、レストランのサービスについて議論する。もしレストランで、ひどいサービスを受けたら、私は一五%のチップは渡さないことにしている。ところが子供たちは、一五%のチップはすでに確立された慣習だから、当然渡すべきであり、そうしないと恥ずかしいと私に食い下がるのだ。

私は何年か前に母親が訪ねてきたときに、アトランタのダウンタウンにあるインド料理のレストランに連れて行った。ところが、そのレストランのサービスがひどかったのである。料理は冷めており、ウェイターは間違った飲み物を持ってくるし、とにかくサービスは最低だったのだ。私たちは八人で行ったのだが、それがまた大きな問題を引き起こした。食事が終わるとレストラン側は勝手に一八％のサービス料を上乗せして請求してきたのだ。メニューには確かに六人以上の団体に対しては自動的に一八％のサービス料がかかると明記されていたが、私は納得できなかった。そこで私はマネジャーを呼んで「一八％のサービス料は引いてくれ」と言った。するとマネジャーは、「それはできません。六人以上の団体には、自動的に一八％のサービス料がかかることを明記していますから」と言った。私は、「そうか、その通りだね。でも私たちはこのレストランでなにもサービスと言えるようなものは受けていない。だからサービス料は払わない」と言った。もしこうでもしなかったら、このレストランのオーナーは私の金を盗んだことになり、この後も冷めた食事とひどいサービスを提供し続けたことだろう。

あなたは何回くらい、飛行機から降ろされたことがあるだろうか？　何回くらい、航空会社はあなたの予約を勝手にキャンセルしただろうか？　また何回くらい、オーバーブックによって、あなたが空港に着いたら座席がなかったことがあるだろうか？　彼らは、そんなときどうするのか？　そう謝る、そしてそれと同時に彼らがあるフライトをオーバーブックした場合、無料のチケットと引き換えに何人かの人に降りてもらうのだ。誰かが「このフライトは、六人オーバーブックしています。どなたか降りていただける方はございませんか？　降りていただいた方には次のフライトが用意されており、無料のチケットも差し上げます」とアナウンスしている。これは結果だ。航空会社は彼らが間違いを犯したことを認め、その間違いに対して対価を払おうとしているのだ。連邦法でそうすることが義務づけられているにしても、私はこうした対処方法には一〇〇％賛成だ。

私が言いたいのは、仕事に対して十分に成果を挙げていない人間は、すぐにクビにしろということではない。ときに、私はクビを切ることに関しては非常に寛大だと言われるのだが、私は企業は慈悲の心を持つべきだと考えている。人々が間違いを犯すことを許し、一年くらいは期待するパフォーマンスに達しなくても許すべきだと思っている。ただし、彼らも直接成績表を渡され、どこがどれだけ足りないのか、明確に伝えられるべきだ。そしてもし、彼らが何も貢献していなかったら、それに対して報奨を与えるべきではない。

今日では、ボーナスやストック・オプションは給料の重要な一部分になってしまっている観がある。私は、これはひどい間違いだと思っている。人々はただ単に職場に来たというだけで、ボーナスやストック・オプションを得るべきではない。私は給料は、いかなる企業や役職にあっても、契約してやるべきことに対して支払われるものだと考える。ボーナスはあなたの責任を超えて、期待以上のパフォーマンスを達成したときに支払われるものだ。ストック・オプションは企業の価値を改善したことに対して支払われる報奨である。それは会社があなたに長い期間働いてほしい、そしてビジネスに貢献してほしいという気持ちを表すシンボルである。これが意味することは、もし一年以内にあなたが期待以上の素晴らしいパフォーマンスを達成したら、会社はあなたにもっとよい報酬を支払うということだ。より大きなストック・オプション、そしてたとえいかなるボーナスの計算の仕方によろうと大きなボーナスが支払われるべきだ。ただし、このシステムはあなたが会社の期待したようなパフォーマンスを達成しなかった場合は、ストック・オプションやボーナスは支払われないという形でペナルティーが与えられるのだ。

このシステムのよい点は、帰属意識の強い組織ではなく、パフォーマンス志向の組織を創り出せるということだ。「私はどこそこのような会社で働いてみたい」という人がいると、私は非常に憤りを覚える。なぜなら、彼らが言っていることは、組織の一部になることや企業ファミリーの一員になることのほうが、エキサイティングで価値ある仕事をするより大切だと言っているからだ。組織への帰属意識の強い人間は、会社に帰属しているだけであり、彼らは実際には会社で働くとか、会社に対し責任を持っているという意識はなく、受け身でインテリの、会社が現在やっていることが成功すると確信している人々である。私はこうした帰属意識の強い人は必要ないと思っている。私が欲しいのは仕事のできるパートナーだけだ。

◎誰もがマーケティングをしている

ここまで私は、マーケティング部門で人を雇い入れ、報奨を出すことについて話を進めてきたが、実際にはマーケティングは全社員に関わる機能である。消費者と企業との、そしてその商品との出会いは、彼らのその企業に対して持つイメージに影響する。だから会社に働くすべての人はマーケティングをしていると言っても過言ではない。

電話口で顧客に応対する人も、そうでない人も、またはコンピュータのプログラムやメンテナンスをする人も、みんなマーケティングをしているのだ。礼儀正しいトラックドライバーも荒っぽいドライバーも、工場で注意深く生産する人もそうでない人も、財務部門にいて支払いを期日通りにきちっとする人もそうでない人も、調達部門で仕入れるときに値切る人もそうでない人も、こうした人々の親戚や友人もみな、自社の商品を買うか買わないかという消費者の決定に直接的な影響力を持っている。したがって彼らもマーケティング・チームの一員であることを明確にしておかなければならない。彼らにも十分な情報を提供し、マーケティング・チームの一員として、マーケティングの支援をすることを動機づけなければならない。他の言い方をすれば、システムをうまく構築すれば、彼らは商品を売ってくれるということだ。

私はこの本では、〝的確なコミュニケーション〟という項目を設けなかったが、ここまで私が語ってきた、いかにマーケティング部門を運営するかということはすべて、従業員全員がゴールと戦略を理解するために、あなたがどのように彼らとコミュニケーションを持つかにかかっているのだ。

湾岸戦争のとき、連合軍はサダム・フセインをクウェートから追い出すという共通のゴールのもとに団結した。目的は非常に明確に示されていた。興味深かったことはマスコミが兵士たちの反応をレポートして非難を受けたことだ。マスコミはベトナム戦争でやったのと同じことをやろうとしたのだ。つまり兵士の前にマイクを突き付けて彼らから期待された反応を撮ろうとしたのだ。期待された反応とは、「私はここには来たくなかった。早く家に帰りたい」とか、「妻に会いたい」などである。ところがマスコミは、実際に兵士たちから返ってきた言葉に驚いた。彼らは、「聞いてくれ、我々は自分たちがなぜここにいるのか十分に理解している。我々はサダム・フセインをクウェートから追い払い、それを達成したら家に帰れるのだ」と言ったのだ。ベトナム戦争では、なぜ彼らがそこにいるのか誰も知らなかったし、またそのことについて不満を述べていた。ところが湾岸戦争では、こうした目的の共通性と明確なコミュニケーションが、兵士たちのモラルを押し上げ、どこに向かって進むべきか、彼らは明確に理解していたのだ。

ビジネスにおいても、全員がマーケティングのゴールとポジショニング、消費者へ提供すべきものを理解していなければならない。それによって全員が一丸となってその行くべき目的地に到達できるのだ。これはマーケティング部門だけでなく、会社の中のどの部門についても言えることだ。消費者がより多く自社商品を買うように、または彼らのサービスを使うように説得する方法を探る責任を社員全員が、持たなければならない。それによって、企業はより大きな利益を生むことができるのだ。

◎明確に、正確に、コミュニケートせよ

将来いかなる組織も、正確なコミュニケーションとルールの理解の上に成り立ち、そしてそうした環境の中でオペレーションが行われることになる。成功する能力とは、多くのことを成し遂げることが基本となる。それは多くの人が素早く、創造的に独立して行動することを意味している。もし正確なコミュニケーションがなかったら、ごたまぜの人間がいろいろな方向に何の規則性もなしに走り回ることになる。たとえ頭のよい人間を抱えていて彼らが優れたことをしても、他の頭のよい人がやる

ことと反作用を起こしてしまうだろう。これでは混乱を導くためのレシピのようだ。

私がマーケティング戦略やプランに関して社内向けにシステムを構築しようとするときは、消費者に対して商品をマーケティングするのと同じことをする。私は、私が提供しようとしているものを明確にし、それを魅力的にする理由を揃え、それにディメンジョンを与える。それによって人々は前に進むために彼らは一人ひとりがどういう役割を持つのかを理解することができるのだ。そして次に行うのは、多様な方法を使って彼らにコミュニケートすることだ。別の言い方をすれば、私は他のすべてに対して戦略を立てるときと同じように戦略を作るのだ。

大きな会議場のスクリーン上にいくつものコマーシャルを映すことは、私に言わせれば正しいやり方ではない。同じメッセージを社員全員にぶつけることはできないし、同じメディアを通してコミュニケートすることもできない。社内で対象の違う人たちを上手に動かすためには、そしてあなたが何をやろうとしているかを理解してもらうためには、それぞれの対象ごとに特定の活動を行う必要がある。消費者の中でも異なる対象に対しては違うアプローチをするように、社内で、または卸の顧客の中で、サプライヤーの間で、広告代理店その他の誰に対しても、消費者に自社とその商品の感じ方に影響を与えるポジションにいるすべての人に対して、異なるアプローチを考えなければならない。

実際には誰もがマーケティングをしていると指摘したが、だからといってすべての人がマーケティング責任者に対し報告義務を負っているとか、企業の社長は全員がマーケティング出身だとか言っているわけではない。ただし、これも悪くないアイディアではあるが……。少なくともマーケターとして聴衆（社員）の多様性については気づいている必要があるし、彼らにマーケティングがマーケティング部門にだけに任せておくにはあまりにも重要すぎるものだということを理解させなければならない。

マーケターは、会社の他の部署に所属する人々をリストアップして、彼らに会社の製品の販売促進をさせることもできる。しかし同時にマーケターは、会社が何を生産するかという決定においてもより強いリーダーシップを発揮することが要求されている。

かつては、科学者や生産部門が新しい商品を開発してそれをマーケティング部門に渡し、外に行って売ってこいと言った。ときにはこうした方法が機能したこともあった。ポストイットやテフロンなどは、まず新しい発明があって、その後どのように売るかを考えた典型的な事例である。しかし将来ビジネスは反対の方向へ動くのではないかと思う。市場を知るマーケターが商品開発でさらに発言力を増し、「これが市場で売れるものだ。生産してくれ」と言うようになるだろう。

基本的には、私はどんな企業であれ製造業ではないと考えている。企業は何かを生産・製造しているかもしれないが、私の見方は、彼らはマーケティング・ビジネスをしているということだ。なぜなら製造することからは利益を生まないからである。利益を生むのは何かを売ったときだけだ。航空会社は優れた路線を持っていても利益は出ない。彼らが利益を出すのは、そのルートを飛ぶ飛行機の座席を売ったときである。自動車会社も自動車を製造することでは利益を出さない。彼らは製造した自動車を販売することで利益を出しているのだ。セメント会社が最良の原材料と設備を持っていたとしても、セメントを売らなければ利益は出せない。これは誰にとっても同じことだ。だから会社の中の誰もが作ったものをより多く売ることに力を注がなければならないのだ。また売れる物をより多く作ることで株主により多くの利益をもたらさなければならない。これらはすべて、明確なやり方で実行されなければならない。偶然達成されたものであってはならないのだ。人々は、マーケティング活動の一部となるために、全体の戦略の中での役割を理解しなければならない。

◎専門家の意見を聞け

誰もがマーケティングに携わっていると言う場合、一人ひとりの責任に対しては明確な線引きがなされ、それらの責任を混同してはならないということを明確にしておきたい。企業内にクロスファンクショナル・チーム（機能横断的チーム）を形成することは、大きな間違いだ。私が言えるのは、ほとんどのクロスファンクショナル・チームはミーティングでのクラブサンドウィッチの消費量を増やしただけだということだ。ただし、私はチームワークの力については信じている。全員の意見や提案に耳を傾けることは必要である。そして、全員がより多くの物を売らなければならないという理解を深めることも。ただし技術系の人間がコマーシャルやプロモーションなどマーケティングの具体的な実行方法について意見を言うことや、法務畑の人間がポジショニングやブランディングについて意見を述べるようなミーティングは無意味だ。

技術系の人間から聞くべきことは、新しい技術の開発や新しい商品の製造やサービスについてである。そして法務畑の人間に助けを仰ぐのは、あなたの行動が法律や倫理規定からはみ出していないか確認するためだ。チームを作るのはそれが同じゴールに向かって重複しないスキルを調達するためである。ただしマーケティング・スキルを持たない人間が、マーケティング活動や戦術や戦略についてコメントするのは許されるべきではない。戦略や戦術を開発するのはマーケターの責任であり、他の誰のものであってもならないのだ。彼らが給料をもらっているのはそのためなのだから。

これについては頑固すぎると言われると、私はいつもこう問い返す。「もしマーケターたちがあなたのアイディアやプロジェクトや、または推奨提案について法律面で弁護士にチャレンジしてきたら、弁護士はどんなに喜ぶだろうか」と。彼らはすぐに「ええと、法律では……」と答えるだろう。同じことがここでも適用できるのだ。彼らの意見が有効なのは、彼らの専門分野だけなのだ。

将来成功するためには、多くの優れた人間を採用して、彼らが創造的で画期的なことができる機会と責任を持つことのできるマーケティング部門を構築することが不可欠だ。しかし私がいつも言っているように、マーケティングはマーケティング部門にだけ任せておくにはあまりにも荷が重すぎるものなのだ。だから会社の従業員全員がマーケティングに参加するようにしなければならない。そうするためには、明確なコミュニケーションのチャートを作り、マーケティング部門の中にいる人にもそれ以外の人たちにも、全員なぜそこにいるのか、どうやって勝利するのかを明確に理解させる必要がある。

そうすることで、あなたは二つのことを達成する。一つは、全員がそれぞれ会社の成功に貢献できる環境を創造することだ。そして同じように重要なことは、あなたのゴールであるマーケティングについての誤った認識を正すことができるということだ。人々はあなたが何をしているか理解するとき、彼らはマーケティングは科学であり、アートではないということ——それは回収できる投資であって、経費を使い続けるものではないこと、そしてそれなしでは会社は継続し得ないこと――を理解するのである。そう、マーケティングは不可欠なものである。そして会社にいる全員がやらなければならないものである。

第10章 私は、広告代理店のことを嫌ってはいない。彼らの中には、私のことを好ましく思う人さえいる

私の長いマーケティング活動の中で、広告代理店への対応ほど私の悪名をとどろかせ、かつ彼らを苛立たせたものはない。試しにマジソン街〔ニューヨークの通りの名で、広告代理店が多く集まっているため、広告業界の代名詞になっている〕で私の名前を出してみるといい。耳にタコができるほど私の悪口を聞くことだろう。彼らの機嫌がよい日であれば「セルジオ・ジーマン？　ああ、あのアヤ・コーラのことか」と言うだろうし、もし機嫌の悪い日だったら……いったい、何を言われるのやら。

私はできれば将来、マーケティングを正統的なものとして確立した人物、ビジネスの世界でマーケティングを不可欠なものにした人物として記憶されたいと思っている。マーケティングはビジネスであり、マーケターとはビジネスマンと同義語であることを人々に納得させることが、私の個人的なジハード〔イスラム教における聖戦〕であると思っている。私は企業が苦しいときに真っ先にマーケティングの予算を削ってしまうことを憎む。ある新製品の生産を決定し、そのデザインを決めてから、

マーケターに「じゃあ売ってくれ」と放り投げることを憎む。そして、発案者がマーケターというだけで、賢明で思慮深いアイディアが却下されることを憎む。

賢明なマーケティングとは、賢明なビジネスである。そしてそのことを人々に知らしめるのが私の使命なのだ。しかし悲しいかな、三〇年以上にわたって、数十億ドルもの投資をし、莫大なリターンをあげてきたにもかかわらず、私は多くの人々にとっては「広告代理店を搾取した男」でしかないのだ。

したがってこの章では、こうした人々の記憶を修正していきたい。私は、私が広告業界の変革の必要性をなぜ疑わないのか、企業と広告代理店との従来の関係はどこが間違っているのか、そして私の行動に対する激しい非難を私がなぜ受け入れようとしたのかを説明したい。本書の基本的な論点に触れることになるが、広告やマーケティングは決してまやかしでも、マジックでも、賞を取ることでも、娯楽でもない。広告やマーケティングは物を売ることであり、戦略を持つことであり、結果を測定すること、そして最大のリターンが得られるように投資をすることである。

◎なぜ、多くのビジネスマンは私を嫌うのか——私がしてきたこと、そしてその理由

私はその評判に反して、実際には広告が好きであり、業界にいる多くの創造的でエネルギッシュな人々が好きである。メキシコ、ニューヨーク、日本のマッキャンエリクソンで働いた多くの年月を通して、私はマーケティングに関する多くのことを学んだ。しかし、私が広告業界で育ったために、業

界の持つ可能性も、その限界についても理解している。いままでの代理店システムのよい点も、悪い点も知っている。そして彼らの行動を動機づける力についても理解している。そこでコカ・コーラのマーケティングのトップになったとき、私はかなり強い意志を持ってあることを変えようと決めた。この決心は、単に物事を従来と違った形で行いたいということから出てきたものではない。それはコークをより多く販売するために、消費者とのよりよいコミュニケーションを模索したいという切実な願いから出たものだ。優れた広告代理店であれば、それをうまく達成するやり方を知っているはずであった。ところが実際に彼らがそうでないことに憤りを感じていたのだ。

私は、広告業界を震撼させる二つの大きな変革を実行した。まず最初に、ある広告代理店一社のみが、我々の商品すべてを担当するという古い慣行を打ち破った。そして次に、彼らへの支払額が、彼らが広告を流す放送料に基づいて決まるという、昔ながらのコミッション・システムをやめさせた。その代わりに、複数のエージェンシーと契約し、それぞれ異なる分野を担当させ、さらにコマーシャルの制作にかかった費用をベースに支払いをした。革命の赤旗は「ダイエットコーク」の導入に合わせて大きく振られた。過去四〇年間コカ・コーラを独占的に担当してきたマッキャンエリクソンの代わりに、SSC&Bを雇った。さらに爆弾は「CAA（Creative Artists Agency）での実験」の後に爆発した。マッキャンエリクソンからコカ・コーラの仕事を取り上げて、新たに六つの代理店を採用したのだった。我々が支払いのシステムを変えたときには、広告業界はまるで地獄がこの世に出現したかのような有様だった。

こうした激しい議論を巻き起こすきっかけを作ったのが私であるということもあり、最近ゼネラル・モーターズ（GM）やプロクター&ギャンブル（P&G）が広告制作費に基づいて広告代理店に支払いを行うと発表したり、いくつかの代理店が自分たちの行った仕事に基づいてクライアントに請求すると決めたと聞いて、私はとてもうれしく思っている。この新しいシステムのほうが、広告代理店の仕事の質をより高め、彼らにとっても収入アップにつながると私は思っている。さらに大切なことは、これは代理店が制作する広告の質を向上させることになるとも考えている。私は常にコカ・コーラが二番目のものに甘んじることなく、世界中から最高の資源を手に入れるべきだと信じてきた。

それにはまず大前提として、広告は効果があるべきだし、実際に効果があるというのが私の考えである。この考えは、私が自分のキャリアの原点であるメキシコのP&Gにいた当初から持っていたものである。その当時、いかにして人々が昔ながらに慣れ親しんだ大きな箱入りの洗剤を買うのをやめ、我々の新しい酵素入り洗剤を買うようにさせるか頭を痛めていた。そこで我々は地元の代理店を雇い、一緒に「アリエール」という商品名と原子のシンボルが付いたパッケージを考え出した。そして彼らは素晴らしい広告キャンペーンを創り上げたのだ。

当時のメキシコでは、洗濯機を持っている家は少なく、洗濯をするのは女性の役目で、主に手で洗っていた。肉体労働者たちの妻や、清潔な真っ白なシャツを要求するホワイトカラー連中のメイドたちにとって、洗濯は本当に重労働だった。洗濯機は、多くの女性にとって憧れであった。そこでその代理店、ノーブル&アソシアドスは、「アリエールを使えば、桶も洗濯機に早変わり」というキャンペーンを考え出したのだ。コマーシャルはまず桶に入った洗濯物を見せ、それに洗剤が注がれると、洗濯物が憧れの洗濯機のように左右に回り出し攪拌される。このキャンペーンは明確に商品の効果を伝え、しかも我々のメッセージを強く訴えたため、ブランドは驚くべき急成長を遂げたのだ。

この経験によって、すぐに私は広告の力を信じるようになった。私は広告には物を売る力があるということを、はっきりと認識した。そして、よい広告が効果をもたらすのであれば、悪い広告に妥協したり、それへの対価を支払う必要はないという信念を持つようになったのだ。広告を行う唯一の理由は、それが製品を売るからである。そうでなければ、まったく意味がない。

私はいままでこの教訓を一度たりとも忘れたことはない。

◎広告の簡単な歴史

だが不幸なことに、広告業界の人々の多くが業界の成長の過程でこのことを忘れてしまった。その理由はいくつかある。まず第一は、広告の台頭期、小規模の商人や起業家たちが、広告をすれば物がより多く売れると気づいたものの、彼らにはマーケティング部門もなく、広告についての知識もなかったことだ。たとえば、街角に花屋をオープンする例を見たらわかるだろう。つまり外に看板を出せば、客が増えたのだ。チラシを配り、「街角に花屋を開きました。花は新鮮で、とても美しく、値段はお手ごろです」と宣伝すると、さらに客は増加した。人々に、あなたの商品が売られており、それをなぜ買うべきなのか説明すれば、彼らは買うことだろう。ところがその花屋はバラを注文したり、リボンを結んだり、配達の人を雇うことなどに忙しすぎて、広告について学ぶ時間がなかった。彼らには、外部のサポートが必要だったのだ。

そこで、広告代理店が誕生した。彼らはその成長過程でメディアやクリエイティブ・デザイン、あるいは広告制作技術の専門家になっただけでなく、消費者調査の手法も発達させ、事実上クライアントのマーケティングの手足となった。実際、広告代理店が、初期のポジショニングやマーケティング戦略の理論を発展させたのであり、彼らはやがてクライアントに対し、何をすべきか指示するようになったのである。

この過程で、広告代理店は、クライアントには自分たちのやっていることがよく見えないという事実を利用するようになったのだ。マーケティングというものは測ることのできないアートであるという、彼らの尊大な神秘性を創り上げてしまったのもこの時代である。「私を信じて、お金を払いなさい。そうすればあなたにはできない大切なことをしてあげます」と言い、さらに「ただし、我々のすることは、あなたには決して理解できない。もちろん効果を測ることもできないし、そんなことをやろうとしても無駄だ」と言ったのだ。

こうして広告代理店がこのような神話を作り上げ、クライアントたちにそれを言い触らしている間に、代理店自身もその神話を信じるという大きな過ちを犯してしまったのだ。より利益を上げるために彼らは次々と手を広げ、クライアントの年次総会のためにスピーチを代筆し、コンベンションを取り仕切り、PRも代行して、いわゆる「フルサービス」代理店を標榜した。こうすることによって、彼らはクライアントにとってより不可欠な存在になると考えたのだ。事実、その当時はそうだったかもしれない。しかし業務の拡大を急ぐあまり、彼らは本来的な仕事である広告への関心を失ってしまったのだ。あるいは少なくとも広告に焦点を絞ることを忘れてしまった。広告とは実際に物を売るためにあること、その目的のために広告は制作すべきであるという原理原則を忘れてしまったのだ。広告は、代理店が提供する業務ポートフォリオの中の一つになってしまったのだ。

◎賞を取っても、物は売れない

私はこうした状況を実際にこの目で見てきた。何年にもわたって代理店が成長を続け、メディアの技術が派手になるに従って、代理店の間でクライアントの争奪戦が続いた。ところがその争点は、いかに商品を売ることに長けているかではなく、他の点に移っていった。「我々は取扱高が多いのだから、大きくて重要な代理店だ」とか「我々は、主要企業のクライアントを抱えている。だからあなた方も主要企業になりたければ、我々を雇うべきだ」とか、なかでも最悪なのは「我々のCMは、この業界の委員会（そこに彼ら自身も席を連ねているのだが）から多くの賞を受けている。我々の広告は創造的でセクシーで最先端を走っている！　我らこそがトップだ」といったことが、争点になっていったことだ。

今日代理店は、クライアントが必要としていること、つまり商品を売ることとはまったく無関係の特性で競い合い、自らを評価している。広告代理店がこのように方向性を失ってしまったのは、広告業界内部で授与される賞が増えてきたことに原因があると私は思っている。広告のきらめき、創造力、作品としての価値がよい広告を決める指標となり、広告の効果は、評価の方程式から外されてしまったのだ。

もちろん、効果的な広告には創造力も作品の価値も必要不可欠なものである。代理店が広告コンクールを催して自分たちの作品をひけらかし、賞を取ることに対して、私は何も反対はしない。ある商品が市場でヒットした場合、賞賛されるのはクライアントであるメーカーであり、広告代理店が消費者一般の関心を集めることはめったにない。だからこそ、広告業界は自分たちで自らを褒めるシステムを創り出したのだ。カンヌに行き、友人や同僚たちに自分の作品を評価してもらい、そして初めて一般にも認められるようになるのだ。

これは素晴らしいことだと思う。広告代理店もよい仕事をすれば、同業者から認められるべきだ。しかし問題は、これらの賞の多くがいかに上手に面白いイメージを創り上げたのかを受賞の基準としていることだ。賞も面白いイメージも、物を売るわけではない。世間から大きな注目を集め、スーパーボウル賞を受賞しながらも売上げが落ちたブランドについて語ろうとすれば、まる一日はかかるだろう。スーパーボウル賞受賞後の購買意欲の調査をしたレポートを最後に見たのはいつだろうか？

広告は商品と消費者をつなぎ、その商品の持つ特質《ベネフィット》を消費者へ知らせるべきものである。広告はイメージを創り出し、売上げは後からついてくるというのではダメなのだ。それは希望的マーケティングである。広告とは、その商品の本質から生まれてくる強い戦略を生み出し、その戦略に基づいて消費者に強く訴えかけるべきものなのだ。「あなたが私に投票すべき理由はこれです。あなたがこの商品を買うべき理由はこれです。あなたがこの商品をたくさん買い、保存せずに使うべき理由はこれです」。物はこうして売るべきだし、広告もこうあるべきなのだ。

一九八〇年代のコカ・コーラは、子供たちが丘の上に座って「世界中の人々と一緒に歌おう」（I'd

Like to Teach the World to Sing）の歌を歌う広告や、あるいはミーン・ジョー・グリーンが大きなボトルのコカ・コーラを飲んでいる広告を流していたが、このときマーケットシェアが伸びているわけではなかった。実際には、米国内でのシェアは横ばいか下降気味だったために、その後のニューコーク戦略へとつながっていったのだ。

もし広告代理店が自分たちに賞を贈りたいのであれば、それはそれで結構。だが誤解してもらっては困る。たとえ賞をもらったとしても、それによってその商品がより多く消費される、あるいはサービスをより多く使ってもらえると考えてはいけない。賞を贈るのは消費者ではなくて、広告業界の連中だということを忘れないでほしい。そして我々にとって大事なのは消費者だけなのだ。

◎クライアントの戦略であって、代理店の戦略ではない

これまで説明してきたことからもおわかりのように、コカ・コーラの仕事を複数の代理店にやらせていこうとした私の決断は至極当然のことだと思う。従来の我々の広告が、最大限の効果を上げていたとは思わなかったし、そうした状況を改善したかったのだ。私が単に自分の腕をさすり、ある種のパワー・プレー（権力誇示）をしようとしているだけだと言う人もいた。しかし、それは違う。私は単純により多く物を売りたかったし、そのために、もっとよい広告がほしかったのだ。私には、よい広告は物を売る力があることがわかっていたからである。

しかし正直に言うならば、当時代理店が持っていた権限の一部を我々の手に取り戻そうという目論

見があったことは認める。ただしそれは、私が権力を求めていたからではない。広告代理店が彼らの責任範疇だと考えて、彼らが行っている決定の一部は、コカ・コーラで働くマーケターとして、私がなすべきものであると思ったからだ。この状況を作り上げたのは、広告代理店のみの責任ではない。前述したように、クライアント自身が、長年にわたって広告代理店が戦略作りの主導権を握るのを許してしまっていたのである。考えてみれば、これは馬鹿げたことだ。利益を伸ばし、株主に対して付加価値を高めることは、企業の経営陣の責任であるべきだ。むろん権限を委譲させることはできるが、責任は委譲できない。そして責任は企業の経営者にあるとすれば、彼らが戦略を推進し、決断を下さなければならないのだ。

私が一九七〇年代にコカ・コーラで働き始めたとき、そこでも広告代理店が戦略を担当していた。実際に市場調査もマッキャンエリクソンによって行われており、マッキャンの連中はとても優秀だった。彼らはこの調査に巨費を投じて、「これが答えで、これがあなたのポジショニングです。だから広告はこうすべきだ」と言ってきた。私は当時このやり方を受け入れなかったし、いまでも受け入れるつもりはない。いかなる会社のいかなる人間も戦略を他人に委譲してはならないと考えるからだ。

単に責任の所在というだけではない。社内のマネジャーたちは、広告代理店に比べて戦略的決定を下すのに有利なポジションにいるのだ。代理店は彼らほど会社についての情報を持っておらず、また洞察も深くない。実際、代理店に深い知識に基づいた賢明な決定などできるわけがないのだ。なぜなら、代理店に完璧にクライアントの情報が与えられることなどないからだ。これは必ずしも彼らのせいではない。実際外部の人間に、たとえそれが広告代理店であっても自社の内情をすべて公開する企業なんてどこにもないからだ。

では、企業がすべての情報を公開しない中で、広告代理店はどうやって、総資産利益率、再投資の比率、企業成長戦略、あるいは資源の配分などの検討ができるのだろうか。そう、彼らにはできないのだ。だから、企業の目標と代理店の作る広告が連動していないということがしばしば起きるのである。広告代理店は最善を尽くしているかもしれないが、それはむなしい努力にすぎないのだ。

もちろん広告代理店自体も、クライアント企業に十分に情報を公開するよう働きかけもせず、また自らをオープンにする姿勢をとらなかったことも、この状況に拍車をかけた。長い間ずっと、広告代理店は、曇りガラスの向こうで、広告は測定のできないアートであるというたわごとを強調し続けてきた。私は彼らにこれらの罪を問うつもりはない。しかし彼らが広告をブラックボックスの中に包み隠してきたということは、ある意味でパワー・ゲームを志向していたのであり、その結果、本来私のやってほしいことに焦点を絞らなければならないはずの彼らのエネルギーを、分散させる結果になったと私は考えている。

◎広告代理店に残された仕事は?

では、もし企業の経営者が戦略を掌握するのであれば、広告代理店はいったい何をすればいいのだろうか? それは彼らが最も得意とすること、そして企業側の人間が誰もかなわないことをやればいいのだ。すなわちそれは、消費者にポジショニングを伝え、戦略を実行する広告やメッセージを創り出すことだ。彼らは多くの異なるクライアントと仕事をしてきたことによって、消費者の行動には深い洞察力を持っている。彼らがあるクライアントから得られた情報をそのまま他のクライアントに使うことはしないとしても、たえず異なった戦略や調査に関わっているため、多くのトレンドや、商品、カテゴリーについての状況を把握している。そして彼らはこうした知識の断片をうまくブレンドさせ、包括的なコミュニケーション・パッケージに仕上げるだけの創造性や制作能力を持っている。何を伝えるべきかを考えるのがクライアントであり、どのようにすれば最も効果的に伝えられるかを考えるのが代理店の役割であるというのが、私の持論である。

一度クライアントと代理店の役割をこのように規定すれば、特定の代理店としか取引をしないことは重要ではなくなる。つまり戦略は企業のものであり、広告代理店のものではないから、一つの戦略のもとに複数の代理店を雇うことが可能になるのである。私の場合、複数の代理店を雇うことは戦略の一部だった。私はそれぞれの製品のブランド力を高め、世界各国の市場で最も効果的な方法で販売したかったのだ。

かつては、コカ・コーラの広告を各地域で制作することは異端であり、「パターン広告」と呼ばれるものを使うことになっていた。それは、ニューヨークのマッキャンが六つから八つの広告を制作し、世界中のすべての市場でただそれを翻訳して流すというものである。読者はもうお気づきだと思うが、私はこうした「一つのサイズですべてに対応する」というような理論を信用していない。

私が長年にわたって多くの商品を売ることができ、優れたマーケターであり続けられたのは、私が差別化というものを信じてきたからだ。「同質のもの」を売ることはできない。売れるのは「差異のあるもの」だけなのだ。まったく同じように見える商品や人間の間ですら、何か違いを見つけるかあるいは創り出し、それを強調しなければならない。あなたがもし多くのニッチを創造するビジネスにいるのなら、各々のニッチに当てはまる広告が必要になる。誰にでもぴったり合うというものは、結局誰にも当てはまらないのだ。

カウボーイのビジュアルで有名な米国の煙草のマールボロというブランドが、チリやエクアドルで同じやり方で通用するとは思わない。実際に各市場には、他の市場と異なる要素があり、それらの異なる要素に対応することで、各々の市場においてそのブランドに豊かさを与えていくのだ。

◎それぞれの市場、それぞれのブランドに対してベストな人間を雇え

たとえば世界一五〇か国で一〇〇のブランドを持っていたとすると、あなたは世界中の消費者に向かって異なるやり方で語りかけなければならない。世界中のコカ・コーラのマーケティング・マネジャーは一人残らず、各ブランドについて十分なスタッフを持ち、獲得し得る最高の広告を持つ権利を持たなければならないと思う。

我々が進出した市場のすべてにおいて最高の広告代理店というものは存在しない。あるいは我々のニーズをすべて満足させる代理店も存在しない。各市場の成長の可能性を国ごとに顕在化し、最大化するためには、世界中にある異なる代理店から、彼らがそれぞれ持っている資源を引き出す必要がある。

理想的には、一つの市場に一つの代理店がベストだろう。しかし私の経験から言えることは、世界的規模の広告代理店のうち、トップクラスの代理店といえるのはわずか三分の一である。かなりよいのが三分の一、そして残りの三分の一はいいところ、まあまあだ。幸いなことに、マッキャンのジョン・ドゥーナーやオグルヴィ〔オグルヴィ・アンド・メイザー：大手代理店の一つ〕の連中のような広告業界のニューリーダーたちが、業界の再編成を始めており、そのうちもっと強力な代理店が生まれることだろう。

我々は各ブランドごとに異なる代理店を必要とした。というのは、各ブランド・マネジャーは、他の競合ブランド（たとえそれが自社の商品であっても）ではなくて、自分のブランドのみに対して一〇〇％コミットし、専心する広告代理店を要求する権利があるからだ。そして、ブランド・マネジャーが自分のブランドの売上げや利益を最大化するためには、そのブランドについて、一日七、八時間どころか、二四時間寝ても覚めても考え続けなければならないのだ。

ダイエットコークのプランニングを始めたとき、当時コーク・ブランドを担当していたマッキャンと一緒に仕事をしていこうと考えていた。このとき我々はポートフォリオ・マネジメントを採用していた。ポートフォリオ・マネジメントとは、すでに説明した通り、各ブランドのまわりに壁を作ることだ。自社のポートフォリオの中にある他のブランドの弱さを際立たせないように、サブ・ブランドやライン・エクステンションがある規範に沿って行われるようにすることである。これの一番の問題は、あなたのライバルは賢いということである。自分のブランドを他の自社ブランドから守ろうとしている間にライバルがやってきて、あなたのブランドのシェアを奪ってしまうのだ。いずれにしても、我々がマッキャンを雇ったのは、ダイエットコークがコークの訴えかけていることと矛盾するようなことを言わないようにし、コーク・ブランドを「守る」ためであった。

しかしマッキャンがダイエットコークの仕事を受注した直後にしたことは、コカ・コーラの当時の会長であるポール・オースチンのところに行き、ダイエットコークをスタートさせることは得策ではないと説得したことだった。オースチン会長は、当時米国コカ・コーラ社の社長で、ダイエットコークのプロジェクト・リーダーでもあったドン・キーオに手紙を送り、このプロジェクトは中止された。

ロベルト・ゴイズエタがコカ・コーラの会長兼社長に就任したとき、ドンはロベルトを説得し、プロジェクトを再開させることを認めさせた。そこで私はドンに当時のSSC&B、現在はリンタス・アミラッチ・ピュリスと名前を変えている代理店にプロジェクトを任せようと主張した。彼がその申し出を承知するやいなや、私はすぐに空港に向かい、飛行機に飛び乗り、ニューヨークで彼らとの契約にサインしたのだ。誰も知らない間に、私は二番目の代理店を持ち、もう誰も後戻りさせることができないようにしたのだ。

SSC&Bは素晴らしい仕事をした。第一に、彼らは本家のコークへの影響など一切考えずにダイエットコークのポジショニングを行ったからだ。コークのポジショニングを考えるのはマッキャンの仕事だったからだ。

この経験から、我々がニューコークの導入を決めたとき、マッキャンに同一ブランド（ニューコーク）のために複数の競合するチームを選抜するように頼んだ。これは功を奏し、みなさんもご存じのようにニューコークのメッセージは瞬く間に消費者に伝わったのだ。ただし不幸なことにそのメッセージを消費者は好まなかった。

ニューコークに関してマッキャンは素晴らしい仕事をしたにもかかわらず、その嵐が一段落したあと、我々は彼らはクラシックコークを担当するのにふさわしくないと判断した。なぜなら、彼らはクラシックコークを、ニューコークの登場する前の元いた位置に戻そうとしたからだ。ところがニューコーク騒ぎのおかげで、すでにコカ・コーラ・クラシックはその形を変えており、アメリカの消費者と新たな関係を構築していたのだ。我々は新鮮な気持ちで出直すことが必要だと感じた。マッキャンはその考え方に関心を示さなかった。したがって我々はコカ・コーラ・クラシックの仕事をSSC&Bに渡した。そして代わりにマッキャンにはタブクリアやその他のブランドを担当させた。これは大きな痛みを伴う変革であったが、我々は必要だと感じていた。しかし不幸にもこの変革は長続きしなかった。私が八七年に会社を去ってから九〇日もしないうちに、マッキャンは再びコカ・コーラ・クラシックの仕事を取り戻したのである。

ここに述べたマッキャンエリクソンとの間で起きた問題は、私がいままで話してきた二つの点をよく表している。まず最初のダイエットコークの例は、マッキャンがオリジナルコークに傾注しそれを守ろうとするあまり、ダイエットコークにチャンスを与えることすらできず、またそうしようともしなかったことを示している。次のクラシックコークをめぐる代理店との意見の不一致は、自分たちの戦略やポジショニングを広告代理店に任せてはいけないという私の指摘を端的に象徴している。ニューコークの導入によって大混乱を引き起こしたことは認める。しかし事実は、その混乱のおかげで消費者とクラシックコークとの関係を変化させることに成功したのだ。我々は元いた場所に後戻りしたくなかった。マッキャンは偉大な代理店である。クライアントによっては一生その関係を保つべき会社でもある。しかし、当時我々を担当していた経営陣と彼らのアプローチはコークにとっては適切なものではなかったのである。

◎CAAの経験

私が再びコカ・コーラに戻る直前に、ダグ・アイベスターが、米国コカ・コーラ社の社長に就任した。このときダグは、再びマッキャンを切ることを決意した。コカ・コーラは広告制作にふんだんに資金を使っていたが、期待する成果を得ていなかったからだ。そこでこのときは、伝統的な広告代理店ではなくタレント・エージェンシーである、クリエイティブ・アーチスト・エージェンシー（CAA）にコマーシャル制作を依頼した。同時に、他にもいろいろな仕事を担当してもらうため、数多くの代理店を雇った。私が思うに、コークの経営陣はCAAを採用しても事がうまくいくとは信じていなかったようだ。なぜならダグは私に、並行してマッキャンにもキャンペーンの代案を用意させるようにと命じたからだ。しかしCAAから作品が到着するやいなや、我々は彼らが勝者であることを確信した。

当時私は会社に戻ることについて最終的な話し合いを行っていた。そのためダグは私に、CAAのフォローアップ・キャンペーン計画のプレゼンテーションに立ち会うように言ってきた。CAAの二人のトップ、マイケル・オービッツとビル・ヘーバーが彼らの制作スタッフとともに会場に姿を現したとき、私もそこに居合わせた。彼らは私の姿を見て、明らかに不快の表情を示した。しかしほんの一五分もしないうちに、我々はすっかり意気投合した。彼らは素晴らしい人たちだった。彼らは我々が求めているものを持っていた。そして彼らのプレゼンテーションによってコークの広告はもちろん、コーク以外のブランドの広告の方向性もそれ以降変わった。少なくとも私がいた間は……。

複数の代理店を雇うべきだという私の主張は、このCAAによって裏づけられた。他人がどう思おうが、どの代理店にも他社より優れた点があることは間違いない。それぞれの代理店が、コア・コンピタンスを持っているのだ。もちろん、ほかの分野の仕事もできないことはないが、ある分野において特に強みを発揮するのだ。私が言いたいのは、その代理店の持つタレントやスキルと、あなたのブランドや必要な活動とを擦り合わせしなければならないということなのだ。あなたが使う広告代理店と、あなたのブランド、製品、あるいはサービスが必要としているものとの接点を見つけなければならない。さもないと、単なるミスマッチで終わってしまうだろう。

我々コカ・コーラが、CAAを雇った理由は、彼らが伝統的な代理店でなく、彼らの広告に対する考え方が他の代理店とはまったく異なっていたからだった。当初マイケル・オービッツが率い、後に他の経営チームによって率いられたCAAのスタッフは、フィルムというものをよく理解していた。彼らは、映画制作のあらゆる手法を熟知していた。ハリウッドについてもよく知っていた。特殊効果にもノウハウがあり、最新のトレンドもつかんでいた。これがなぜ非常に重要かというと、消費者は、フィルムやアニメーション、特殊効果、そして映画の中で最近話題になっているテーマに敏感に反応するからだ。それが哀愁物なのか、アクション物なのか、あるいはかわいい動物物なのかにかかわらずだ。ＣＡＡが持っている映画業界での経験や人脈によって、我々はまるで、消費者が映画に引きつけられる新しい技術や手法を実験する研究所を手に入れたようだった。ＣＡＡは、映画ビジネスを通じて培った消費者への洞察、制作への深い知識を、我々のブランドに落とし込むことで、素晴らしい広告を生み出していった。

これは疑いもなく、非伝統的な手法であった。果たしてＣＡＡの連中が自らこのことを意識し、自分たちが何をしているかを認識していたかどうかはわからない。しかし、彼らは消費者の行動について深い洞察力を持ち、消費者が我々のブランドをより多く、より高い頻度で買ってくれるように、消費者の行動を我々のブランドのために映像化したのだ。ＣＡＡは消費者に訴えるスキル、最新のアプローチや手法などを駆使して、ブランドの本質的部分を現代的にすることを目指したのだ。そしてこのキャンペーンによって驚くほど数字が上がり始めた。

同時に我々は、デトロイト郊外にある代理店ＷＢドナーを雇った。というのは、彼らは長年数々の小売業と仕事をしており、小売業に関して誰よりも深い知識を持っていたからだ。彼らは小売業にとって特に大切な時期に、消費者の感情とコークを結びつけるようなキャンペーンを提案した。たとえばクリスマスには、コーク一ダース入りの特別なパッケージを開発し、クリスマスツリーの下に置くギフトに見えるようにした。彼らはまたクリスマス・キャラバンのコマーシャルを作った。コカ・コーラのトラックが街に着くと、クリスマス・デコレーションがいっせいに点灯するシーンを作り、クリスマスシーズンの暖かいイメージを演出したのだ。この広告は一年中でみんながショッピングにいちばん忙しいこの時期に、消費者にコークのことを思い出させることになった。あなたのブランドで、小売の視点を持ったことをやりたければ、WBドナーの右に出るものはいない。

また、我々がセントルイス郊外にあるDMB&Bを雇ったのは、彼らのバドワイザーとの長年にわたる豊富な経験を利用して、ブルーカラーの市場に語りかけたかったからだ。ダン・ウィーデン率いるウィーデン&ケネディには我々とスポーツとの関係を最大化するための知恵を授けてもらった。まずは、インド、パキスタン、バングラデシュをはじめとする各国の世界クリケット大会におけるサポートをしてもらった。その後はサッカー、アメリカンフットボール、野球についてもサポートしてもらった。彼らはスポーツという分野から見た消費者を理解していた。我々は中央アジアや南米では、マッキャンを使ってコークのいくつかのブランドについて仕事をした。それは、これらの地域で彼らが最高の代理店だったからである。

世界規模の大手広告代理店の構造を見てみると、たいていどこでも似通っている。ほとんどの場合そこには、あるアイディアを持って元いた会社や場所を飛び出した人間が一人や二人はいる。ある特定の分野の専門家だったり、ある特別の環境の中で働きたいという人間にとって、広告代理店は魅力的な職場である。そしてビジョンと夢を持つデイビッド・オグルヴィ、ビル・バーンバッハのような人たちがこれらの代理店を経営している。バッカー・スピルボーゲルが誕生した背景も同じだ。マッキャンエリクソンでミラービールを担当していたビル・バッカーとカール・スピルボーゲルがマッキャンを離れ、自分たちで新しい会社を興したのだ。ビール業界で得た経験をコア・コンピタンスとして、彼らはホテルの一室からビジネスを始め、その後、大手代理店にまで成長した。

クリフ・フリーマンはユーモアが本当にわかる人間だった。彼のもとで働きたいという人間はみなユーモアが大好きだったに違いない。だからこそ長年にわたってあのリトル・シーザー・ピザの仕事をすることになったのだろう。ペプシ、GE、フリトレーなどの商品に関するBBD&Oの素晴らしいアイディアには誰もかなわない。彼らのもとには、こうしたタイプの企業や商品を担当してみたいという創造的で生産的な人間が集まってきたのだ。

私は別に、代理店がたった一つしか能力を開発することができないと言っているわけではない。ただ、彼らはそれぞれ異なる個性やスタイルを持っていることは事実である。だからその中から、自分のブランドと相性のよい代理店を見つけることが大切になってくる。クリフ・フリーマンは、コカ・コーラの商品をいくつか担当しており、素晴らしい仕事をしている。しかし以前私がミラービールのコンサルティングをしていて、彼らと一緒に仕事をしたときは、ミラーとはあまり相性がよくないと感じた。もちろん彼らは私の意見に同意しないかもしれないが……。

それでは、世界的規模の大手広告代理店は使うべきでないということだろうか？　答えはNO、その正反対だ。多くの場合、継続的に、かつ段階的に消費者に情報を伝えるためには、世界的規模の代理店を使うことは重要である。特に企業内に専門のマーケティング部門がない場合は、代理店の世界的規模のネットワークは、情報を段階的に流し、継続性を保つために重要である。マッキャンエリクソンは継続性のある情報を消費者に提供し得る最適のネットワークを誇っている。しかしあなたが、こうした世界的規模の代理店を一社だけ選んで使うと決断する際には、はっきりさせておかなければならないことがある。それは、あなたはその「継続性」を必要としているために一社を選ぶ決断をしたのだということを、明確に認識しておくことだ。そしてそれをあまり長く続けてはいけない。なぜならマーケティングはあらゆるビジネスの核をなすものであり、ビジネスのあらゆる部分に関係し、指針を与えるマーケターを、企業の内部に持たなければならないからだ。外部の代理店にその役割を担わせることはできないのだ。私がマッキャンからコカ・コーラの仕事を取り上げ、代わりに複数の代理店を雇ったのは、その時点ですでにコカ・コーラ内部に大きくかつ有能なマーケティング組織を作り上げていたからだ。戦略を描くためのパートナーはもう必要ではなかった。私は世界最高の広告が欲しかったのであり、その広告を創る、熱心でやる気に満ちた仲間が欲しかったのだ。

◎必要なものは支払い、最高の結果を期待する

私が広告代理店に、広告放送料を基準にしたコミッションの支払いをやめて、広告制作費用を基準にした支払いを行うと宣言したとき、マディソン街の連中は卒倒した。彼らは、広告制作の仕事が取り上げられるのではないかと心配したのだ。もし、私が何かの理由で広告を流すために多くの資金を使うことになったり、あるいは、何か機会や問題、あるいは危機があったりしても、コミッションがなくなるということは、彼らには何の仕事も回ってこないことになるのだ。しかし、このやり方が、私だけでなく彼らにとっても一番よいのだと信じて、私は彼らとの議論を続けた。私のために、世界で最も創造性のある人間が欲しい、だから代理店がそのような優秀な人間を雇えるように、代理店が自分たちのキャシュフローを予測できるようにしたかったのだ。私はやるときには、代理店から広告だけではなくすべてを取り上げてしまう。

残念なことに、多くの企業の経営陣は広告をいまだに費用としてとらえている。そして費用として考えている限り、広告がうまく機能しているかどうかに関係なく、企業はその費用を削減しようとする。コカ・コーラで、私はそうした考え方とできる限り戦ってきたが、それでも、あるときは政治的な理由から、あるいは経済的な理由から、あるいは何か他の理由で、広告費用を削らざるを得ない状況にならないとは保証できない。だから私が代理店に対してしようとしたことは、私が使うマーケティング費用に関係なく、代理店は安定した収入を確保でき、優れた人が雇えるようすることだった。物わかりのよい連中はすぐにこの考え方を理解してくれたが、そうでない連中は、長いこと、この考え方に反対した。

あなたが仕事に対して報酬を受け取るのと同じ方法で、代理店も報酬を受けるべきだと私は思う。つまり、もしあなたが働いて功績を上げたら、サラリーが支払われ、いいオフィスやボーナス、そして場合によってはストック・オプションさえ与えられる。私はなにも、広告代理店にもストック・オプションを与えるべきだと言っているわけではないが、私の言いたいことはわかってくれると思う。我々のマーケティング活動に関係なく、代理店は広告制作という活動に対して報酬が支払われるべきである。反対に代理店の収入が我々の業績のアップダウンに左右される状況の下では、我々が費用を削減すると、彼らも利益が出なくなり、費用を削減することになる。我々が費用を削減するときは、実は最高の広告が欲しいときである。ということは、投資に対して、より大きなリターンが欲しいときであり、予算を削減せざるを得ない状況からいち早く抜け出したいときなのだ。

私がコカ・コーラに戻ったとき、世界中の広告代理店は、何らかの形で我々への請求書に二五～三〇%のコミッションを乗せていた。彼らがそうするのは、他で損失を出しているからという理由だった。そこで我々は、代理店が我々に対して行った活動すべてに利益が出せるようにしようではないかと提案した。この方法で計算をしてみると、代理店が利益を出せるように彼らの活動に対して十分に支払っても、我々の出費は、多少増えるか、変わらなかった。その結果、我々にとってはより優れた広告が作られるようになり、代理店にとってはコカ・コーラの仕事に対して利益が保証されることになったのだ。

私は代理店にこう言った――コカ・コーラに投入した人間（あらかじめ両者で同意は必要であるが）すべてに対して料金を支払い、それにある数値を掛けて管理費を支払い、さらに何パーセントかの利益を上乗せして支払うと。その利益額は彼らが他のどのクライアントから得ているより大きいものだった。さらに、素晴らしい仕事をした場合にはボーナスまで支払うと言ったのだ。そして検討した結果、コカ・コーラのために働いたすべての人間のサラリーと、その二・五倍の間接費および管理費、それに加えて彼らが二〇%の利益を出せるように支払いをした。こうしたのも、「代理店にピーナッツ〔少し〕しか払わないと、モンキー〔劣悪なもの〕しか得られない」と言ったデイビッド・オグルヴィは正しいと思ったからだ。

それでも、抵抗があった。最初の抵抗は、このやり方では会長のコストの一〇%、社長のコストの一五%、戦略企画担当重役のコストの一〇%、秘書のコスト五%などがクライアントに請求できないというものだった。その通りだ。従来、代理店は我々にへつらうために、これらの人々を企業に送り込んで「良好な関係を保つため」のお喋りをさせるのだ。儀礼のために来社してもらう必要はないというのが我々の前提である。仕事に必要な人の来社に対しては支払うが、もし経営陣が儀礼のために来社するのであれば、彼ら自身の費用で賄うべきだ。

次に、代理店は我々のために働いてくれる人間の長いリストを持ってきた。そこでまた我々は「そんな必要はない」と言った。広告の開発、消費者についての洞察、あるいは我々が必要なことに貢献しない人の分に対しては支払わないことにした。この点は厳格に守った。というのは、我々はリストにある人々の費用をベースに計算をして、代理店が利益を出せるように支払ったからである。

かといって、リストに載っている人がすべて実際に調査をし、コピーを書き、広告を作ったわけではない。たとえば中東では、代理店が使う車の運転手や調理スタッフ（経営陣用のダイニングルームで働くスタッフ）までリストに載っていた。私のスタッフは、すぐに「そんな馬鹿な」と言ったが、私はそうではないと言った。この地域では、ビジネスをするのに、運転手や調理スタッフが必要であり、我々のための仕事をするのにこうした人々が必要だというのなら、我々が決めたルールに従って支払うべきなのだ。

最終的にこの提案はうまくいった。代理店は極めて小さいリスクで利益が得られることを理解するようになった。そして、極めてよい仕事をした場合には、我々はボーナスを支払うことも実行するようにした。このボーナス・システムがうまくいったのは、一時私の下で働き、その後ヨーロッパに戻るために会社を辞めたデイビッド・ウェルドンが、代理店評価システムを開発してくれたからだ。この評価システム（AES）はビジネスの成長に貢献した度合いによって報酬を決めるもので、ある基準を達成すると、代理店にボーナスが支払われるものである。

最初は誰もこのシステムを信じていなかった。そのためデイビッドと私は、ボーナス時期に代理店を訪問するのがとても楽しかった。我々が代理店とのミーティングに出席すると、代理店の人たちはことあるごとに彼らが達成すべき利益を上げていないと不満を言うのだった。そして会議の最後に、我々は、小切手を取り出し、数百万ドル支払ったのだ。代理店のパフォーマンスが改善されるのに、あまり時間は要さなかった。

◎結果に焦点を当てて、創造性に花を咲かせよう

代理店の中で最初に得た味方は、クリエイティブ制作の人々〔広告のアイディアを創る人々〕だった。我々はスマートで芸術的な広告を嫌っていたので、むしろ彼らこそ最も我々に反感を抱きそうなものだと、あなたは思うかもしれない。我々は常に機能する広告だけを強情なまでに要求してきたからだ。しかし一方では、我々は従来の概念にとらわれないアイディアを受け入れる心の広さを持つようになっていた。我々はコカ・コーラの売上げを伸ばすこと以外に何の関心もなかったので、他のクライアントであったら腰が引けそうなことにも挑戦しようとした。たとえ成功の見込みがほとんどなさそうに見えても、我々の戦略と一致していることであれば、我々は「よし、やってみよう」と言った。たとえ我々自身は気に入らなくても言ったのだ。他のクライアントに比べて、より大きな自由を彼らに与えた。そしてその成果は出た。子供がデパートでダチョウに乗っているあのチェリーコークの広告を思い出してほしい。

このやり方はたまにホームランや大ヒットを生み出しただけではない。クリエイティブ制作の人たちに働き甲斐を与え、アイディアがよい結果を生み出せば、それに対して十分な報酬を与えたために、代理店に才能あふれる最高のクリエイティブ制作の人々が集まるという成果をも生み出したのだ。私が最初にコカ・コーラで働いたときには、代理店がコカ・コーラの仕事のために有能なクリエイティブ制作の人間を集めることは難しかった。これにはフラストレーションがたまった。我々が買いたくなるような広告ではなく、我々が買いたいだろうと彼らが勝手に考えた広告しか出てこなかったからだ。

今日、世界中で私が知っているすべての代理店のクリエイティブ制作の人々は、コカ・コーラの仕事を担当したがっている。それはなぜか？　それはコカ・コーラが、自分たちのやりたいことに挑戦させてくれるからだ。戦略はコークの責任分野だが、クリエイティブ制作のプロを集めるのは代理店の責任分野だと、我々は明言しているからだ。彼らプロが、ブランドと消費者との間を現代的で時流に合った関係で結ぶ方法を考え出すのだ。彼らはその方法を知っているが、私は知らない。経営者はマーケティングに焦点を当て、いわゆる広告ビジネスには手を着けるべきではない、というのが私の考えである。社内でクリエイティブ制作までやってはいけない。それより、優れた代理店を探し出し、彼らにきちんと報酬を支払えば、成果は顕著に出るものだ。

広告代理店は、大きな資源の宝庫である。時折、私は他の代理店が考案したキャンペーンを評価するためにレオ・バーネット社を使った。もちろん肩越しにキャンペーンを眺めさせて、使った代理店を評価させようと考えたわけではない。むしろレオ・バーネットには、何が機能しているか分析する手助けをしてもらいたかったのである。

私がコカ・コーラに在籍している間、広告、および戦略的ポジショニングにおいて最も成功した事例はなんと言ってもスプライトである。これについてはもうすでに述べたが、「主張をもった清涼飲料」というスプライト・ブランドの体系およびポジショニングはあまりにもうまくいったため、我々は裸の王様になっているのではないかという危惧すら抱いた。だから、レオ・バーネットにスプライトの成果について評価してもらうよう頼んだのだ。彼らは素晴らしい仕事をし、我々も十分な報酬を払った。彼らはあたかも自分たちが担当代理店であるかのように真剣に評価に取り組んだが、実際の担当代理店であったロウ&パートナーとの間に誤解や問題を起こすこともなかった。彼らはなぜ広告がこれほどうまくいっているのか、客観的な評価をしてくれたのだ。

これは非常に役に立った。彼らはコカ・コーラとの直接的な利害関係になかったので、我々はよい点、改善すべき点を指摘してくれる外部の観察者を持つことになったからだ。彼らの指摘から我々全員が何かを学んだ。ただしこのような分析は、代理店との間によいシステムができていて、代理店が我々の目指しているものをよく理解している場合にのみ可能である。その結果、成功するために必要なことを、コカ・コーラも代理店も発見したのだ。

私は、従来の代理店ビジネスはすでに崩壊したと考えている。代理店は自ら変革をしていかなければならない。気取った態度、賞の獲得、本質的な仕事とは無関係な「フルサービス」、大リーグ級の広告（規模の大きな広告キャンペーン）というようなことに焦点を当てることをやめ、基本に戻ることが必要だ。広告代理店の仕事は、よい広告を制作することだ。クライアントの立てた戦略を実行し、より多く製品を売るような広告だけを制作することだ。いくつかの代理店はもうすでにこれを実行している。ファロン・マクエリゴット、ワイデン&ケネディーズ、クリフ・フリーマンなどは第一級の広告代理店である。またオグルヴィやマッキャンでさえも変革を始めている。彼らは自分たちの重要にして価値ある役割は、クライアントのメッセージを消費者に伝えることだということを理解し始めている。他の多くのサービスを売ろうとするのはかまわない。しかし「広告代理店」が自分たちに冠せられた名前であることを忘れてはならない。

クライアント自身も変革していかなければならない。まずは、戦略は自らコントロールしなければならない。ということは戦略を立てる方法を知らなければならないということだ。次に各々の市場で最善の役割を果たす代理店を探し、その代理店とブランドとを結びつけなければならない。代理店を雇ったら、次は戦略とゴールが理解できるように彼らに明確なブリーフィングを行わなければならない。そして、一流のタレントを集められるように、彼らに十分な報酬を支払わなければならない。

もしこれらを実行すれば、一日の終わりには、より素晴らしいメッセージを伝えられるだろう。それは、消費者にあなたの商品をより高い頻度で購入することを納得させるものだ。その結果、あなたも株主もより豊かになり、広告代理店も利益を得ることになるのだ。

終章

これまでの伝統的なマーケティングは、死にかけているのではない。とっくに死んでいるのだ

私がこの本で説明してきたマーケティングへのアプローチは、あなたのやり方に合わないと思われているかもしれない。また既存のやり方で十分機能しているので、これまで通りのやり方で進めていくとお考えかもしれない。もしそうであれば、ここで、もう一度考え直すことを強くお勧めする。

昔ながらのスタイルのマーケティングは、死に絶えている。エルビスのように死んでいるのだ。昔からのスタイルのマーケティングに最も頼っている大手広告代理店や主要テレビネットワークは、企業の巨大なマーケティング予算にありつき、その一部が自分たちの懐に入ってくるよう操作しているのだ。しかし、そうした古きよき時代は終わった。これまで我々が知っているマーケティングの時代は終わったのだ。

あなたの引退パーティの日取りが決まり、ストック・オプションやプロフィット・シェアリングを現金化するチャンスがあるのなら、昔ながらのスタイルのマーケティングがわずかに生き長らえてい

る間にそうしたほうがいい。なぜなら、昔ながらのマーケティングは、ものすごい速さで朽ち始めているからだ。もしあなたのキャリアをこの先二年以上のスパンで考えているのであれば、何か新しいことに早急に取り組むべきだ。

周りを見よ。昔ながらのスタイルのマーケティングで使い古された戦術は、以前のような効果を発揮しなくなっているのがわかるだろう。切れかけた電池のように、多少は電気を起こしていても、そのパワーは日に日に弱くなっているのだ。

そのことを示すたくさんの証拠がある。

マス広告は大衆を動かす力をなくしてしまった。テクノロジーの進化により、消費者はいままでと比べて格段に大きなオプションを持つことになり、それがまた消費者主権を創り出すことになった。消費者は買いたい物を何千もの商品の中から選択することができ、また、彼らの財布を狙って何百万という商品が競い合っているのだ。マーケターは以前と比較して個々の顧客、またはより小さなセグメントの顧客に語りかけるための高いスキルが必要となっている。これほど多くの選択肢を持つと、顧客は商品選択の決定をする際多くの要素を考慮することになる。だからマーケターは、顧客一人ひとりの関心事に訴求する購買理由を見つけ出さなければならない。一つのサイズですべてに対応するような、昔ながらのスタイルのマス・マーケティングでは到底できっこないのである。

実際に、これまでもマス・マーケティングが機能していたわけではない。顧客に選択肢があまりなかった時代、顧客はマス・マーケティングで満足するより他になかったのだ。しかし、今日では状況は違うのだ。いまの時代、マーケターは消費者を思い通りに操ることはできない。マーケターが買ってほしい物を、買ってほしいときに、買ってほしい場所で消費者に買い物させることに焦点を置いた小売戦略は、機能しなくなっているのだ。古い手法は顧客に焦点を置くのではなく、スロッティング・アローワンス〔小売業が新商品を導入する際メーカーが支払う一時金。メーカーはこれで小売の棚スペースを買っていると言われる〕やプロモーション・アローワンスによって小売を満足させるための手法であり、こうしたやり方はもはや通用しないのだ。将来的には、アマゾン・コムや、「一時間で眼鏡を作って売る店」のように、消費者が真に購入したいものを販売する小売戦略をとっていく必要がある。さらに消費者にとってより容易に、よりよく、より便利に購入できるようにしなければならない。

昔ながらのマーケティング手法が機能しなくなっているので、企業は従来にも増して早い段階で、自らの敗北を認め、簡単に「プランB」、つまり割引プロモーションに頼ることになってしまうのだ。ここのところ価格プロモーションが増加してきており、そのためのコストが増加している。なぜならそれは競合相手が価格を下げると、それよりさらに低い価格に設定しなければならないからだ。三年前、売上げ一ドルに対するプロモーション・コストは一〇セントだったのが、いまでは二五セントにまで跳ね上がっている。しかもこれは以前説明したように借りてきた売上げにすぎず、プロモーションをやめてしまえば、すぐに売れなくなってしまうのだ。

価格プロモーションは、ネガティブ・ポリティクスのようなものだ。他のすべての政策がうまくいかなくなると、政治家はネガティブな戦術をとる。選挙の数週間前になっても勝算が立たない状態だと、政治家は対立候補をこき下ろす戦術に打って出る。このネガティブ・キャンペーンは確かに票を動かす。なぜなら価格プロモーションと同様にネガティブ・キャンペーンは競争相手との違いを打ち出し、消費者に判断基準を提供しているからだ。しかしながら、価格プロモーションも、ネガティブ・キャンペーンも長期間にわたる消費者からの支援を勝ち取るためには何の役にも立たない。

ある店舗で価格プロモーションが終了すると、消費者は大きなプロモーションをして売上げを伸ばそうとしている別の小売に流れていってしまう。ある政治家がネガティブ・キャンペーンを張った結果、選出されたとしても、彼が選ばれたのは、対立候補がよくなかったからという理由だけで、彼でなければならないという積極的な理由は一つもないのだ。これは、コストがかかり、また、何よりもまったく意味のない戦いだ。新聞のビジネス欄を見ていると、毎日のように企業の倒産を伝えている。それらは、売上げはあげているのにもかかわらず利益が出ずに倒産してしまうのだ。

将来的には、マーケティングとは、消費者の中に価値を創造するものになるべきである。それには、消費者と商品ないしサービスとの間に共通の場を認識するものとしてのブランドを創造していくことだ。また、この関係を長期にわたって深めていくことである。これからのマーケティングとは、消費者の期待を明確に把握し、その期待以上のものを提供しなければならない。そして、あなたの商品を新鮮で消費者に選ばれるものにするため、さまざまな努力を重ねていくことである。

より多くのマーケターがこの新しいマーケティングの考え方を認識することで、この小さな雪つぶては雪崩となって広がっていくだろう。企業の役員たちが真のマーケティング、すなわち新しいマーケティングにどれだけの力があるか理解したとき、それ以外の方法では妥協しなくなるからだ。昔ながらのマーケティングを続けることは論外だ。立ち止まったままではいけない。前に向かって進み始め、これまでと違うことを始めなければ、確実に取り残されてしまうだろう。

新しいスタイルのマーケターになるためには、さらに多くの努力が必要となる。特に初めは大きな抵抗にあうだろう。経営者たちは必要な資源を提供してくれないだろうし、市場環境が悪くなればマーケティング予算を削減しようとするだろう。このとき、あなたは自分の土俵の上に立ち、データと損益に基づいた事実と数値を用いて、あなたのマーケティングがいかに機能し、リターンを生み出す優れた投資であるかということを説得しなければならない。マーケティング部門の人間に、彼らのアイディアをさらによくしようとあなたが圧力をかけたり、うまく機能しないという理由で彼らのプロジェクトをやめさせたりすると、とたんにギスギスした関係になるだろう。そして、どの広告代理店を使っているかにもよるが、あなたの戦略管理のもとで広告を制作することに対して代理店はあまりやる気を見せないだろう。

しかし、新しいマーケティングを推進することで受ける見返りは大きく、素晴らしいものだ。だから、屈せずにやり通すのだ。この本で述べてきた原理は、何もセオリーだけではない。それは過去一五年間で最もエキサイティングで成功したマーケティング・プロジェクトで開発され、使われた手法なのだ。事実、私の場合はそれで機能したし、あなたの場合にもきっとうまくいくだろう。抵抗を抑えるには、成功以上に有効なものはない。

抵抗がなくなったとしても、あなたの仕事が簡単になるわけではない。新しいマーケターとしてあなたは椅子に深く腰をかけ、足を上げてリラックスしている暇などないのだ。マーケティングで成功を収めるには、常に最善の努力を怠ってはならない。しかし、それは楽しいことなのだ。世の中が変わっていくのをただ黙って見ているだけではつまらない。飛び込んでいくのだ！　早く始めれば始めるほど、あなたの企業にとっても、あなたにとってもより大きな利益が出せるのだ。

この本の最初から最後まで、戦略とロジックがカギだと言い続けてきた。そこで、戦略に関して検討すべき項目を以下にチェックリストとして掲げておく。このうちのいくつかを使うだけでも、いまよりも優れたマーケターになれるだろう。全部活用すれば、恐いものなしだ。

◎新しいマーケティングの原則

●マーケティングの唯一の目的とは、より多くの商品を、より多くの人に、より高い頻度で、より高い価格で販売することだ。これ以外にマーケティングをする理由はない。

●マーケティングは決して疎かにすることはできないビジネスである。そして、ますますその傾向は強まっている。

●マーケティングは魔法ではない。マーケターが魔法使いのように振る舞っても何もうまく機能しない。マーケティングについてミステリアスなものは何一つない。

●マーケティングとはプロのやる仕事である。それゆえ、専門の教育を受けたことのない人に任せることはできない。

●今日の市場は消費者民主主義である。消費者が選択権を握っている。したがってマーケターは彼らにどのように選ぶかを伝えるのが仕事だ。

●目的地を決定せよ。どこに行けるかではなく、どこへ行きたいかによって決定しなければならない。
●目的地が決定したら、そこに到達するための戦略を開発せよ。
●戦略が核である。それを決して忘れてはならない。戦略が「消費者に伝えるべきすべて」をコントロールする。戦略の変更を決めることはできるが、戦略から逸脱することはできない。
●マーケティングは科学である。マーケティングは実験、測定、分析、改善、そしてその繰り返しである。自分の考え方を進んで変える意識が必要だ。
●消費者が何を求めているかを判断し、それを提供せよ。あるいは、あなたが提供できるものを見つけ、それを消費者が求めるものにせよ。前者のほうが後者よりはるかに容易であることを忘れるな。
●各ブランドごとに、そして各マーケティング・リージョン（地域）ごとに結果を測定せよ。少なくとも月に一回以上、定期的に、できるだけ頻繁に行うべきである。マーケティングは結果を生み出さなければならない。
●質問せよ。気を働かせ、飽くなき好奇心を持ち、創造的であれ。創造性とは、現実には古いアイディアを破壊するプロセスである。毎日が新たな一日なのだ。
●同じことばかり繰り返していては売れない。商品価値は、消費者にとって意味のある競合他社との差別化によって決まる。
●商標イメージ、商品イメージ、ユーザー・イメージ、関連性イメージ――イメージを作り上げる全要素を駆使してブランドを構築せよ。
●適切な物差しを使え。売上げではなく利益に、マーケットシェアではなく実質的な消費に、ブランド認知度ではなく将来の購買シェアに焦点を置け。

●消費者に対し、あなたの商品を購入すべき理由を提供し続けよ。彼らにより高い頻度で来店させ、より多くものを、より高い価格で購入してもらうのだ。

●ローカル市場に根差したマーケティングをしろ。消費者に個人的にアピールするものを提供せよ。グローバル・ブランドは多くの強いローカル・ブランドから構築される。

●魚のいるところで、釣りをせよ。あなたの商品を買いたいと思っている、また買う金を持っている消費者に最大の販売努力を払わなければいけない。最も利益性の高いターゲット顧客を認識する市場のセグメント化を実行せよ。

●消費者にまったく新たな行動をさせたり、行動を変えさせたりするよりも、現在の行動回数を増やさせたり、行動の幅を広げさせたりするほうがはるかに容易である。

●SOB（ビジネス・ソース）を常に考えろ。次はどこで売るのか、どこから利益をあげるのか？

●目に見える需要に目を眩まされてはいけない。人の嗜好は変わりやすい。売れるものを売り続けろ。

●組織の全員に、戦略、目的地、ビジネスの目的を確実に理解させなければならない。そして、彼らに行動を起こさせよ。

●マーケティングのプロとして考えられる最高の人材を探し出し、それから彼らのために仕事を創り出せ。最高の組織図ではなく、最高の人材を確保せよ。

●優秀な者には報いよ、拙劣な者は罰せよ。

●戦略を練るのはあなたの仕事である。広告代理店の仕事は、それをいかに効果的に消費者に伝えるかを考えることだ。

●ただ一社の広告代理店だけで、あなたの全ブランドのニーズを満足させることはできない。一つのサイズがすべてにフィットすることは決してない。

●広告代理店が有能な人材を確保するために十分な支払いをせよ。ただし、広告代理店には明確に測定できる結果を求めよ。

●切迫感を持ち、情熱を持って仕事をせよ。そうでなければ、朝起きる意味がない。

私がここに挙げた多くの項目は、単なる常識のように聞こえるかもしれない。ただし、伝統的なスタンダードがミステリーや魔法であったマーケティングの世界では、こうした考え方は革命的という評価を受けるだろう。人々に反発されたときに備え、ユーモアを持って対応できるよう準備を整えるべきである。

マジソン街のわからず屋どもが、私のことを「アヤ・コーラ」と言い始めたときにはあまりよい気はしなかったが、そんなことはどうでもよい。そんなものは、犬にくっついているノミのようなものだ。それに初めから、彼らが過去に固執しているうちに、最後に笑うのは新たな未来を築いている私だということがわかっていたのだ。そして、私は、彼らよりも一歩先に進んでいる。

訳者あとがき

一九八〇年代から九〇年代にかけて、コカ・コーラ社のCEOとして君臨し、その間に同社の株価評価の総額を三五倍にしたと言われる伝説的経営者ロベルト・ゴイズエタのもとで、コカ・コーラのマーケティングの最高責任者（CMO）として数々の画期的な戦略を実行したのが、本書の著者セルジオ・ジーマンである。ジーマンの名を聞くとすぐに思い浮かぶのが、「ニューコークの失敗」（ただし本書の中では、これは失敗ではなく大成功だったと主張している）と「クラシックコークの成功」の話である。ジーマンがニューコークの騒動があってすぐにコカ・コーラを去ったために、多くの人は彼がニューコークの責任を取らされてコカ・コーラをクビになったと考えたが、実際には彼がコカ・コーラ以外の世界を切り拓くために自ら会社を辞めたことが本書の中に詳しく書かれている。その後一九九三年に彼はロベルト・ゴイズエタに請われてCMOとしてコークに戻っていることからも、彼の主張が事実であろう。

今日間違いなく世界最高のマーケティング組織を持つ会社の一つと考えられているコカ・コーラのマーケティング担当最高責任者の地位に上り詰めた男、そして同社のマーケティングをそこまで引き上げた男は、どんなエリートであろうと思いきや、これがメキシコ人のたたき上げなのである。

本書の中にもあるように、彼はメキシコのマッキャンエリクソンで働いたことが切っ掛けでマーケティングの道に踏み込むことになる。彼はこのとき初めてマーケティングに関わったと言い、彼のマーケティングコンセプトはその後三〇年以上に及ぶ彼のコカ・コーラ、ペプシ、P&G、その他多くの企業での実務体験から引き出されたものである。よって本書はマーケティングの本でありながら、ハーバード・ビジネススクール卒のエリートが書いたようなアカデミックなマーケティング理論を展開する「堅苦しい」学術書ではない。それは彼の成功体験と失敗体験から引き出された彼独自の実践的な理論を体系化したものである。コカ・コーラにおいても非常に独創的で強いリーダーシップを発揮したと言われるジーマンの、断定的で自分の能力に絶対の自信を持って事に当たってきた姿が、そのストレートな文体からも強く伝わってくる（この本の日本語版の翻訳協力をお願いした元日本コカ・コーラの島田邦彦氏は同社在職中にジーマンに直接接しているが、そのときの社内の緊張感は並大抵のものではなかったと振り返っている）。

本書には前述したニューコークの裏話も含めて数多くの実体験が語られているが、こうした彼の経験談は多くの示唆を読者に与えると同時に、また読み物としても非常に興味深く読めるものである。あたかも週刊誌を読むような軽い感覚で読み進むことができるし、また彼の主張を裏付けるための数多くの事例はストーリーとしても十分に面白いと思う。

翻訳するにあたって最も心掛けたことは、ジーマンの骨太で男性的な、かつ断定的で強い性格を表している文章（かなり乱暴な表現も含まれている）を、品位を落とさずにしかも理解しやすい日本語にすることであった。

邦訳タイトルの『そんなマーケティングなら、やめてしまえ！』も、こうした考え方を反映して付けたものである。ただし原題の“The End Of Marketing As We Know It”の日本語的ニュアンスは、「我々の知っているマーケティングの終焉」となるのではないかと思われる。このタイトルが強く主張していることは、従来のマーケティングが今日機能しなくなっていること、伝統的マーケターたちが犯してきた数々の誤りを明らかにし、彼が考えるあるべきマーケティングの姿を語ることである。ジーマンの考えるマーケティングとは、より多くの自社製品を、より高い価格で、より高頻度で消費者に買わせることであるという。

企業は物を売って初めて利益を出すことができる。ただ単に人々の心に残る広告を制作したり、消費者の心の中で自社ブランドのイメージを改善すればその役割を果たしたとする従来のマーケティングの考え方は、消費者が多様な選択肢を持つ今日の消費者主権の市場においては機能しなくなっているという。曰く、今までのマーケターは、物を売り利益を出すという自分たちの責任を回避するために、自分たちは奇跡を起こすマジシャンであるとか、マーケティングは部外者には理解できないブラックボックスであるといった神話を創り出し、自らもそうした戯言を信じてしまった。そしてそのことこそがマーケターが犯した最大の誤りなのである。

ジーマンが提唱する新しいマーケティングは、販売することで企業に利益をもたらすための不可欠な活動である。マーケティングはミステリアスなアートではなく、結果を測定することのできる科学であると言い切る。つまりマーケティングとは、結果すなわちROIを期待される投資である。したがってマーケティング・コストとは、経費ではなく削減することができない投資なのである。従来企業の業績が悪くなると真っ先に切られるのがマーケティング・コストであったが、投資と考えれば逆にROIを最大にするまで拡大していかなければならないものである。実際業績が悪くなったときそこから抜け出すために拡大しなければならないのがマーケティングへの投資なのである。

繰り返すが、ジーマンのマーケティングとは、より多くの消費者が、より多くの自社製品を、より高価格で、より高頻度で買うようにさせるための戦略的活動を言う。これによって企業はより大きな利益を生み出すものなのである。消費者が自社製品を「いいな」「欲しいな」と思うだけでは十分でなく、明確に「買いたい」「買い続けたい」と思わせることがマーケティングの究極のゴールであると言う。

ところが今日の消費者主権の市場において、消費者は何千ものオプションから選択できるようになっている。こうした市場において意味を持つもの、物を売ることができるのは差別化することであり、同質の物は売ることができない。誰にでも合う物は、結局誰にも合わないのである。今後のマーケティングの方向性として、より小さな顧客セグメント、個々の顧客への語り掛けが不可欠になってくるとジーマンは予測している。

コカ・コーラ以外にも多くの企業で働いた経験が事例として語られており、これらが彼の提唱する理論を裏付けているので説得力がある。ただしその中にあってやはりニューコークとクラシックコークの話は、「この本を買う読者の多くは、この話だけに興味があって買っていると思う」とジーマンも言っているように、大変に興味深いものである。この話を読むと、なるほど彼の主張するようにニューコークは失敗ではなかったこと、よって彼がニューコークの後コカ・コーラをクビになったのではないことが納得できるだろう。

またジーマンは広告業界の出身ということもあって、広告代理店の現状とそのシステムに対する批判や、新しい代理店とクライアント企業のあるべき関係等に対する視点はユニークであり、マーケティングを実践する者にとって大いに参考になるものと思われる。戦略は企業（クライアント）が考えるものであり、それをどうすれば最も効率的、効果的に消費者に伝えられるか考えるのが代理店の役割であるという主張には大いに賛同できよう。曰く、権限は委譲できても責任は委譲できないのである。

ここで、この本を翻訳することになった経緯を簡単にお話ししておこう。今回の出版の話は、一九九八年一一月にダイヤモンド社から『個客識別マーケティング』（ブライアン・P・ウルフ著、中野雅司訳）を刊行したときにお世話になった担当編集者の久我さんが持ってきたものである。昨年六月に久我さんから連絡があり、コカ・コーラに関する面白そうな本があるので読んで感想を聞かせてほしいと頼まれた。早速読んでみると、すでに述べたようにマーケティングの堅苦しい学術書ではなく、週刊誌でも読むような感覚で読める本であった。読後久我さんにはこの「あとがき」に書いたようなことを報告した。七月に入りすでにアメリカではベストセラーとなっていた本書の版権獲得交渉が成功し、出版の運びとなったのである。私は仕事柄、長い間コカ・コーラとは強い関わりがあったので、本書の翻訳については二つ返事でお受けすることにした。

昨年の三月まで日本コカ・コーラに在籍し、アトランタ在任中はジーマンに直接接する機会もあって、ジーマンの人柄をよく知る島田邦彦氏（現在㈲エム・エーエス代表）に翻訳協力をお願いし、特にコカ・コーラや飲料業界独特の表現などについて多大なるご指導をいただいた。

また流通業界に精通した通訳として多方面でご活躍中（特に「個客識別マーケティング」のコンサルティング）の鈴木貴子氏にも翻訳協力をお願いし、アメリカ文化やスラングに関して貴重なご意見とご教示をいただいた。

最後になりましたが、本書の出版にあたってご協力いただいた皆様に、改めてお礼申し上げます。

二〇〇〇年一月

中野雅司

著者略歴

セルジオ・ジーマン (Sergio Zyman)

元コカ・コーラ社マーケティング最高責任者（CMO）。コカ・コーラのCEOに16年間君臨し、同社の株価評価の総額を35倍にした伝説的経営者ロベルト・ゴイズエタのもとで、数々の画期的な戦略を実行し、非常に独創的で強いリーダーシップを発揮した。

現在、マイクロソフト、セブン－イレブン、ミラービール、キャンベルなどをクライアントに持つ、コンサルティング会社「Z」の社長を務める。また、多くの聴衆を集める人気の講演家としても世界各国を精力的に回っている。ジョージア州アトランタ在住。

E-mail：Sergiozy@aol.com.

訳者略歴

中野雅司（なかの・まさじ）

1952年生まれ。渡米経験十数年に及び、その間、ロサンゼルスに本拠を置くマーケティングリサーチ／コンサルティング会社において、食品流通問題の調査、研究および社員教育を担当。1993年、コカ・コーラおよびIGAにより設立された教育機関FMUの設立に参画。現在、東京に本拠を移し、日本の食品業界に対し米国IGAならびに米国大手卸の持つノウハウをベースにした教育トレーニングプログラムを提供している。翻訳書に、『個客識別マーケティング』がある。


そんなマーケティングなら、やめてしまえ！

――マーケターが忘れたいちばん大切なこと――

2000年2月10日　初版発行

著者／セルジオ・ジーマン
訳者／中野雅司

装丁／藤崎 登
印刷／加藤文明社
製本／石毛製本所

発行所／ダイヤモンド社
http://www.diamond.co.jp/
〒150-8409　東京都渋谷区神宮前6-12-17
電話／03-5778-7233(編集)　03-5778-7246(販売)　振替口座／00190-6-25976

ISBN4-478-50173-4